Kohlhammer

Die Autoren

Prof. Dr. Thomas Kolb (Jahrgang 1966) ist Professor für Allgemeine Betriebswirtschaftslehre, insbesondere Gesundheitsmanagement und Rechnungswesen, im Studiengang Gesundheitsökonomie am Fachbereich Wiesbaden Business School der Hochschule RheinMain. Seine Schwerpunkte liegen in den Grundlagen der Gesundheitsökonomie, der Erbringung und Abrechnung ambulanter Leistungen, der Krankenhausfinanzierung und Krankenhausplanung und im internen und externen Rechnungswesen der Gesundheitsbetriebe. Seit 2022 ist er Mitglied des Expertenpools gemäß § 92b Absatz 6 SGB V beim Innovationsausschuss des Gemeinsamen Bundesausschusses.

Dr. Matthias Offermanns (Jahrgang 1963) ist Senior Research Manager im Deutschen Krankenhausinstitut e.V. Seine Schwerpunkte liegen bei der Abrechnung ambulanter Leistungen, der Versorgungsforschung und der Krankenhausfinanzierung.

Thomas Kolb, Matthias Offermanns

Grundlagen ambulanter Leistungen

Einführung in die Abrechnung nach EBM
und verwandter GKV-Abrechnungstarife

Verlag W. Kohlhammer

Dieses Werk einschließlich aller seiner Teile ist urheberrechtlich geschützt. Jede Verwendung außerhalb der engen Grenzen des Urheberrechts ist ohne Zustimmung des Verlags unzulässig und strafbar. Das gilt insbesondere für Vervielfältigungen, Übersetzungen, Mikroverfilmungen und für die Einspeicherung und Verarbeitung in elektronischen Systemen.

Die Wiedergabe von Warenbezeichnungen, Handelsnamen und sonstigen Kennzeichen in diesem Buch berechtigt nicht zu der Annahme, dass diese von jedermann frei benutzt werden dürfen. Vielmehr kann es sich auch dann um eingetragene Warenzeichen oder sonstige geschützte Kennzeichen handeln, wenn sie nicht eigens als solche gekennzeichnet sind.

Es konnten nicht alle Rechtsinhaber von Abbildungen ermittelt werden. Sollte dem Verlag gegenüber der Nachweis der Rechtsinhaberschaft geführt werden, wird das branchenübliche Honorar nachträglich gezahlt.

Dieses Werk enthält Hinweise/Links zu externen Websites Dritter, auf deren Inhalt der Verlag keinen Einfluss hat und die der Haftung der jeweiligen Seitenanbieter oder -betreiber unterliegen. Zum Zeitpunkt der Verlinkung wurden die externen Websites auf mögliche Rechtsverstöße überprüft und dabei keine Rechtsverletzung festgestellt. Ohne konkrete Hinweise auf eine solche Rechtsverletzung ist eine permanente inhaltliche Kontrolle der verlinkten Seiten nicht zumutbar. Sollten jedoch Rechtsverletzungen bekannt werden, werden die betroffenen externen Links soweit möglich unverzüglich entfernt.

1. Auflage 2024

Alle Rechte vorbehalten
© W. Kohlhammer GmbH, Stuttgart
Gesamtherstellung: W. Kohlhammer GmbH, Stuttgart

Print:
ISBN 978-3-17-044650-2

E-Book-Formate:
pdf: ISBN 978-3-17-044651-9
epub: ISBN 978-3-17-044652-6

Inhalt

Vorwort		**9**
1	**Grundlagen**	**11**
	1.1 Ambulante Leistungen – eine hochkomplexe Materie	11
	1.2 Grundbegriffe	11
	1.2.1 Beteiligte der ambulanten Versorgung	11
	1.2.2 Leistungserbringer und deren Beziehungen	16
2	**Überblick über die Erscheinungsformen ambulanter Leistungen**	**32**
	2.1 Poliklinik und Ärztehaus	32
	2.2 Gemeinschaftspraxis und Praxisgemeinschaft	33
	2.3 Institutsambulanz	33
	2.4 Ermächtigungsambulanz und Privatambulanz	33
	2.5 Ambulante spezialfachärztliche Versorgung	34
	2.6 Medizinisches Versorgungszentrum	35
	2.7 Hochschulambulanzen	37
	2.8 Psychiatrische Institutsambulanzen	38
	2.9 Sozialpädiatrische Zentren	40
	2.10 Weitere besondere Formen ambulanter Leistungen	41
	2.10.1 Geriatrische Institutsambulanzen	41
	2.10.2 Ambulante Behandlung in Einrichtungen der Behindertenhilfe	45
	2.10.3 Ambulante Behandlung in stationären Pflegeeinrichtungen	46
	2.11 Medizinische Behandlungszentren	46
3	**Differenzierung von Kosten und Leistungen**	**48**
	3.1 Differenzierung der Leistungsbegriffe	48
	3.1.1 Ärztliche Leistungen	48
	3.1.2 Krankenhaussachleistungen	48
	3.2 Differenzierung der Kostenbegriffe	49
	3.2.1 Allgemeine Kosten	49
	3.2.2 Besondere Kosten	50
4	**Grundprinzip der Vergütung**	**53**

5	**Abgrenzung der ambulanten Leistung zur stationären Krankenhausleistung**	**55**
6	**Einheitlicher Bewertungsmaßstab**	**58**
6.1	Vorbemerkungen	58
6.2	Versicherten-, Grund- und Konsiliarpauschalen	59
6.3	Lebenslange Arztnummer und Betriebsstättennummer	59
6.4	KV-spezifische Abrechnungsziffern	60
6.5	Voraussetzungen für die Abrechnung	61
6.6	Persönliche Leistungspflicht des Leistungserbringers	63
6.7	Leistungen des EBM im Überblick	65
6.8	Anhänge des EBM	67
6.9	Unterscheidung verschiedener Falldefinitionen	73
6.10	Inhalte der berechnungsfähigen Leistungen	74
6.11	Spezielle Wortkombinationen des EBM	79
6.12	Vordrucke in der vertragsärztlichen Versorgung	80
6.13	Abrechnung von Laborleistungen	85
6.14	Abrechnungsbeispiele zu den allgemeinen Leistungen des EBM	86
6.15	Abrechnung der Notfallbehandlung........................	91
	6.15.1 Begriff des Notfalls	91
	6.15.2 Grundsätze der Notfallabrechnung nach dem Einheitlichen Bewertungsmaßstab	92
	6.15.3 Abrechnungsziffern der Notfallbehandlung	93
	6.15.4 Abrechnungsbeispiele zur Notfallbehandlung nach dem Einheitlichen Bewertungsmaßstab	97
7	**Abrechnung ambulanter Operationen nach dem EBM**	**102**
7.1	Voraussetzungen im Vorfeld der ambulanten Operation	102
7.2	Leistungsinhalte der ambulanten Operationen	103
7.3	Entlassung der Patienten nach Durchführung der ambulanten Operation	103
7.4	Ermittlung der Abrechnungsziffern für ambulante Operationen	105
7.5	Aufbau des Operationskatalogs	106
7.6	Unterscheidung nach Eingriffskategorien	107
7.7	Abrechnung von Simultaneingriffen	109
7.8	Eingriffe der kleinen Chirurgie	113
7.9	Differenzierung der Wundgröße	115
7.10	Abrechnung von Verbänden................................	116
7.11	AnästhesiologischeLeistungen	116
7.12	Information des Patienten	119
7.13	Leistungen im Anschluss an die ambulante Operation	123
7.14	Abrechnungsbeispiele für das ambulante Operieren nach dem EBM	125

8	**Das ambulante Operieren nach § 115b SGB V**	**144**
8.1	Vorbemerkung	144
8.2	Der Zeitraum vor der Leistungserbringung	144
	8.2.1 Voraussetzungen für die Abrechnung	144
	8.2.2 Der Zugang des Patienten	153
8.3	Allgemeine Tatbestände, bei deren Vorliegen die stationäre Durchführung von Leistungen erforderlich sein kann	157
8.4	Schweregraddifferenzierung	159
8.5	Die Abrechnung der Leistungen	159
	8.5.1 Der Aufbau des Katalogs	160
	8.5.2 Die Ermittlung der Vergütung	161
	8.5.3 Die präoperativen Leistungen	165
	8.5.4 Die intraoperativen Leistungen	169
	8.5.5 Förderung der Ambulantisierung	170
	8.5.6 Die postoperativen Leistungen	170
	8.5.7 Die Abrechnung von Arznei-, Verband- und Hilfsmitteln	171
	8.5.8 Der Punktwert zur Ermittlung des Rechnungsbetrags	173
	8.5.9 Die Datenübermittlung nach § 301 SGB V	174
8.6	Der Zeitraum nach der Leistungserbringung	175
	8.6.1 Die Verordnung von Krankentransport	175
	8.6.2 Die Bescheinigung der Arbeitsunfähigkeit und die Verordnung von häuslicher Krankenpflege	175
	8.6.3 Die stationäre Aufnahme nach der ambulanten Operation	176
	8.6.4 Die Unterrichtung des Vertragsarztes	176
8.7	Einzelfragen der Leistungserbringung und Leistungsabrechnung	177
	8.7.1 Abrechnung einer nicht vollständig erbrachten ambulanten Operation	177
	8.7.2 Trennung der Leistungen für Implantation und Explantation gemäß AOP-Katalog	179
	8.7.3 Operative Eingriffe nach Größe und Fläche	179
	8.7.4 Umschlüsselung einer stationären Leistung in eine ambulante Leistung nach § 115b SGB V	180
	8.7.5 Kooperative Erbringung von Leistungen nach § 115b durch nicht am Krankenhaus angestellte Ärzte	181
8.8	Abrechnungsbeispiele für das ambulante Operieren nach § 115b SGB V	182
	8.8.1 Die Vorbemerkungen und Grundannahmen	182
	8.8.2 Die Erbringung von diagnostischen Leistungen durch Dritte	183
	8.8.3 Abrechnungsbeispiele	183
9	**Abrechnung der Heil- und Hilfsmittel**	**203**
9.1	Vorbemerkung	203

	9.2	Heilmittel	203
		9.2.1 Definition	203
		9.2.2 Abrechnung der Heilmittel	204
		9.2.3 Inhalt und Durchführung der Heilmittelverordnung	205
		9.2.4 Katalog der verordnungsfähigen Leistungen	206
		9.2.5 Nicht verordnungsfähige Heilmittel	206
		9.2.6 Verordnungsausschlüsse	206
		9.2.7 Verordnung innerhalb und außerhalb des Regelfalls	207
		9.2.8 Wirtschaftlichkeit der Heilmittelverordnung	207
		9.2.9 Zuzahlung zu Heilmitteln	209
	9.3	Hilfsmittel	209
		9.3.1 Definition	209
		9.3.2 Grundsätze der Hilfsmittelabrechnung	210
		9.3.3 Inhalt und Durchführung der Hilfsmittelverordnung	210
		9.3.4 Hilfsmittelverzeichnis	211
		9.3.5 Verordnungsgrundsätze	211
		9.3.6 Wirtschaftlichkeit der Hilfsmittelverordnung	212
		9.3.7 Verordnung und Abgabe von Hilfsmitteln	212
		9.3.8 Besonderheit der Hilfsmittelverordnung	212
		9.3.9 Zuzahlung zu Hilfsmitteln	213
10		**Abrechnung von Patienten aus anderen Staaten**	**214**
	10.1	Charakterisierung	214
	10.2	Definition des ausländischen Patienten	214
	10.3	Leistungsumfang der Behandlung	217
	10.4	Nachweis des Behandlungsanspruchs	219
	10.5	Abrechnung der Leistungen	223
	10.6	Verordnung von Arznei-, Heil- und Hilfsmitteln	223
	10.7	Überweisung zur fachärztlichen Behandlung	224
	10.8	Verordnung von Krankenhausbehandlung	224
Verzeichnisse			**226**
		Abbildungsverzeichnis	226
		Tabellenverzeichnis	227
		Literaturverzeichnis	227
		Stichwortverzeichnis	228

Vorwort

»Eine babylonische Sprachverwirrung«, so hatte ich vor einigen Jahren eine Veröffentlichung zu den ambulanten Abrechnungstarifen überschrieben und so kann man das Wissen über die Regelungen der ambulanten Abrechnung auch heute noch treffend charakterisieren. Traditionell wird die Bedeutung dieses Leistungsbereichs aufgrund der relativ geringen Erlöshöhe für die einzelne Leistung unterschätzt. Obwohl bis zu 80% aller Behandlungsfälle in einem Krankenhaus ambulanter Natur sind, konzentrieren sich Schulungsmaßnahmen in der Regel auf die stationäre Abrechnung. Das ambulante Wissen liegt in der Hand weniger Personen, die eine oder andere Information ist erlernt, weitere folgen aus einschlägigen Internet-Foren oder entspringen schlichtweg dem Arbeitsalltag. Oft fehlen Gesamtübersicht, Zusammenhänge und die Kenntnis über revisionssichere Abläufe. Fehler bei der Erbringung und Abrechnung sind eine fast zwangsläufige Folge. Mit dem vorliegenden Werk soll ein strukturierter Einblick in die wesentlichen Regelungen der ambulanten Abrechnung vermittelt werden. Es soll Seminarteilnehmer bei der nachträglichen Aufarbeitung der Inhalte, Studierende bei der Vorbereitung für eine Semesterprüfung und Praktiker in der täglichen Arbeit unterstützen. Das Buch beschränkt sich bewusst auf den Einheitlichen Bewertungsmaßstab und verwandte GKV-Abrechnungstarife, denn es geht um einen ersten Einstieg.

Wie so oft im Leben ist das Gelingen nicht der Verdienst einer einzelnen Person. Ich danke meinem Freund und Kollegen Dr. Matthias Offermanns für die erneute sehr gute und partnerschaftliche Zusammenarbeit und meiner Frau Martina für die Geduld, die sie – wie schon oft – im Vorfeld der Veröffentlichung aufbrachte.

Thomas Kolb
Rüdesheim, im Mai 2024

1 Grundlagen

1.1 Ambulante Leistungen – eine hochkomplexe Materie

Mit Inkrafttreten des Gesundheitsstrukturgesetzes zum 01.01.1993 stieg auch die Bedeutung der ambulanten Leistungen. Nach nunmehr 30 Jahren zeigt sich, dass die damalige Forderung des Gesetzgebers nach mehr Verzahnung des ambulanten und des stationären Sektors seither zahlreiche Früchte trug. Zwischenzeitlich gibt es eine Vielzahl von Vertragsbeziehungen und Rechtsformen zur Erbringung ambulanter Leistungen. Mit Inkrafttreten des überarbeiteten Vertrages zum Ambulanten Operieren nach § 115b SGB V (letztmalig zum 18.12.2023) und der Einführung Medizinischer Versorgungszentren in das Sozialgesetzbuch zum 01.01.2004 suchen gerade Krankenhäuser nach strukturierter Hilfe bei der Abrechnung ambulanter Leistungen.

1.2 Grundbegriffe

1.2.1 Beteiligte der ambulanten Versorgung

Unterschiedliche Rollen des Arztes

Der Vertragsarzt

Bei der Sicherstellung der vertragsärztlichen Versorgung wirken Ärzte, Zahnärzte, Psychotherapeuten, Medizinische Versorgungszentren und Krankenkassen zusammen (vgl. § 72 Abs. 1 SGB V).

Der Vertragsarzt nimmt in dieser Struktur als »Grundelement« eine Hauptrolle ein. Nach dem Studium der Medizin und erfolgreicher Approbation bemüht er sich um eine Zulassung in einem Bezirk einer Kassenärztlichen Vereinigung. Mit Erhalt dieser Zulassung wird ihm das Recht zugesprochen, Patienten der gesetzlichen Krankenversicherung zu behandeln und hierfür eine Vergütung von der zuständigen Kassenärztlichen Vereinigung zu erhalten. Abgeleitet aus der noch heute existierenden Verpflichtung, die ärztliche Tätigkeit grundsätzlich am Sitz seiner Praxis zu erbringen, nannte man den Vertragsarzt in früheren Zeiten auch den »Kassenarzt«, der an seinem Kassenarztsitz eine Praxis führte.

Der ermächtigte Arzt

Eine besondere Form der Zulassung in der vertragsärztlichen Versorgung stellt der ermächtigte Arzt dar. Er ist eigentlich Mitarbeiter eines Krankenhauses und dort für die Erbringung **stationärer** Leistungen zuständig. Allerdings kann es vorkommen, dass die vorhandene Vertragsarztdichte nicht ausreicht, um eine flächendeckende Versorgung der Bevölkerung mit vertragsärztlichen Leistungen sicherzustellen. Es kommt zu einer Unterversorgung. In diesem Fall ist es möglich, dass sich ein Krankenhausarzt für das »Füllen dieser Lücke« bewirbt und – nach erfolgter Zulassung, die dann Ermächtigung heißt – neben seiner hauptberuflichen Tätigkeit als Krankenhausarzt auch (ambulante) vertragsärztliche Leistungen erbringen darf. Anders als die Zulassung ist die Ermächtigung in der Regel (auf zwei Jahre) befristet und unter Umständen auch inhaltlich auf einzelne Fachgebiete oder Leistungsziffern eingeschränkt. Ein Anrecht auf eine Ermächtigung besteht nicht, sofern die vorhandenen Vertragsärzte eine ausreichende Versorgung der Bevölkerung sicherstellen können.

Der liquidationsberechtigte Arzt

Der Begriff des liquidationsberechtigten Arztes hat keine Verbindung zur vertragsärztlichen Versorgung. Dieser Begriff bezieht sich auf Leistungen des Arztes, die er direkt mit dem Patienten als Selbstzahler oder – bei Existenz einer privaten (Rück-)Versicherung des Patienten – als Privatpatient vereinbart und abrechnet. Der liquidationsberechtigte Arzt hat von seinem Arbeitgeber, in der Regel einem Krankenhaus, die Erlaubnis erhalten, bestimmte Patientengruppen auf eigenen Namen und auf eigene Rechnung zu behandeln. Hierfür zahlt er dem Krankenhausträger ein entsprechendes Nutzungsentgelt oder wird an den Erlösen beteiligt. Die Höhe der Liquidation ergibt sich nach den Regeln der Gebührenordnung für Ärzte (GOÄ).

Der berufsgenossenschaftlich tätige Arzt

Der berufsgenossenschaftlich tätige Arzt ist ebenfalls nicht dem Bereich der vertragsärztlichen Versorgung zuzuordnen. Er behandelt Patienten im Falle notwendiger berufsgenossenschaftlicher Heilbehandlung (z. B. bei Arbeitsunfällen). Hierzu benötigt er grundsätzlich einen Vertrag mit einer Berufsgenossenschaft oder dem Verband der Berufsgenossenschaften. Erfolgt die berufsgenossenschaftliche ärztliche Versorgung durch einen Krankenhausarzt, steht – ebenso wie beim liquidationsberechtigten Arzt – vor der Leistungserbringung die Erlaubnis des Krankenhausträgers. Berufsgenossenschaftlich tätige Vertragsärzte benötigen eine derartige Erlaubnis verständlicherweise nicht, da sie sich nicht in einem Angestelltenverhältnis, sondern in freier Praxis befinden.

Der Belegarzt

Dem Belegarzt kommt nach § 121 Abs. 2 SGB V eine besondere Rolle in der stationären Versorgung zu. Er ist nicht am Krankenhaus angestellt, sondern Vertragsarzt. Allerdings hat er zusätzlich zu seiner originären Zulassung als Vertragsarzt eine weitere Zulassung erhalten, um als Belegarzt tätig zu sein. Darüber hinaus hat er einen entsprechenden Vertrag mit einem Krankenhausträger geschlossen, der wiederum Belegbetten benötigt. Sind diese Voraussetzungen erfüllt, ist der Belegarzt berechtigt, seine Patienten (Belegpatienten) im Krankenhaus unter Inanspruchnahme der hierfür bereitgestellten Dienste, Einrichtungen und Mittel vollstationär oder teilstationär zu behandeln, ohne vom Krankenhaus eine Vergütung zu erhalten (vgl. § 121 Abs. 2 SGB V).

Der Honorarzt

Während man in der Literatur von einem sogenannten »unechten Belegarzt« spricht, hat sich in der Praxis zwischenzeitlich der Begriff des Honorararztes herausgebildet.

Der Honorararzt kann – muss aber nicht – ebenfalls ein Vertragsarzt sein. Ihn zeichnet ein Vertrag mit einem Krankenhausträger aus, der vorsieht, dass der Honorararzt im Namen und auf Rechnung des Krankenhausträgers Patienten behandelt und hierfür eine Vergütung vom Krankenhausträger erhält. Wenn dieses Konstrukt auch grundsätzlich nach dem Vertragsarztrechtsänderungsgesetz möglich und erlaubt ist, werden hieran besondere Anforderungen gestellt, die es zu beachten gilt!

Kassenärztliche Vereinigungen und Kassenärztliche Bundesvereinigung

Zur Erfüllung der ihnen durch das Gesetz übertragenen Aufgaben der vertragsärztlichen Versorgung bilden die Vertragsärzte für den Bereich eines jeden Landes eine Kassenärztliche und eine Kassenzahnärztliche Vereinigung. Die zugelassenen Ärzte sind ordentliche Mitglieder der für ihren Arztsitz zuständigen Kassenärztlichen Vereinigung (vgl. § 77 Abs. 1 SGB V). Die in das Arztregister eingetragenen nichtzugelassenen Ärzte sind außerordentliche Mitglieder der für die Führung des Arztregisters zuständigen Kassenärztlichen Vereinigung. Die Kassenärztlichen Vereinigungen bilden die Kassenärztliche Bundesvereinigung und die Kassenzahnärztliche Bundesvereinigung. Sie sind Körperschaften des öffentlichen Rechts.

Die Hauptaufgabe der Kassenärztlichen Vereinigungen besteht darin, den Vertragsärzten ein Honorar aus dem Gesamtbudget des KV-Bezirks für die Leistungen bei Patienten der gesetzlichen Krankenversicherung zu zahlen.

Landesärztekammern und Bundesärztekammer

Während die Hauptaufgabe der Kassenärztlichen Vereinigungen darin besteht, sich um das Honorar des Vertragsarztes zu kümmern, widmen sich die Ärztekammern der fachlich-inhaltlichen Dimension des Arztberufes.

Jeder Arzt ist Pflichtmitglied der Ärztekammer des Bundeslandes, in dem er seine ärztliche Tätigkeit ausübt bzw., falls er keine ärztliche Tätigkeit ausübt, seinen Wohnsitz hat.

Die Landesärztekammern sind Körperschaften des öffentlichen Rechts und gemeinsam in der Bundesärztekammer organisiert.

Letztgenannte ist selbst nicht in der Rechtsform einer Körperschaft des öffentlichen Rechts organisiert. Als Arbeitsgemeinschaft der deutschen Landesärztekammern hat sie die Rechtsform eines rechtsfähigen Vereins.

Krankenhaus und ambulante Leistungen

Gemäß Definition ist das Krankenhaus zunächst auf die Erbringung stationärer Leistungen ausgerichtet. Allerdings führte die zunehmende Vernetzung ambulanter und stationärer Leistungen insbesondere seit der Neustrukturierung des Sozialgesetzbuches Fünftes Buch (SGB V) vor über 30 Jahren (1993) dazu, dass Krankenhäuser als Institutionen heute einen wesentlichen Eckpfeiler in der ambulanten Versorgung darstellen. Nach § 107 Abs. 1 SGB V sind Krankenhäuser Einrichtungen, die

- der Krankenhausbehandlung oder Geburtshilfe dienen,
- fachlich-medizinisch unter ständiger ärztlicher Leitung stehen, über ausreichende, ihrem Versorgungsauftrag entsprechende diagnostische und therapeutische Möglichkeiten verfügen und nach wissenschaftlich anerkannten Methoden arbeiten,
- mit Hilfe von jederzeit verfügbarem ärztlichem, Pflege-, Funktions- und medizinisch-technischem Personal darauf eingerichtet sind, vorwiegend durch ärztliche und pflegerische Hilfeleistung Krankheiten der Patienten zu erkennen, zu heilen, ihre Verschlimmerung zu verhüten, Krankheitsbeschwerden zu lindern oder Geburtshilfe zu leisten, und in denen
- die Patienten untergebracht und verpflegt werden können.

Darüber hinaus können Krankenhäuser u.a. folgende ambulanten Leistungen erbringen:

- Ambulante Operationen und stationsersetzende Eingriffe nach § 115b SGB V
- Ambulante Leistungen nach § 116b SGB V (Ambulante spezialfachärztliche Versorgung)
- Ambulante Leistungen nach § 117 SGB V (Hochschulambulanzen)

- Ambulante Leistungen in der Psychiatrischen Institutsambulanz nach § 118 SGB V
- Ambulante Leistungen in sozialpädiatrischen Zentren (§ 119 SGB V)

Bei diesen Leistungen wird das Krankenhaus als Institution tätig und die beteiligten Krankenhausärzte handeln als Mitarbeiter des Krankenhauses im Namen und auf dessen Rechnung.

Aufgaben der Sozialleistungsträger

Die Krankenkassen als rechtsfähige Körperschaften des öffentlichen Rechts mit Selbstverwaltung vertreten die Solidargemeinschaft der Versicherten gegenüber den Leistungserbringern und nehmen eine wichtige Funktion bei der Erstattung der Erlöse ein. Sie sind in folgende Kassenarten gegliedert:

- Allgemeine Ortskrankenkassen
- Betriebskrankenkassen
- Innungskrankenkassen
- See-Krankenkassen
- Landwirtschaftliche Krankenkassen
- Bundesknappschaft als Träger der knappschaftlichen Krankenversicherung
- Ersatzkassen

In der Praxis werden die Sozialleistungsträger oft als Krankenkasse benannt. Diese Ungenauigkeit übersieht jedoch, dass nicht jeder Sozialleistungsträger in der Rechtsform einer Krankenkasse existiert. Ein Beispiel für diese unzutreffende Gleichsetzung bilden die Sozialämter. Sie können als Sozialleistungsträger fungieren, sind jedoch keine Krankenkasse.

Ebenfalls nicht korrekt ist der Begriff des »Kostenträgers«, der dem Sprachgebrauch des täglichen Alltags entspringt. Der Kostenträger ist dem Kontext der betriebswirtschaftlichen Kostenrechnung zuzuordnen. Er stellt hier ein Objekt dar, das die Kosten trägt. Es ist somit im Kontext der Abrechnung (weil Erlöserstattung) als Bezeichnung ungeeignet.

Der hilfsweise verwendete Begriff des »Kostenübernehmers« trifft den Sachverhalt der Erlöserstattung zwar schon eher, ist jedoch ebenfalls ein nicht aus dem SGB V abzuleitender Begriff.

Der Begriff der Krankenkasse ist allein für Leistungen der Vertragsärzte und der Krankenhäuser für gesetzlich versicherte Patienten zu wählen.

Patient im Zentrum

Im Mittelpunkt aller Aktivitäten der Leistungserbringer steht der Patient!
Allerdings kann er dem jeweiligen Leistungserbringer in unterschiedlichen Rollen entgegentreten. Hieraus resultieren dann unterschiedliche Rechtsverhältnisse, Leistungsmöglichkeiten und Abrechnungsmodalitäten.

An einem Beispiel sei dies kurz erläutert:

Ein Versicherter einer gesetzlichen Krankenkasse sucht einen Vertragsarzt auf, um sich einer Routineuntersuchung zu unterziehen. Zum Nachweis seiner Mitgliedschaft in der Krankenkasse und zur Begründung seines Leistungsanspruchs legt er seine Versichertenkarte vor. In dieser Rolle ist der Patient ein gesetzlich Versicherter. Die Abrechnung folgt den Regeln der vertragsärztlichen Versorgung und die Vergütung des Arztes erfolgt über die zuständige Kassenärztliche Vereinigung nach Maßgabe des EBM.

Bietet der Arzt dem Patienten im Rahmen der Behandlung Leistungen an, die über den gesetzlichen Leistungskatalog hinausgehen (sogenannte Individuelle Gesundheitsleistungen), ist der Patient in Bezug auf diese Leistung kein gesetzlich Versicherter mehr. Er wird zum Selbstzahler der Leistung. Die Abrechnung folgt dann den Regeln der privatärztlichen Abrechnung im direkten Verhältnis zwischen Arzt und Patient auf Basis der GOÄ.

Für den Fall, dass der Patient in Folge eines Arbeitsunfalls den vorgenannten Arzt aufsucht, tritt er diesem als berufsgenossenschaftlich versicherter Arbeitnehmer entgegen. Die Abrechnung des Arztes erfolgt über die zuständige Berufsgenossenschaft und grundsätzlich auf Basis der GOÄ in der Fassung der Unfallversicherungsträger (UV-GOÄ).

1.2.2 Leistungserbringer und deren Beziehungen

Vorbemerkungen

Im Gegensatz zur relativ klar strukturierten Abrechnung stationärer Leistungen ist die Abrechnung ambulanter Leistungen durch eine sehr hohe Komplexität gekennzeichnet. Nach erfolgter Prüfung der Krankenhausbehandlungsbedürftigkeit im stationären Sektor folgt die Abrechnung einem nahezu einheitlichen Muster. Ambulante Abrechnung differenziert sich im Wesentlichen nach dem Vertragsverhältnis zwischen Leistungserbringer und Patient.

Die rechtlichen Beziehungen der Krankenhäuser zu den ambulanten Patienten, den Sozialleistungsträgern oder sonstigen Dritten sind nicht in einer einheitlichen Rechtsordnung geregelt. Die ambulante Behandlung eines Patienten im Krankenhaus ist ein tatsächlicher Vorgang, der in rechtlicher Hinsicht unterschiedlich einzuordnen ist. Je nach den Verhältnissen treten unterschiedliche Beteiligte auf verschiedene Arten in Beziehung zueinander.

Auf der Leistungsseite stehen in der Regel ein Arzt oder eine Institution; auf der Empfängerseite neben dem Patienten ein für ihn zahlender Sozialleistungsträger oder sonstiger Dritter. Daraus ergeben sich zweiseitige, dreiseitige oder auch mehrseitige Rechtsbeziehungen. Beteiligt sein können hierbei der Vertragsarzt, der ermächtigte Krankenhausarzt oder der Arzt im Sinne eines Erfüllungsgehilfen, das Krankenhaus, die Sozialleistungsträger, die Kassenärztliche Vereinigung und selbstverständlich der Patient. Darüber hinaus ergeben sich innerhalb dieser Rechtsbeziehungen eine Vielzahl zweiseitiger Schuldverhältnisse teils privat-rechtlicher, teils öffentlich-rechtlicher Natur, wie z. B. zwischen Arzt und Krankenhaus, Patient und Arzt, Krankenhaus und Patient, Krankenhaus und Kassenärztlicher Vereinigung, Arzt und Kassenärztlicher Vereinigung, Kassenärztlicher Vereinigung und Krankenkasse, Patient und Krankenkasse. Es ergibt sich aus dem Wesen der vertraglichen und gesetzlichen Bindungen, dass zweiseitige Schuldverhältnisse im Rahmen von mehrseitigen Rechtsverhältnissen nicht frei gestaltet werden können. Die Verflechtungen müssen beachtet werden. In vereinfachter Weise sollen daher unterschiedliche Konstellationen dargestellt werden.

Ärztliche Leistungen

Die Rechtsbeziehungen in der ambulanten Leistungserbringung sind vielfältig und komplex. Neben dem Verhältnis des Arztes zu seinem Patienten existieren mögliche weitere Beziehungen zu einem Krankenhaus, einer Kassenärztlichen Vereinigung oder einer Krankenkasse. Hieraus ergeben sich direkte und indirekte Leistungs- und Entgeltansprüche, die im Folgenden vorgestellt werden.

Das grundlegende Verhältnis besteht zwischen dem Patienten und einem behandelnden Arzt. Der Patient besitzt einen Leistungsanspruch (z. B. nach dem SGB V oder der GOÄ), der Arzt im Nachgang zur Behandlung einen Entgeltanspruch (▶ Abb. 1.1).

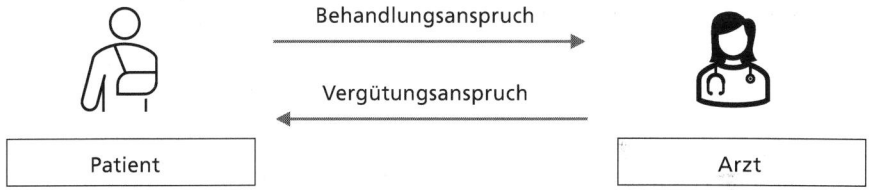

Abb. 1.1: Verhältnis Patient und Arzt

Handelt es sich bei dem Patienten um einen gesetzlich Versicherten, wird der Arzt u. U. zum Vertragsarzt und die Betrachtung ist zu erweitern um die zuständige Kassenärztliche Vereinigung und die Krankenkasse des Patienten. Als Gegenleistung für die Zahlung seiner Versichertenbeiträge erhält der Patient einen Leistungsanspruch gegenüber seiner gesetzlichen Krankenkasse, die diese Leistung jedoch nicht persönlich erbringen kann. Der Patient erhält eine Versichertenkarte zum Nachweis seiner Mitgliedschaft in der gesetzlichen Krankenversicherung und sucht hiermit einen Arzt auf. Bei diesem Arzt muss es sich um ein Mitglied der Kassenärztlichen Vereinigung handeln, da diese gegen Zahlung des Gesamthonorar die Sicherstellung für einen bestimmten KV-Bezirk (in der Regel das Bundesland) von den Krankenkassen übernommen hat. Nach erfolgter Behandlung des Patienten erstellt der Vertragsarzt – so lautet nun die Bezeichnung des behandelnden Arztes – am Ende des Quartals eine Abrechnung, die er seiner Kassenärztlichen Vereinigung übergibt. Diese prüft die Abrechnung und vergütet dem Vertragsarzt die berechneten Leistungen.

1 Grundlagen

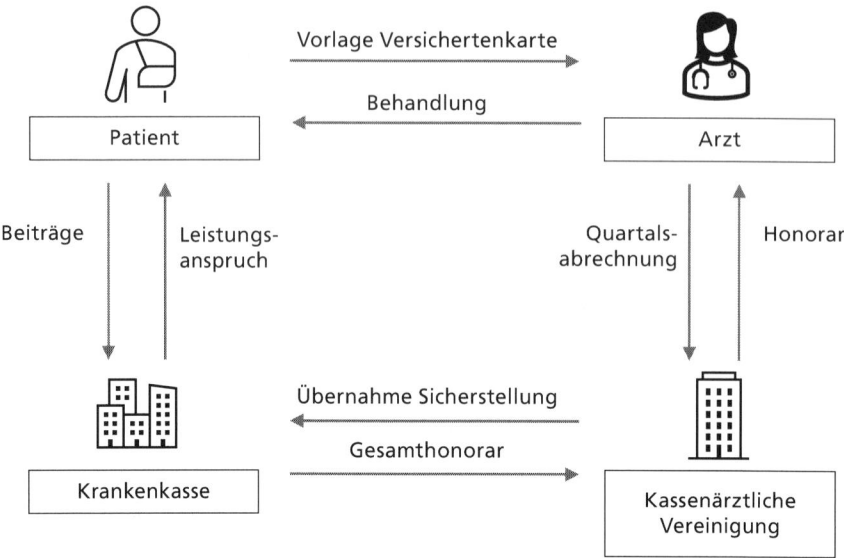

Abb. 1.2: Verhältnis gesetzlich versicherter Patient und Vertragsarzt

Für den Fall, dass der behandelnde Arzt ein Mitarbeiter eines Krankenhauses ist und er auf Grund einer Unterversorgung einer bestimmten Region eine Zulassung (sog. Ermächtigung) zur ambulanten Versorgung gesetzlich Versicherter erhalten hat, erweitert sich der Kreis der Beteiligten um das Krankenhaus. Der ermächtigte Krankenhausarzt verhält sich grundsätzlich so, wie ein Vertragsarzt. Sämtliche Rechtsbeziehungen des Vertragsarztes (▶ Abb. 1.2) sind grundsätzlich auch auf den ermächtigten Krankenhausarzt übertragbar. Da der Krankenhausarzt jedoch primär ein Mitarbeiter des Krankenhauses ist, benötigt er alternativ eine Nebentätigkeitserlaubnis oder eine Beteiligungsvergütung. Im Falle einer Nebentätigkeitserlaubnis wird er mit dem Krankenhausträger ein Nutzungsentgelt für die Nutzung der Krankenhausressourcen vereinbaren. Handelt es sich um eine Beteiligungsvergütung, nutzt der ermächtigte Krankenhausarzt die Ressourcen ohne Berechnung der Kosten durch den Krankenhausträger. Allerdings stehen die Erlöse der ambulanten Tätigkeit dann dem Krankenhausträger zu, der den ermächtigten Krankenhausarzt daran beteiligt (▶ Abb. 1.3).

Behandelt der Krankenhausarzt hingehen selbstzahlende bzw. privat versicherte Patienten, tritt er dem Patienten als Liquidationsberechtigter entgegen, der die Erlaubnis des Krankenhausträgers zur Behandlung von Selbstzahlern bzw. Privatpatienten erhalten hat. Es besteht kein Verhältnis zu einer Kassenärztlichen Vereinigung, denn das Vertragsverhältnis beschränkt sich auf die Beziehung zwischen dem Patienten und dem liquidationsberechtigten Krankenhausarzt. Da der Krankenhausarzt jedoch auch in diesem Fall primär ein Mitarbeiter des Krankenhauses ist, benötigt er auch hierzu alternativ eine Nebentätigkeitserlaubnis oder eine Beteiligungsvergütung. Im Falle einer Nebentätigkeitserlaubnis wird er mit dem Krankenhausträger ein Nutzungsentgelt für die Nutzung der Krankenhausressourcen

1.2 Grundbegriffe

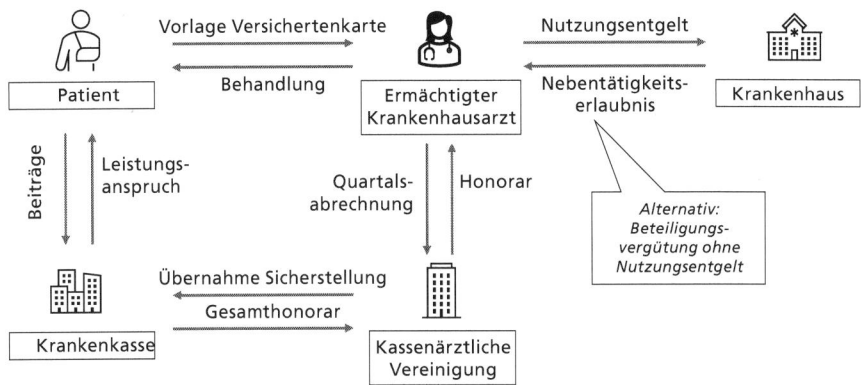

Abb. 1.3: Verhältnis gesetzlich versicherter Patient und ermächtigter Krankenhausarzt

vereinbaren. Handelt es sich um eine Beteiligungsvergütung, nutzt der ermächtigte Krankenhausarzt die Ressourcen ohne Berechnung der Kosten durch den Krankenhausträger. Allerdings stehen die Erlöse der ambulanten Tätigkeit dann dem Krankenhausträger zu, der den ermächtigten Krankenhausarzt daran beteiligt (▶ Abb. 1.4).

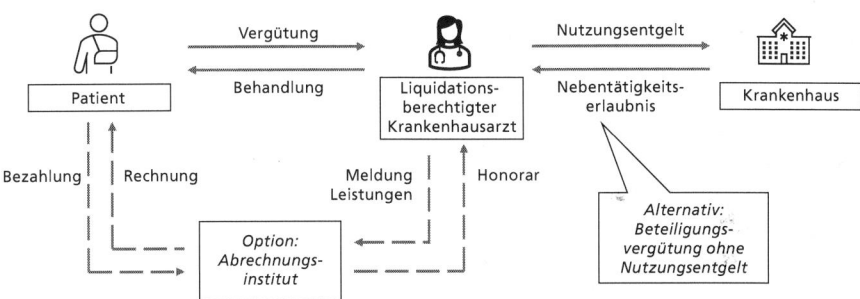

Abb. 1.4: Verhältnis Selbstzahler/Privatpatient und liquidationsberechtigter Krankenhausarzt

Institutionelle Leistungen des Krankenhauses

Auch im Fall von Institutsleistungen erbringt der o. g. Krankenhausarzt eine Leistung für den Patienten. Allerdings liegt hier ein Vertragsverhältnis zwischen dem Patienten und dem Krankenhausträger zu Grunde. Der Arzt ist in diesem Fall Erfüllungsgehilfe des Krankenhausträgers. Der Leistungsinhalt kann dann aus ärztlichen Leistungen bestehen oder sich allein auf Sachleistungen beschränken. Denkbar sind derartige Konstellationen bei gesetzlich Versicherten und bei Selbstzahlern bzw. Privatpatienten. Je nach Entscheidung des Krankenhauses kann dies mit Hilfe des Einheitlichen Bewertungsmaßstabs (EBM) für gesetzlich Versicherte oder des von der Deutsche Krankenhausgesellschaft herausgegebenen Nebenkostentarifs Band I (DKG-NT I) bei Selbstzahlern bzw. Privatpatienten erfolgen. Eine Anwen-

1 Grundlagen

dung der Gebührenordnung für Ärzte (GOÄ) durch das Krankenhaus ist grundsätzlich nicht vorgesehen, da sie dem Arzt für die Berechnung seiner Leistungen vorbehalten ist.

Inwieweit der leitende Arzt sich an der Erbringung von Institutsleistungen beteiligen muss, ergibt sich aus dem sog. Chefarztvertrag. Bei Institutsleistungen entstehen zwischen dem Patienten und dem behandelnden Arzt keine vertragsrechtlichen Beziehungen. Haftungsansprüche aus Vertrag richten sich nach §§ 276 und 278 BGB ausschließlich an den Krankenhausträger. Unberührt bleiben die Haftungsansprüche nach Deliktsrecht an den Arzt, wenn dem Patienten bei Ausführung der Leistung von dem Arzt schuldhaft ein Schaden zugefügt wurde. Es gelten dann die §§ 823 ff. BGB.

Als Leistungserbringer steht nun das Krankenhaus dem Patienten gegenüber. Wie bei einem ermächtigten Krankenhausarzt besitzt der Patient bei bestimmten Leistungen des SGB V nach Zahlung seiner Versichertenbeiträge einen Leistungsanspruch, den dann jedoch das Krankenhaus als Vertragspartner einer Krankenkasse erfüllt (der Arzt fungiert als Erfüllungsgehilfe). Die Krankenkasse vergütet dem Krankenhaus die Leistung dann in der Regel auf Basis eines Selektivvertrages direkt. Je nach Ausgestaltung des Selektivvertrages legitimiert sich der Patient mit Hilfe seiner Versichertenkarte (▶ Abb. 1.5).

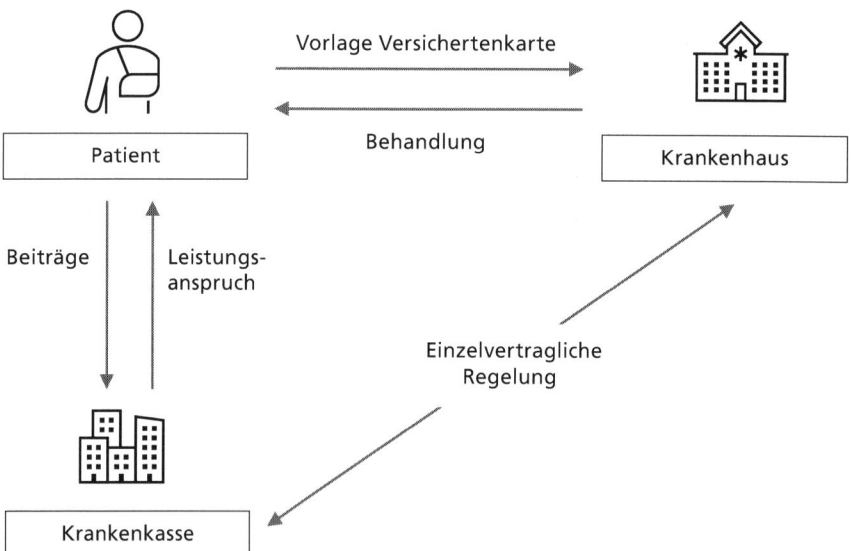

Abb. 1.5: Verhältnis gesetzlich versicherter Patient und Krankenhaus

Die Erbringung von Leistungen für selbstzahlende bzw. privat versicherte Patienten durch das Krankenhaus unterscheidet sich lediglich in einer Nuance von der zuvor geschilderten Konstellation. Abrechnungspartner des Krankenhauses ist dann nicht die einzelne Krankenkasse, sondern der Patient direkt. Alternativ kann das Krankenhaus jedoch – ebenso wie ein liquidationsberechtigter Krankenhausarzt – ein

Abrechnungsinstitut mit der Berechnung und Einziehung der Leistung gegenüber dem Patienten beauftragen (▶ Abb. 1.6).

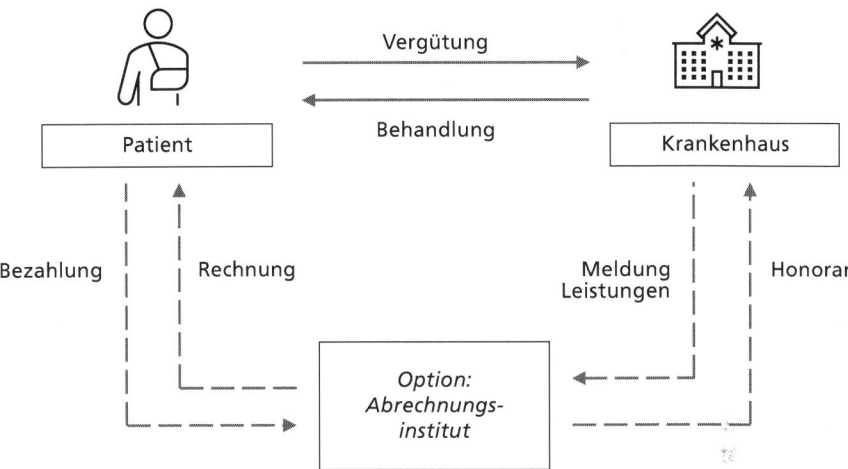

Abb. 1.6: Verhältnis Selbstzahler/Privatpatient und Krankenhaus

Erbringen Krankenhäuser ambulante vertragsärztliche Regelleistungen oder Notfallleistungen auf Basis eines Institutionenvertrages mit der Kassenärztlichen Vereinigung, sind auch in diesen Konstellationen die Kassenärztlichen Vereinigungen und die Krankenkassen zu berücksichtigen. Das Krankenhaus tritt in diesem Fall analog einem Vertragsarzt dem Patienten und der Kassenärztlichen Vereinigung gegenüber. Eine derartige Konstellation gilt bspw. bei Leistungen nach § 116a SGB V (Ermächtigung des Krankenhauses bei Unterversorgung) (▶ Abb. 1.7).

Erbringt die Institution Krankenhaus ambulante Leistungen nach den §§ 115b ff. SGB V, beschränkt sich der Kreis der Beteiligten auf den Patienten, das Krankenhaus und die jeweilige Krankenkasse des Patienten. Ein Verhältnis zu einer Kassenärztlichen Vereinigung besteht hierbei nicht. Exemplarisch für diese Konstellationen wird im Folgenden das Verhältnis der Beteiligten beim Ambulanten Operieren und sonstigen stationsersetzenden Eingriffen nach § 115b SGB V dargestellt. Das Krankenhaus erfüllt als Institution den Leistungsanspruch des Patienten, der ihm als gesetzlich Versicherter gegenübersteht. Er kann sich alternativ mit Hilfe seiner Versichertenkarte und einem amtlichen Lichtbildausweis legitimieren (direkter Zugang) oder das Krankenhaus nach Konsultation und Überweisung durch einen Vertragsarzt aufsuchen. Das Krankenhaus erbringt ausgewählte Leistungen nach einem definierten Leistungskatalog auf Bundesebene (AOP-Katalog) und berechnet die Leistung direkt gegenüber der Krankenkasse des Patienten. Auch für selbstzahlende und privat versicherte Patienten wäre eine solche Konstellation denkbar, allerdings fallen diese nicht unter die Regelungen des SGB V (und somit nicht unter § 115b SGB V) und unterliegen folgerichtig den Abrechnungsbedingungen der GOÄ (▶ Abb. 1.8).

1 Grundlagen

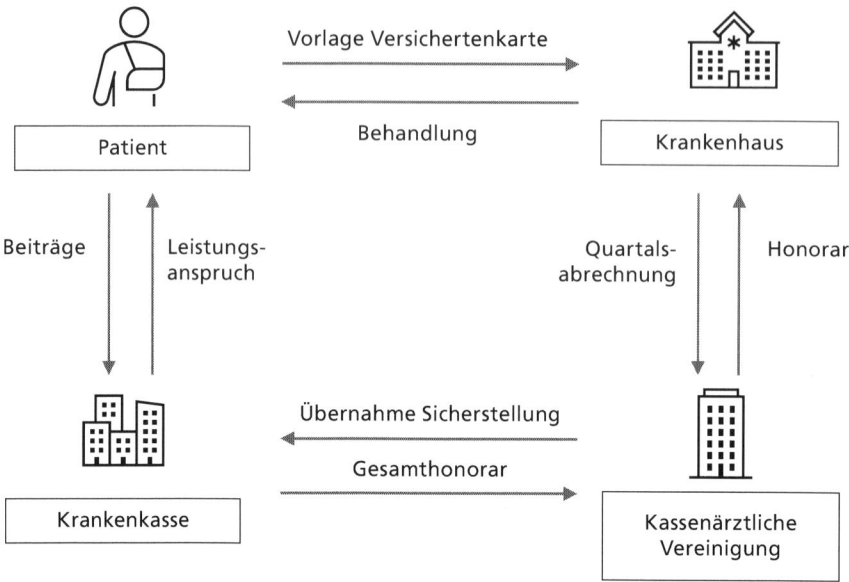

Abb. 1.7: Verhältnis bei Institutionenvertrag des Krankenhauses

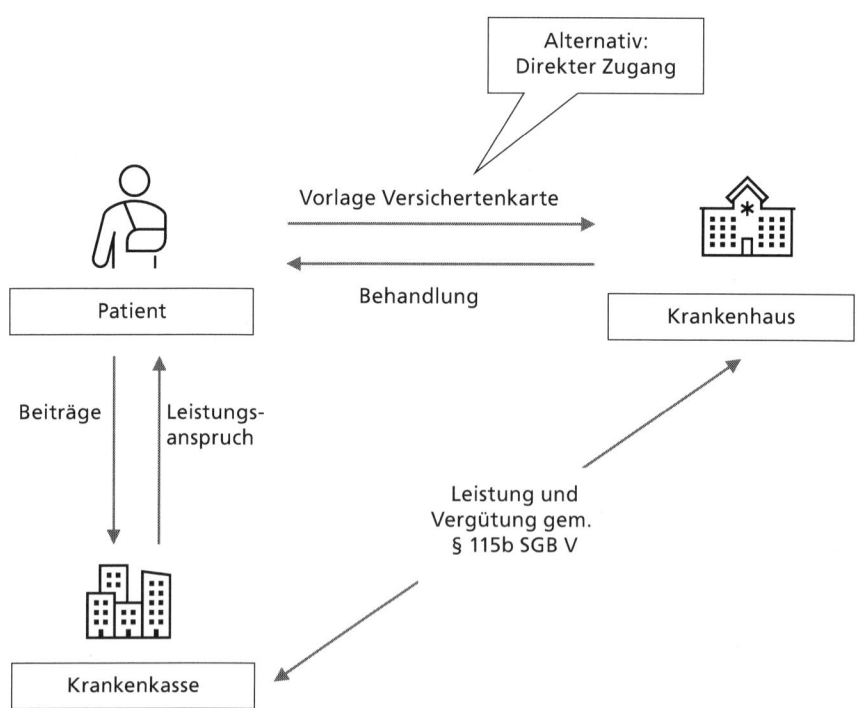

Abb. 1.8: Rechtsverhältnisse bei Leistungen nach § 115b SGB V

Funktion von Gesamtverträgen und Bundesmantelverträgen

Gesamtverträge

Den allgemeinen Inhalt der Gesamtverträge vereinbaren die Kassenärztlichen Bundesvereinigungen mit den Spitzenverbänden der Krankenkassen in Bundesmantelverträgen (vgl. § 82 Abs. 1 SGB V). Der Inhalt der Bundesmantelverträge ist Bestandteil der Gesamtverträge, die zwischen den Kassenärztlichen Vereinigungen und den für ihren Bezirk zuständigen Landesverbänden der Krankenkassen und den Verbänden der Ersatzkassen mit Wirkung für die Krankenkassen der jeweiligen Kassenart über die vertragsärztliche Versorgung der Mitglieder mit Wohnort in ihrem Bezirk einschließlich der mitversicherten Familienangehörigen zu schließen sind (vgl. § 83 Abs. 1 SGB V). In diesen Verträgen ist auch die Vergütung der an der vertragsärztlichen Versorgung teilnehmenden Ärzte und ärztlich geleiteten Einrichtungen zu regeln.

Entsprechend sind auch für die Bundesknappschaft Verträge zu schließen und die Vergütung zu regeln, soweit die ärztliche Versorgung der Versicherten der Bundesknappschaft durch Kassenärztliche Vereinigungen sichergestellt wird (vgl. § 83 Satz 2 SGB V). Die Krankenkassen entrichten nach Maßgabe der Gesamtverträge für die gesamte vertragsärztliche Versorgung der Mitglieder mit Wohnort im Bezirk der Kassenärztlichen Vereinigung einschließlich der mitversicherten Familienangehörigen mit befreiender Wirkung eine Gesamtvergütung an die jeweilige Kassenärztliche Vereinigung. Dies gilt auch für die Bundesknappschaft. Die Höhe der Gesamtvergütung wird im Gesamtvertrag mit Wirkung für die beteiligten Krankenkassen vereinbart (vgl. § 85 SGB V).

Als Bestandteil der Bundesmantelverträge ist auch ein einheitlicher Bewertungsmaßstab für die ärztlichen und ein einheitlicher Bewertungsmaßstab für die zahnärztlichen Leistungen zu vereinbaren. Der einheitliche Bewertungsmaßstab bestimmt den Inhalt der abrechnungsfähigen Leistungen und ihr wertmäßiges, in Punkten ausgedrücktes Verhältnis zueinander. Der Bewertungsausschuss besteht aus sieben von der Kassenärztlichen Bundesvereinigung bestellten Vertretern sowie je einem von den Spitzenverbänden der Krankenkassen und der Bundesknappschaft bestellten Vertreter (vgl. § 87 SGB V).

Bundesmantelverträge

Die gesetzliche Grundlage für die Vereinbarung der Bundesmantelverträge ergibt sich aus § 82 SGB V. Der Inhalt der Bundesmantelverträge ist Bestandteil der Gesamtverträge, welche die Vergütungen der an der vertragsärztlichen Versorgung teilnehmenden Leistungserbringer auf Landesebene regeln.

Der Bundesmantelvertrag Ärzte regelt als allgemeiner Inhalt der Gesamtverträge die vertragsärztliche Versorgung (vgl. § 1 Abs. 1 Bundesmantelvertrag Ärzte). Er ist in 16 Abschnitte unterteilt und enthält zudem Protokollnotizen sowie eine große Anzahl von Anlagen. Die Abschnitte lauten im Einzelnen:

1. Abschnitt:	Regelungs- und Geltungsbereich
2. Abschnitt:	Vertragsärztliche Versorgung: Inhalt und Umfang
3. Abschnitt:	Teilnahme an der vertragsärztlichen Versorgung
4. Abschnitt:	Hausärztliche und fachärztliche Versorgung
5. Abschnitt:	Qualität der vertragsärztlichen Versorgung
6. Abschnitt:	Allgemeine Grundsätze der vertragsärztlichen Versorgung
7. Abschnitt:	Inanspruchnahme vertragsärztlicher Leistungen durch den Versicherten
8. Abschnitt:	Vertragsärztliche Leistungen
9. Abschnitt:	Vordrucke, Bescheinigungen und Auskünfte, Vertragsarztstempel
10. Abschnitt:	Belegärztliche Versorgung
11. Abschnitt:	Abrechnung der vertragsärztlichen Leistungen
12. Abschnitt:	Prüfung der Abrechnung und Wirtschaftlichkeit, Sonstiger Schaden
13. Abschnitt:	Allgemeine Regeln zur vertragsärztlichen Gesamtvergütung und ihren Abrechnungsgrundlagen
14. Abschnitt:	Besondere Rechte und Pflichten des Vertragsarztes, der Kassenärztlichen Vereinigungen und der Krankenkassen
15. Abschnitt:	Medizinischer Dienst
16. Abschnitt:	Inkrafttreten, Kündigung

Zulassung und Ermächtigung

Mögliche Formen der Zulassung in der gesetzlichen Krankenversicherung

Primäres Unterscheidungsmerkmal ambulanter Abrechnungsformen ist die Erlaubnis zur Erbringung und Abrechnung ambulanter Leistungen in Form einer Zulassung. Diese Zulassung kann personenbezogen oder institutionsbezogen erteilt werden. Der häufig verwendete Begriff der Ermächtigung stellt lediglich eine Unterform dar. Da die Abrechnung ambulanter Leistungen an feste Regeln gebunden ist, wird dem jeweiligen Zulassungs- bzw. Ermächtigungsstatus hohe Aufmerksamkeit gewidmet.

Im einfachsten Fall spricht ein Zulassungsausschuss einer Kassenärztlichen Vereinigung die Zulassung auf Antrag eines Arztes aus. In der vorangegangenen Prüfung des Zulassungsausschusses hat dieser gemäß Ärztezulassungsverordnung geprüft, ob eine Unterversorgung der Bevölkerung im Bereich der ambulanten vertragsärztlichen Versorgung vorliegt. Kommt er zu dem Ergebnis, dass diese Unterversorgung vorliegt, wird die Zulassung erteilt. Dem benannten Leistungserbringer wird somit das Recht zur Teilnahme an der ambulanten vertragsärztlichen Versorgung zugesprochen. Erst dieses Recht ermöglicht es dem dann zugelassenen

Arzt, Leistungen zu Lasten einer kassenärztlichen Gesamtvergütung abzurechnen. Die Zulassung erfolgt in Form eines Zulassungsbescheids, gegen den der Rechtsweg gegeben ist. Die ausgesprochene Zulassung kann einzelne Gebührenordnungsziffern (z. B. Grundpauschale), ein oder mehrere Teilgebiete einer ärztlichen Disziplin (z. B. Handchirurgie) oder ein gesamtes Fachgebiet (z. B. Chirurgie) umfassen.

Eine Besonderheit der Zulassung stellen ermächtigte Krankenhausärzte dar. Diese von ihrer Rechtspersönlichkeit angestellten oder beamteten Ärzte eines Krankenhauses erhalten in der Regel ein zeitlich befristetes Recht zur Erbringung ambulanter vertragsärztlicher Leistungen. Historisch gesehen fußt dieses Konstrukt eines kombinierten ambulanten und stationären Leistungserbringers auf einer regional und/oder zeitlich begrenzten Unterversorgung der Bevölkerung mit vertragsärztlichen Leistungen.

Die institutionelle Zulassung von Krankenhausambulanzen oder Krankenhäusern stellt eine weitere Ergänzung möglicher ambulanter Leistungserbringer dar.

Nach den Bestimmungen des SGB V ist zwischen persönlich zugelassenen und institutionell zugelassenen Leistungserbringern zu unterscheiden.

Persönlich zugelassene Leistungserbringer sind:

- der Vertragsarzt (§ 72 SGB V),
- der Vertragszahnarzt (§ 72 SGB V),
- der Psychotherapeut (§ 72 SGB V),
- der zugelassene Arzt, der neben seiner Zulassung einer Arbeitnehmertätigkeit nachgeht (§ 95 SGB V),
- der ermächtigte Krankenhausarzt, der neben seiner Zulassung einer Arbeitnehmertätigkeit nachgeht (§ 95 SGB V),
- der Soziotherapeut (§ 132b SGB V),
- die Hebamme/der Entbindungspfleger (§ 134 SGB V),
- der Erbringer von Heilmitteln nach § 32 SGB V (§ 124 SGB V),
- der Erbringer von Hilfsmitteln nach § 33 SGB V (§ 126 SGB V).

Institutionell zugelassene Leistungserbringer sind:

- das Krankenhaus (§ 108 SGB V),
- die Vorsorge- und Rehabilitationseinrichtung (§ 111 SGB V),
- die ambulanten und die stationären Hospize (§ 39a SGB V),
- das Medizinische Versorgungszentrum (§ 95 SGB V),
- die Hochschulambulanz (§ 117 SGB V),
- die Institutsambulanz (§ 95 SGB V),
- die Psychiatrische Institutsambulanz (§ 118 SGB V),
- der Leistungserbringer, der im Rettungsdienst und im Krankentransport tätig ist (§ 133 SGB V),
- der ambulante Pflegedienst (§ 132a SGB V) und
- die Apotheken, die Arznei- und Verbandmittel nach § 31 SGB V vertreiben (§ 129 SGB V).

Sicherstellung der vertragsärztlichen Versorgung

Ärzte, Zahnärzte, Psychotherapeuten, Medizinische Versorgungszentren und Krankenkassen wirken zur Sicherstellung der vertragsärztlichen Versorgung der Versicherten zusammen (vgl. § 72 SGB V). In diesen Sicherstellungsauftrag ist die knappschaftliche Krankenversicherung einbezogen, soweit das Verhältnis zu den Ärzten nicht durch die Bundesknappschaft nach den örtlichen Verhältnissen geregelt ist.

Die vertragsärztliche Versorgung ist im Rahmen der gesetzlichen Vorschriften und der Richtlinien des Gemeinsamen Bundesausschusses (G-BA) durch schriftliche Verträge der Kassenärztlichen Vereinigungen mit den Verbänden der Krankenkassen so zu regeln, dass eine ausreichende, zweckmäßige und wirtschaftliche Versorgung der Versicherten unter Berücksichtigung des allgemein anerkannten Standes der medizinischen Erkenntnisse gewährleistet ist und die ärztlichen Leistungen angemessen vergütet werden (vgl. § 72 Abs. 2 SGB V).

Die vertragsärztliche Versorgung gliedert sich nach § 73 Abs. 1 SGB V in die hausärztliche und die fachärztliche Versorgung.

Die hausärztliche Versorgung beinhaltet insbesondere (vgl. § 73 Abs. 1 SGB V):

- die allgemeine und fortgesetzte ärztliche Betreuung eines Patienten in Diagnostik und Therapie bei Kenntnis seines häuslichen und familiären Umfeldes; Behandlungsmethoden, Arznei- und Heilmittel der besonderen Therapierichtungen sind nicht ausgeschlossen,
- die Koordination diagnostischer, therapeutischer und pflegerischer Maßnahmen,
- die Dokumentation, insbesondere Zusammenführung, Bewertung und Aufbewahrung der wesentlichen Behandlungsdaten, Befunde und Berichte aus der ambulanten und stationären Versorgung,
- die Einleitung oder Durchführung präventiver und rehabilitativer Maßnahmen sowie die Integration nichtärztlicher Hilfen und flankierender Dienste in die Behandlungsmaßnahmen.

An der hausärztlichen Versorgung nehmen teil (vgl. § 73 Abs. 1a SGB V):

- Allgemeinärzte,
- Kinderärzte,
- Internisten ohne Schwerpunktbezeichnung, die die Teilnahme an der hausärztlichen Versorgung gewählt haben,
- Ärzte, die nach § 95a Abs. 4 und 5 Satz 1 in das Arztregister eingetragen sind und
- Ärzte, die am 31.12.2000 an der hausärztlichen Versorgung teilgenommen haben (Hausärzte).

An der fachärztlichen Versorgung nehmen die übrigen Fachärzte teil.

Die vertragsärztliche Versorgung umfasst (vgl. § 73 Abs. 2 SGB V):

- ärztliche Behandlung,
- zahnärztliche Behandlung und kieferorthopädische Behandlung nach Maßgabe des § 28 Abs. 2,
- Versorgung mit Zahnersatz einschließlich Zahnkronen und Suprakonstruktionen, soweit sie § 56 Abs. 2 entspricht,
- Maßnahmen zur Früherkennung von Krankheiten,
- ärztliche Betreuung bei Schwangerschaft und Mutterschaft,
- Verordnung von Leistungen zur medizinischen Rehabilitation,
- Anordnung der Hilfeleistung anderer Personen,
- Verordnung von Arznei-, Verband-, Heil- und Hilfsmitteln, Krankentransporten sowie Krankenhausbehandlung oder Behandlung in Vorsorge- oder Rehabilitationseinrichtungen,
- Verordnung von digitalen Gesundheitsanwendungen,
- Verordnung häuslicher Krankenpflege und außerklinischer Intensivpflege,
- Ausstellung von Bescheinigungen und Erstellung von Berichten, die die Krankenkassen oder der Medizinische Dienst (§ 275) zur Durchführung ihrer gesetzlichen Aufgaben oder die die Versicherten für den Anspruch auf Fortzahlung des Arbeitsentgelts benötigen; die Bescheinigung über eine Arbeitsunfähigkeit ist auch auszustellen, wenn die Arbeitsunfähigkeitsdaten nach § 295 Abs. 1 Satz 1 Nummer 1 übermittelt werden,
- medizinische Maßnahmen zur Herbeiführung einer Schwangerschaft nach § 27a Abs. 1,
- ärztlichen Maßnahmen nach den §§ 24a und 24b,
- Verordnung von Soziotherapie,
- Zweitmeinung nach § 27b,
- Verordnung von spezialisierter ambulanter Palliativversorgung nach § 37b.

Zur vertragsärztlichen Versorgung gehören die Maßnahmen zur Früherkennung von Krankheiten nicht, wenn sie im Rahmen der Krankenhausbehandlung oder der stationären Entbindung durchgeführt werden, es sei dann, die ärztlichen Leistungen werden von einem Belegarzt erbracht (vgl. § 73 Abs. 6 SGB V).

Die Kassenärztlichen Vereinigungen und die Kassenärztlichen Bundesvereinigungen haben die vertragsärztliche Versorgung in dem in § 73 Abs. 2 SGB V bezeichneten Umfang sicherzustellen und den Krankenkassen und ihren Verbänden gegenüber die Gewähr dafür zu übernehmen, dass die vertragsärztliche Versorgung den gesetzlichen und vertraglichen Erfordernissen entspricht.

Die Sicherstellung muss auch einen ausreichenden Notdienst umfassen (vgl. § 75 Abs. 1b SGB V). Dies verpflichtet die Kassenärztlichen Vereinigungen, die vertragsärztliche Versorgung auch zu den sprechstundenfreien Zeiten (Notdienst) sicherzustellen, nicht jedoch die notärztliche Versorgung im Rahmen des Rettungsdienstes, soweit Landesrecht nicht anderes bestimmt. Die Kassenärztlichen Vereinigungen und die Kassenärztliche(n) Bundesvereinigung(en) haben die Rechte der Vertragsärzte gegenüber den Krankenkassen wahrzunehmen. Sie haben die Erfüllung der den Vertragsärzten obliegenden Pflicht zu überwachen und die Vertragsärzte, soweit notwendig, unter Anwendung der vorgesehenen Maßnahmen zur Erfüllung dieser Pflichten anzuhalten (vgl. § 75 Abs. 2 SGB V).

In diesen Sicherstellungsauftrag sind die Krankenkassen und die knappschaftliche Krankenversicherung einbezogen; letztere jedoch nur, soweit die ärztliche Versorgung der Versicherten nicht durch Knappschaftsärzte sichergestellt wird. Darüber hinaus haben die Kassenärztlichen Vereinigungen und die Kassenärztliche(n) Bundesvereinigung(en) auch die ärztliche Versorgung von Personen sicherzustellen, die aufgrund dienstrechtlicher Vorschriften über die Gewährung von Heilfürsorge einen Anspruch auf unentgeltliche Versorgung haben, soweit die Erfüllung dieses Anspruchs nicht auf andere Weise gewährleistet ist. Dies gilt auch für ärztliche Untersuchungen zur Durchführung der allgemeinen Wehrpflicht sowie Untersuchungen zur Vorbereitung von Personalentscheidungen und betriebs- und fürsorgeärztliche Untersuchungen, die von öffentlich-rechtlichen Kostenträgern veranlasst werden. Ebenso fällt darunter die ärztliche Behandlung von Gefangenen in Justizvollzugsanstalten in Notfällen außerhalb der Dienstzeit der Anstaltsärzte und Anstaltszahnärzte.

Teilnahme an der vertragsärztlichen Versorgung

An der vertragsärztlichen Versorgung nehmen zugelassene Ärzte und zugelassene Medizinische Versorgungszentren sowie ermächtigte Ärzte und ermächtigte ärztlich geleitete Einrichtungen teil (vgl. § 95 Abs. 1 SGB V).

Um die Zulassung als Vertragsarzt kann sich jeder Arzt bewerben, der seine Eintragung in ein Arztregister nachweist. Die Eintragung in ein Arztregister erfolgt auf Antrag. Bei Ärzten setzt die Eintragung in das Arztregister voraus:

- die Approbation als Arzt und
- den erfolgreichen Abschluss entweder einer allgemeinmedizinischen Weiterbildung oder einer Weiterbildung in einem anderen Fachgebiet mit der Befugnis zum Führen einer entsprechenden Gebietsbezeichnung oder den Nachweis einer Qualifikation, die gemäß § 95a Abs. 4 und 5 SGB V anerkannt ist.

Mit der Zulassung wird der Vertragsarzt ordentliches Mitglied der für seinen Kassenarztsitz zuständigen Kassenärztlichen Vereinigung; er ist zur Teilnahme an der vertragsärztlichen Versorgung berechtigt und verpflichtet.

Der ermächtigte Arzt oder die ermächtigte ärztlich geleitete Einrichtung sind für die Dauer der Ermächtigung zur Teilnahme an der vertragsärztlichen Versorgung berechtigt und verpflichtet und insoweit dem zugelassenen Arzt gleichgestellt (vgl. § 95 Abs. 1 SGB V). Die ermächtigten Ärzte werden allerdings nicht Mitglieder der Kassenärztlichen Vereinigung. Als nichtzugelassene Ärzte sind sie außerordentliche Mitglieder, wenn sie in das Arztregister eingetragen sind (vgl. § 77 Abs. 3 SGB V).

Das Nähere über die Teilnahme an der vertragsärztlichen Versorgung sowie die zu ihrer Sicherstellung erforderliche Bedarfsplanung und die Beschränkung von Zulassungen ist in der Zulassungsverordnung für Ärzte (Ärzte-ZV) geregelt; das gleiche gilt für die Zulassungsverordnung Zahnärzte.

Zusammenhang zwischen Bedarfsplanung und Zulassung

Um einer ärztlichen Überversorgung entgegenzuwirken, hat der Gesetzgeber ein umfassendes Planungs- und Sicherstellungsinstrumentarium entwickelt: Im Rahmen der Bedarfsplanung wird ermittelt, ob eine ausreichende vertragsärztliche Versorgung gewährleistet ist oder ob auf Grund von Über- bzw. Unterversorgung Maßnahmen erforderlich sind. Zur Feststellung von Überversorgung legt der Gemeinsame Bundesausschuss Richtlinien zur konkreten Ausgestaltung der Bedarfsplanung (= Bedarfsplanungsrichtlinien) fest (vgl. § 92 Abs. 1 Nr. 9 SGB V).

Nach Maßgabe der Bedarfsplanungsrichtlinien werden arztgruppenspezifische Verhältniszahlen für den allgemeinen bedarfsgerechten Versorgungsgrad aus dem Verhältnis der Zahl der Einwohner zur Zahl der zugelassenen Vertragsärzte ermittelt. Eine Überversorgung ist anzunehmen, wenn der allgemeine bedarfsgerechte Versorgungsgrad um 10 vom Hundert überschritten ist.

Auf der Grundlage der vom G-BA erlassenen Bedarfsplanungsrichtlinien stellen die Kassenärztlichen Vereinigungen im Einvernehmen mit den Landesverbänden der Krankenkassen und den Verbänden der Ersatzkassen sowie im Benehmen mit den zuständigen Landesbehörden den so genannten Bedarfsplan zur Sicherstellung der vertragsärztlichen Versorgung auf (vgl. § 99 Abs. 1 SGB V). Wird von den Landesausschüssen der Ärzte und Krankenkassen Überversorgung festgestellt, müssen die Ausschüsse nach den Vorschriften der Zulassungsverordnungen und unter Berücksichtigung der Richtlinien des G-BA räumlich begrenzte und arztgruppenspezifische Zulassungsbeschränkungen anordnen (vgl. § 103 Abs. 2 SGB V). Mit der Anordnung einer Zulassungsbeschränkung können zeitlich begrenzt keine neuen Vertragsarztsitze ausgeschrieben werden.

Art und Umfang von Zulassung und Ermächtigung

Wie bereits erwähnt, bedarf jegliche Leistungserbringung zu Lasten der GKV einer Zulassung des Leistungserbringers.

Im Fall der vertragsärztlichen Versorgung entscheiden die Zulassungs- und Berufungsausschüsse über die Zulassung und die Ermächtigung von Ärzten oder von ärztlich geleiteten Einrichtungen (vgl. §§ 96 f. SGB V).

Einmal zugelassen, endet die Zulassung mit dem Tod, mit dem Wirksamwerden eines Verzichts oder mit dem Wegzug des Berechtigten aus dem Bezirk seines Kassenarztsitzes. Keiner Zulassung durch den Zulassungsausschuss bedürfen folgende Leistungen

- Notfallversorgung im Krankenhaus
- Erbringung von Heilmitteln (§ 32 i. V. m. § 124 SGB V)
- Sterilisation und Schwangerschaftsabbruch (§ 24b SGB V)
- Durchführung künstlicher Befruchtungen (§ 27a i. V. m. 121a SGB V)

Die Ermächtigung stellt eine Sonderform der Zulassung dar. Sehr bekannt ist die Ermächtigung von Krankenhausärzten nach § 116 SGB V. Mit Zustimmung des

Krankenhausträgers können Krankenhausärzte mit abgeschlossener Weiterbildung vom Zulassungsausschuss zur Teilnahme an der vertragsärztlichen Versorgung der Versicherten ermächtigt werden, soweit und solange eine ausreichende ärztliche Versorgung der Versicherten ohne die besonderen Untersuchungs- und Behandlungsmethoden oder Kenntnisse von hierfür geeigneten Krankenhausärzten nicht sichergestellt wird (vgl. § 116 SGB V). Darüber hinaus sieht das Gesetz u. a. folgende weitere Ermächtigungen vor:

- Zugelassene Krankenhäuser (§ 116a SGB V)
- Hochschulambulanzen (§ 117 SGB V)
- Psychiatrische Institutsambulanzen (§ 118 SGB V)
- Sozialpädiatrische Zentren (§ 119 SGB V)
- Einrichtungen der Behindertenhilfe (§ 119a SGB V)

Im Einzelnen bedeutet das:

- Der Zulassungsausschuss kann zugelassene Krankenhäuser für das entsprechende Fachgebiet in den Planungsbereichen, in denen der Landesausschuss der Ärzte und Krankenkassen Unterversorgung festgestellt hat, zur vertragsärztlichen Versorgung ermächtigen (§ 116a SGB V).
- Ambulanzen, Institute und Abteilungen der Hochschulkliniken (Hochschulambulanzen) sind zur ambulanten ärztlichen Behandlung der Versicherten und der in § 75 Abs. 3 genannten Personen
  1. in dem für Forschung und Lehre erforderlichen Umfang sowie
  2. für solche Personen, die wegen Art, Schwere oder Komplexität ihrer Erkrankung einer Untersuchung oder Behandlung durch die Hochschulambulanz bedürfen,
  ermächtigt (§ 117 SGB V).
- Auch Hochschulambulanzen an Psychologischen Universitätsinstituten und an Universitätsinstituten, an denen das für die Erteilung einer Approbation als Psychotherapeut notwendige Studium absolviert werden kann, sind kraft Gesetzes zur ambulanten Leistungserbringung ermächtigt.
- Psychiatrische Krankenhäuser sind vom Zulassungsausschuss zur ambulanten psychiatrischen und psychotherapeutischen Versorgung zu ermächtigen (§ 118 Abs. 1 SGB V).
- Allgemeinkrankenhäuser mit selbstständigen, fachärztlich geleiteten psychiatrischen Abteilungen mit regionaler Versorgungsverpflichtung sind zur psychiatrischen und psychotherapeutischen Behandlung der vertraglich vereinbarten Gruppen von Kranken ermächtigt (vgl. § 118 SGB V).
- Geriatrische Fachkrankenhäuser, Allgemeinkrankenhäuser mit selbstständigen geriatrischen Abteilungen, geriatrische Rehabilitationskliniken und dort angestellte Ärzte sowie Krankenhausärzte können vom Zulassungsausschuss zu einer strukturierten und koordinierten ambulanten geriatrischen Versorgung der Versicherten ermächtigt werden (§ 118a Abs. 1 SGB V).
- Sozialpädiatrische Zentren, die fachlich-medizinisch unter ständiger ärztlicher Leitung stehen und die Gewähr für eine leistungsfähige und wirtschaftliche so-

zialpädiatrische Behandlung bieten, können vom Zulassungsausschuss zur ambulanten sozialpädiatrischen Behandlung von Kindern ermächtigt werden (vgl. § 119 Abs. 1 SGB V).
- Einrichtungen der Behindertenhilfe, die über eine ärztlich geleitete Abteilung verfügen, sind vom Zulassungsausschuss zur ambulanten ärztlichen Behandlung von Versicherten mit geistiger Behinderung zu ermächtigen (vgl. § 119a SGB V).

Freie Arztwahl des Patienten

»Die Versicherten können unter den zur vertragsärztlichen Versorgung zugelassenen Ärzten, den Medizinischen Versorgungszentren, den ermächtigten Ärzten, den ermächtigten oder nach § 116b an der ambulanten Versorgung teilnehmenden Einrichtungen, den Zahnkliniken der Krankenkassen, den Eigeneinrichtungen der Krankenkassen nach § 140 Abs. 2 Satz 2, den nach § 72a Abs. 3 vertraglich zur ärztlichen Behandlung verpflichteten Ärzten und Zahnärzten, den zum ambulanten Operieren zugelassenen Krankenhäusern sowie den Einrichtungen nach § 75 Abs. 9 frei wählen.« (Vgl. § 76 Abs. 1 SGB V)

Allerdings soll eine unkoordinierte Mehrfachinanspruchnahme von Vertragsärzten verhindert werden (vgl. § 76 Abs. 3a SGB V). Andere Ärzte dürfen nur in Notfällen in Anspruch genommen werden. Wird daher ohne zwingenden Grund ein anderer als einer der nächsterreichbaren an der vertragsärztlichen Versorgung teilnehmenden Ärzte in Anspruch genommen, hat der Versicherte die Mehrkosten zu tragen. Unter »andere Ärzte« sind auch angestellte Ärzte in Krankenhäusern, ärztlich geleiteten Einrichtungen und Medizinischen Versorgungszentren zu verstehen (vgl. § 76 Abs. 2 SGB V).

2 Überblick über die Erscheinungsformen ambulanter Leistungen

2.1 Poliklinik und Ärztehaus

Der Begriff **Poliklinik** kommt ursprünglich aus dem Griechischen und bedeutet übersetzt »Stadtklinik«. Allerdings hat er recht wenig mit einem Krankenhaus der heutigen Prägung zu tun. Es handelt sich vielmehr um eine Einrichtung zur ambulanten Versorgung, in der unterschiedliche Fachärzte die Patienten »unter einem Dach« versorgen. Bis zur deutschen Wiedervereinigung existierten sogar in beiden Teilen Deutschlands unterschiedliche Behandlungseinrichtungen unter dem gleichen Begriff. Während das Konzept in der ehemaligen DDR mit Hilfe von angestellten Ärzten im Sinne der traditionellen Definition umgesetzt wurde, nannten auch die – bis dahin westdeutschen – Universitäten und damit verbundenen Universitätskliniken (Hochschulkliniken) die ambulante Behandlungseinrichtung, mit deren Hilfe die Studierenden in der ambulanten Versorgung unterwiesen wurden, Poliklinik. Im Rahmen der Wiedervereinigung und der daraus resultierenden gesamtdeutschen Betrachtung wurden die (Universitäts-)Polikliniken in Hochschulambulanzen umbenannt.

Bei einer Poliklinik handelt es sich nicht um eine ärztlich geleitete Einrichtung im Sinne einer Gemeinschaftspraxis oder eines Medizinischen Versorgungszentrums. Sie ist vielmehr eine Zusammenfassung mehrerer Facharztrichtungen in einer Großpraxis, die u. U. gemeinsam Großgeräte nutzt und eine eher klinikähnliche Struktur aufweist. Da es sich um autonome Einzelärzte handelt, ist eine Überweisung innerhalb der Poliklinik erforderlich.

Polikliniken originärer Prägung findet man heute noch in Schweden und einigen eher sozialistisch geprägten Ländern. Die Honorierung erfolgt aus der vertragsärztlichen Gesamtvergütung, also über die zuständige Kassenärztliche Vereinigung.

Das **Ärztehaus** ähnelt stark der o. g. Poliklinik. In ihm haben sich selbstständige Praxen unter einem Dach zusammengefunden, die grundsätzlich keine gemeinsame Organisation oder andere vertragliche Verpflichtungen suchen. Man nutzt also eine gemeinsame Immobilie. Die Beteiligten besitzen getrennte Abrechnungsnummern und die Honorierung erfolgt aus der vertragsärztlichen Gesamtvergütung, also über die zuständige Kassenärztliche Vereinigung.

2.2 Gemeinschaftspraxis und Praxisgemeinschaft

Die Begriffe Gemeinschaftspraxis und Praxisgemeinschaft werden leider recht häufig verwechselt oder gar synonym verwendet.

Bei einer **Gemeinschaftspraxis** handelt es sich um einen wirtschaftlichen und organisatorischen Zusammenschluss von Ärzten zur gemeinsamen Berufsausübung. Sie treten gegenseitig füreinander ein und besitzen eine gemeinsame Abrechnungsnummer. Die Honorierung erfolgt aus der vertragsärztlichen Gesamtvergütung, also über die zuständige Kassenärztliche Vereinigung.

Eine **Praxisgemeinschaft** hingegen ist ein Konstrukt rechtlich völlig selbstständiger Arztpraxen, die u. U. gemeinsam Räume und/oder Geräte nutzen. Die Praxisgemeinschaft kann auch überregional erfolgen. Jede Praxis besitzt eine eigene Abrechnungsnummer und die Beteiligten bilden eine Kostengemeinschaft, aber keine Abrechnungsgemeinschaft. Die Honorierung erfolgt je Arzt aus der vertragsärztlichen Gesamtvergütung, also über die zuständige Kassenärztliche Vereinigung.

2.3 Institutsambulanz

Eine Institutsambulanz stellt eine selbständige Organisationseinheit eines Krankenhauses dar. In ihr werden ambulante Leistungen mit den sächlichen und personellen Mitteln des Krankenhauses erbracht, gleichwohl erbringt nicht das Krankenhaus, sondern die Institutsambulanz als ärztlich geleitete Einrichtung die Leistungen. Es existiert kein freier Zugang des Krankenhauses zu dieser Behandlungseinrichtung. Sie wird vom Zulassungsausschuss ermächtigt, der – wie in allen Fällen – die Notwendigkeit der Zulassung prüft und einen Bescheid erlässt. Die Honorierung erfolgt aus der vertragsärztlichen Gesamtvergütung, also über die zuständige Kassenärztliche Vereinigung. Hierbei wird in der Regel der EBM genutzt. Allerdings kann das Honorar auch pauschaliert werden.

2.4 Ermächtigungsambulanz und Privatambulanz

Ärztliche Mitarbeiter eines Krankenhauses können auf Nachfrage bei ihrem Krankenhausträger die Erlaubnis erhalten, neben ihrer Haupttätigkeit im vollstationären Bereich auch ambulante Leistungen zu erbringen. Werden Leistungen für gesetzlich Versicherte erbracht, spricht man von einer Ermächtigungsambulanz, im Fall von selbstzahlenden bzw. privat versicherten Patienten von einer Privatambulanz. Der

Krankenhausträger kann dann entweder einer Nebentätigkeit des ärztlichen Mitarbeiters zustimmen oder eine Beteiligungsvergütung mit ihm vereinbaren.

Bei einer Nebentätigkeit wird dem ärztlichen Mitarbeiter »neben seiner Haupttätigkeit« eine weitere Tätigkeit (Nebentätigkeit) zugebilligt. Er erhält die Erlöse aus dieser Tätigkeit, muss jedoch u. U. für die Nutzung personeller und/oder sächlicher Ressourcen des Krankenhauses ein Entgelt an den Krankenhausträger leisten.

Bei Vereinbarung einer Beteiligungsvergütung erbringt der ärztliche Mitarbeiter die ambulante Leistung im Rahmen seiner Dienstaufgabe und wird dafür an den Einnahmen des Krankenhauses beteiligt (daher auch: Beteiligungsvergütung).

Für das Tätigwerden im Rahmen einer **Ermächtigungsambulanz** benötigt der ärztliche Mitarbeiter eine Ermächtigung des Zulassungsausschusses, da Leistungen für gesetzlich Versicherte betroffen sind. Die Ermächtigung ist gegenüber einer Zulassung nachrangig (also geringwertiger) und der Anspruch hierauf ist vom Bedarf abhängig. § 116 SGB V formuliert hierzu: »*… soweit und solange eine ausreichende ärztliche Versorgung der Versicherten nicht sichergestellt wird.*«

Die Ermächtigung ist in der Regel auf zwei Jahre befristet und der Umfang der Leistungen ergibt sich nach Maßgabe des Ermächtigungsbescheids. Sie kann ein ganzes Fachgebiet, ein Teilgebiet oder auch nur einzelne Leistungen umfassen.

Die Abrechnung der erbrachten Leistungen bezieht sich nur auf Patienten der gesetzlichen Krankenversicherung. Ihre Honorierung erfolgt aus der vertragsärztlichen Gesamtvergütung, also über die zuständige Kassenärztliche Vereinigung. Hierbei wird in der Regel der EBM genutzt.

Werden Leistungen in Form einer **Privatambulanz** erbracht, ist keine Zulassung erforderlich. Der ärztliche Mitarbeiter erbringt Leistungen für selbstzahlende und privat versicherte Patienten, die in ein direktes Vertragsverhältnis mit ihm treten. Die Abrechnung erfolgt daher auch auf Basis der GOÄ direkt mit dem Patienten. Nicht selten nutzt der Arzt ein Abrechnungsinstitut für die Liquidation. Das ändert jedoch nichts am direkten Vertragsverhältnis zwischen Arzt und Patient.

Wichtig: Diese Form der ambulanten Leistungserbringung darf nicht verwechselt werden mit der Erbringung und Abrechnung von Wahlleistungen gegenüber stationären Patienten der gesetzlichen Krankenversicherung oder sogar gegenüber Selbstzahlern und Privatpatienten.

2.5 Ambulante spezialfachärztliche Versorgung

Zur Stärkung ambulanter spezialfachärztlicher Leistungen eröffnet der Gesetzgeber auch zugelassenen Krankenhäusern die Möglichkeit, derartige Leistungen zu erbringen. Neben § 116b SGB V basiert diese Form der Leistungserbringung auf der »Richtlinie ambulante spezialfachärztliche Versorgung § 116b SGB V – ASV-RL« des G-BA. Primäre Motivation einer solchen Behandlungsform ist die Notwendigkeit spezieller diagnostischer oder therapeutischer Verfahren, die hohe Kosten nach sich ziehen, welche für vertragsärztliche Praxen im Regelfall nicht finanzierbar sind. Aus diesem Grund sollen Krankenhäuser, die diese Kapazitäten ohnehin für stationäre Leistungen nutzen, hiermit auch ambulante Leistungen erbringen können. Typische Entitäten für das Verfahren nach § 116b SGB V sind spezielle Tumorbehandlungen, ausgewählte rheumatologische Erkrankungen, Multiple Sklerose oder Mukoviszidose.

Im Vorfeld der Leistungserbringung ist ein ausdrückliches Antragsverfahren für zugelassene Krankenhäuser vorgesehen, in dessen Rahmen die Eignung für die ambulante Erbringung der in einem Katalog genannten Leistungen überprüft wird. Auf Grund hochdifferenzierter Leistungen und Behandlungskapazitäten werden Krankenhäuser der Grundversorgung eher selten derartige Leistungen anbieten können, doch es wäre grundsätzlich nicht ausgeschlossen.

Der Antrag ist nicht an den Zulassungsausschuss, sondern an den Erweiterten Landesausschuss der Ärzte und Krankenkassen zu richten. Vertragspartner sind jedoch die Sozialleistungsträger, die auch unmittelbar für die Vergütung nach Maßgabe einer »vergleichbaren vertragsärztlichen Leistung« (in der Regel EBM) zuständig sind.

Das Krankenhaus muss sich hierfür zu den relevanten Leistungen anmelden. Dies darf nur in den Bereichen erfolgen, in denen das Krankenhaus auch stationär tätig ist. Mitzuteilen sind die Leistungen auf Basis der Bezeichnung der Leistungen aus dem EBM.

Für den Zugang des Patienten und die hiermit verbundene Frage der Notwendigkeit einer Überweisung aus dem vertragsärztlichen Bereich ergibt sich nach Maßgabe der Richtlinie des G-BA eine grundsätzliche Überweisungspflicht.

Die Richtlinie gibt an, »*ob und in welchen Fällen die ambulante Behandlung bei Kataloginhalten von einer Überweisung durch eine Vertragsärztin oder einen Vertragsarzt abhängig ist. Bestehen* **keine Regelungen** *[...],* **setzt** *die ambulante Erbringung hochspezialisierter Kataloginhalte (Anlage 1) durch das Krankenhaus die* **Überweisung** *durch eine Vertragsärztin oder einen Vertragsarzt* **voraus***, wenn dies auch im vertragsärztlichen Bereich notwendig ist.*«

Hat ein Patient die Behandlungseinrichtung im Krankenhaus erreicht, ist keine weiterführende Überweisung (in den vertragsärztlichen Bereich) möglich. Die Verordnung von Arznei-, Heil- und Hilfsmitteln ist möglich. Eine spezielle Regelung für den Sprechstundenbedarf existiert nicht.

2.6 Medizinisches Versorgungszentrum

Eine der modernsten Formen der ambulanten Leistungserbringung ist das Medizinische Versorgungszentrum. Seine Gründung kann durch zugelassene Ärzte, zugelassene Krankenhäuser, Erbringer nichtärztlicher Dialyseleistungen, gemeinnützige Träger oder anerkannte Praxisnetze der Kommunen erfolgen. Allerdings muss stets ein Arzt die Leitung übernehmen, der selbst auch in diesem Medizinischen Versorgungszentrum tätig und in medizinischen Fragen weisungsfrei ist.

Die fachliche Ausrichtung kann sowohl fachübergreifend als auch als arztgruppengleich erfolgen. Wie bei einer Gemeinschaftspraxis wird nicht der einzelne Arzt, sondern das gesamte Medizinische Versorgungszentrum im Rahmen einer institutionellen Zulassung durch den Zulassungsausschuss zur Leistung berechtigt. Abrechnungstechnisch ist der Leistungserbringer das Medizinische Versorgungszentrum. Die Honorierung erfolgt aus der vertragsärztlichen Gesamtvergütung, also über die zuständige Kassenärztliche Vereinigung. Wie bei einer Gemeinschaftspraxis sind jedoch die einzelnen erbrachten Leistungen bei der Abrechnung zu kennzeichnen. Die Abrechnungsvoraussetzungen zur persönlichen und höchstpersönlichen Leistungserbringung in den einzelnen Tarifen und Gebührenordnungen gelten auch für ein Medizinisches Versorgungszentrum. Da die Vergütung auf Basis der vertragsärztlichen Grundsätze erfolgt, gelten Vereinbarungen zum Sprechstundenbedarf auch für das Medizinische Versorgungszentrum.

Ebenso wie bei einer regulären vertragsärztlichen Praxis können mögliche Leistungsempfänger Patienten der gesetzlichen Krankenversicherung, Patienten der privaten Krankenversicherung und Selbstzahler, Patienten der Berufsgenossenschaftlichen Heilbehandlung, andere Ärzte, Vertragsärzte und Krankenhäuser in einem Medizinischen Versorgungszentrum sein. Zur Anwendung kommen daher die Abrechnungsarten:

- Abrechnung nach dem Einheitlichen Bewertungsmaßstab (EBM)
- Abrechnung nach der Gebührenordnung für Ärzte (GOÄ)
- Abrechnung Individueller Gesundheitsleistungen (analog GOÄ)
- Berufsgenossenschaftliche Heilbehandlung (UV-GOÄ)
- Abrechnung im Innenverhältnis mit einem eventuell verbundenen stationären Krankenhausträger

In Bezug auf die vertragsärztliche Abrechnung gelten Ergänzungen im Zusammenhang mit der Ermittlung der Grund- bzw. Versichertenpauschale (Bildung arithmetischer Mittelwert) und der bereits erwähnten arztbezogenen Kennzeichnung der Leistungen.

Es besteht ein grundsätzlich freier Zugang des Patienten zu einer Behandlung in einem Medizinischen Versorgungszentrum. Allerdings ist diese Regel durch den Bundesmantelvertrag Ärzte eingeschränkt. Ärzte für Laboratoriumsmedizin, Mikrobiologie und Infektionsepidemiologie, Nuklearmedizin, Pathologie, Radiologische Diagnostik bzw. Radiologie, Strahlentherapie und Transfusionsmedizin können hiernach nur auf Überweisung in Anspruch genommen werden.

Auch in Bezug auf die Fallzählung existieren Besonderheiten:

- Sofern der Patient in demselben Quartal von demselben Arzt behandelt wird und dieselbe Krankenkasse die Kosten der Leistungserbringung gegenüber der Kassenärztlichen Vereinigung des Arztes trägt, liegt derselbe Fall vor.
- Sucht der Patient mit dem gleichen Auftrag von zwei unterschiedlichen zuweisenden Ärzten das Medizinische Versorgungszentrum auf, handelt es sich um einen Fall.

- Kommt der Patient zur Nachschau einer Behandlung derselben Erkrankung mehrfach in das Medizinische Versorgungszentrum (z. B. Radiologie), handelt es sich um einen Fall.
- Konsultiert ein Patient nacheinander die Ärzte der im Medizinischen Versorgungszentrum vertretenen Fachrichtungen, sind dies unterschiedliche Ärzte mit unterschiedlichen Fachrichtungen. Für das Medizinische Versorgungszentrum sind dies zwei Fälle.

2.7 Hochschulambulanzen

Hochschulambulanzen (früher: Universitätspolikliniken) sind ambulante Behandlungseinrichtungen der Universitätskliniken. Die Universitäten werden in diesem Sinne als Institution tätig. Die ärztliche Tätigkeit ist Dienstaufgabe der beteiligten Ärzte. Hochschulambulanzen können grundsätzlich von jedermann in Anspruch genommen werden und es existiert ein grundsätzlicher Überweisungszwang für den Zugang des Patienten (Ausnahme: landesspezifische Sonderregelungen – z. B. Berlin). Es besteht keine Möglichkeit der Weiterleitung des Patienten (zurück) in den vertragsärztlichen Bereich. Die Vergütung erfolgt direkt durch die Sozialleistungsträger.

Die Aufgaben einer Hochschulambulanz erstrecken sich nicht in erster Linie auf die Sicherstellung einer ausreichenden ärztlichen Versorgung der Versicherten. Vielmehr sollen sie zur Wahrnehmung ihrer Aufgaben in Forschung und Lehre tätig werden.

Die Ermächtigung zur ambulanten Behandlung der Versicherten erfolgt kraft Gesetzes. Ausreichend ist die Qualifikation als Hochschulambulanz.

Der Begriff der Hochschulambulanz wurde erstmals mit Inkrafttreten des Fallpauschalengesetzes zum 30.04.2002 in das SGB V aufgenommen. Bis zum 31.12.2002 wurde für die poliklinischen Institutsambulanzen der Hochschulen als ambulant tätige Einrichtungen der Hochschulkliniken der Begriff Polikliniken verwendet. Seit dem 01.01.2003 tragen diese Einrichtungen die Bezeichnung Hochschulambulanzen. Diese Umbenennung wurde notwendig, da der Begriff der Polikliniken für ambulante Gesundheitseinrichtungen in der ehemaligen DDR nach § 311 SGB V Bestandsschutz erhielt. Von dem Begriff der Hochschulambulanzen werden allerdings nicht nur die Polikliniken der Hochschulkliniken erfasst. Der Begriff Hochschulambulanzen schließt neben den Polikliniken auch die Fachambulanzen und übrigen Hochschulambulanzen, als ambulant tätige Einrichtungen der Hochschulkliniken, mit ein.

Die Vergütung der Hochschulambulanzen wird von den Landesverbänden der Krankenkassen und den Verbänden der Ersatzkassen gemeinsam und einheitlich mit den Hochschulen oder Hochschulkliniken, den Krankenhäusern oder den sie vertretenden Vereinigungen im Land vereinbart. Hieraus resultieren individuelle Vereinbarungen zur Vergütung der Leistungen für das einzelne Universitätsklinikum.

Die zwischen den Krankenkassen und den Hochschulen oder Hochschulkliniken zu vereinbarende Vergütung der Leistungen kann nach § 120 Abs. 3 SGB V pauschaliert werden. Bei der Vergütung der Leistungen der Hochschulambulanzen soll eine Abstimmung mit Entgelten für vergleichbare Leistungen erfolgen.

Selbstzahlern und Privatversicherten werden die in Anspruch genommenen Leistungen in der Regel nach der GOÄ in Rechnung gestellt.

2.8 Psychiatrische Institutsambulanzen

Mit Inkrafttreten der GKV-Gesundheitsreform im Jahr 2000 erfolgte eine Ergänzung des SGB V für den Bereich der psychiatrischen Versorgung. Während in der Vergangenheit lediglich zugelassene Institutsambulanzen ambulante psychiatrische Leistungen erbringen durften, öffnete der Gesetzgeber zum 01.01.2000 dieses Betätigungsfeld systematisch für stationäre Einrichtungen.

Konkreter als in der übrigen ambulanten Versorgung bestimmt eine Vereinbarung auf der Bundesebene den Personenkreis der Patienten, die der Behandlung zugehen können. Ergänzend zur grundsätzlichen ambulanten Behandlungsnotwendigkeit benennt die Vereinbarung die Gruppe psychisch Kranker, die wegen der Art, Schwere oder Dauer ihrer Erkrankung einer spezifischen ambulanten Behandlung durch Psychiatrische Institutsambulanzen bedürfen, anhand einer Anlage zu dieser Vereinbarung. Sie definiert die Einschlusskriterien für die Behandlung Erwachsener und für die Behandlung von Kindern bis hinunter auf die Ebene des ICD-10-Diagnosekodes.

Im Gegensatz zur traditionellen Leistungserbringung durch psychiatrische Ambulanzen mit Zulassung im Bereich einer Kassenärztlichen Vereinigung bzw. einem Einzelvertrag mit der jeweiligen Krankenkasse erfolgt eine regelhafte Zulassung stationärer Leistungserbringer (vgl. § 2 der Vereinbarung gem. § 118 Abs. 2 SGB V). Dies gilt im Einzelnen für

- selbstständige, fachärztlich geleitete psychiatrische sowie kinder- und jugendpsychiatrische Abteilungen, die eine regionale Versorgungsverpflichtung übernommen haben und die strukturellen Qualitätsanforderungen gemäß § 118 Abs. 2 SGB V erfüllen;
- psychiatrische Abteilungen an Universitätskliniken mit regionaler Versorgungsverpflichtung, die die strukturellen Qualitätsanforderungen gemäß § 118 Abs. 2 SGB V erfüllen.

Ähnlich dem ambulanten Operieren nach § 115b SGB V erfolgt eine institutionelle Ermächtigung zur Leistungserbringung und keine persönliche. Der Krankenhausträger hat hierbei sicherzustellen, dass Ärzte und nichtärztliche Fachkräfte sowie die notwendigen Einrichtungen bei Bedarf zur Verfügung stehen (vgl. Präambel der Vereinbarung gem. § 118 Abs. 2 SGB V).

2.8 Psychiatrische Institutsambulanzen

Weder die Vereinbarung auf der Bundesebene noch ergänzende Vereinbarungen auf der Landesebene bestimmen die Inhalte der berechnungsfähigen Leistungen. Da die Vergütung der Leistungen jedoch in der Regel pauschaliert erfolgt, bestimmt sich der Leistungsinhalt der Psychiatrischen Institutsambulanz als Komplexleistung, die das gesamte Spektrum psychiatrisch-psychotherapeutischer Diagnostik und Therapie entsprechend dem allgemein anerkannten Stand der medizinischen Erkenntnisse umfasst. Hierzu gehören im Einzelnen (vgl. § 5 der Vereinbarung gem. § 118 Abs. 2 SGB V):

- psychopathologische Befunderhebung,
- psychologische Diagnostik (Psychometrie),
- Psychopharmakotherapie,
- das Instrumentarium der sozialtherapeutischen einschließlich der nachgehenden Behandlung,
- die Psychoedukation in indikativen Gruppen unter Einbezug der Angehörigen der Kranken und die Psychotherapie entsprechend der Psychotherapie-Richtlinien des Bundesausschusses der Ärzte und Krankenkassen,
- Notfalldienst außerhalb der regulären Dienstzeiten

Die Abrechnungsvoraussetzungen ähneln den Bedingungen für andere ambulante Leistungsformen in der gesetzlichen Krankenversicherung (z. B. § 115b SGB V). Die institutionelle Ermächtigung der psychiatrischen Institutsambulanz findet ihre konsequente Fortsetzung im multiprofessionellen Behandlungsansatz:

- Der Leistungserbringer muss in § 2 der Vereinbarung genannt sein.
- Die strukturellen Voraussetzungen nach § 118 SGB V müssen erfüllt sein (vgl. § 5 der Vereinbarung gem. § 118 Abs. 2 SGB V).
- Der Patient fällt unter die genannten Patientengruppen nach § 3 der Vereinbarung.
- Bei der Behandlung ist der Facharztstandard zu erfüllen (vgl. § 5 der Vereinbarung gem. § 118 Abs. 2 SGB V).
- Die Leistungen der psychiatrischen Institutsambulanz sind nachvollziehbar für Zwecke der Qualitäts- und Wirtschaftlichkeitsprüfung zu dokumentieren (vgl. § 6 der Vereinbarung gem. § 118 Abs. 2 SGB V).

Das Vorliegen einer Überweisung stellt keine Abrechnungsvoraussetzung dar, da der Patient der Behandlung auch ohne Vorliegen eines solchen Auftrags zugehen kann (vgl. § 4 der Vereinbarung gem. § 118 Abs. 2 SGB V).

Die Leistungen der psychiatrischen Institutsambulanz werden unmittelbar von den Krankenkassen vergütet (vgl. § 120 Abs. 2 SGB V). Die Vereinbarung auf Bundesebene sieht keine Vergütungsstruktur vor. Sie deutet lediglich das Vorhandensein einer Komplexpauschale an (vgl. § 5 der Vereinbarung gem. § 118 Abs. 2 SGB V). Die Aufgabe der Vergütungsvereinbarung obliegt den Landesverbänden der Krankenkassen und den Verbänden der Ersatzkassen gemeinsam unmittelbar mit den einzelnen Leistungserbringern oder alternativ mit den sie vertretenden Vereinbarungen auf der Landesebene (z. B. Vitos Hessen, Landschaftsverband Rheinland). Kommt es zu keiner Einigung der Vertragsparteien auf der Landesebene, entscheidet eine Schiedsstelle auf Antrag einer Vertragspartei.

In der Regel folgt die Vergütungsstruktur einem pauschalierten Ansatz, der die ärztlichen und nichtärztlichen Leistungen in einem Betrag je Behandlungsfall zusammenfasst (vgl. hierzu Vergütungsvereinbarung im Bundesland Niedersachsen). Allerdings existieren vereinzelt auch Vergütungsvereinbarungen, die eine ziffernorientierte Einzelleistungsabrechnung vorsehen (vgl. hierzu Vergütungsvereinbarung im Freistaat Bayern).

2.9 Sozialpädiatrische Zentren

Sozialpädiatrische Zentren sind Einrichtungen, die fachlich-medizinisch unter ständiger ärztlicher Leitung stehen und dem Ziel dienen, Schädigungen oder Störungen bei Kindern, die zu Krankheiten führen können, durch frühe Diagnostik, frühe Therapie und frühe soziale Eingliederung zu erkennen, zu verhindern, zu heilen oder in ihren Auswirkungen zu mildern. Zur Erreichung dieser Ziele sind eine ganzheitliche Behandlung, ein Bündel von integrierten gezielten medizinischen, psychologischen, pädagogischen und sozialen Maßnahmen notwendig. Diese Leistungen werden vorwiegend fachübergreifend nur in sozialpädiatrischen Zentren angeboten, die allerdings zum Teil anders firmieren (z. B. Frühfördereinrichtung, Kinderneurologisches Zentrum, Heilpädagogisch-Therapeutisches Zentrum u. ä.)

Die ärztliche Tätigkeit ist, wie auch die Tätigkeit der übrigen Mitarbeiter, Dienstaufgabe.

Sozialpädiatrische Zentren, die die Gewähr für eine leistungsfähige und wirtschaftliche sozialpädiatrische Behandlung bieten, können vom Zulassungsausschuss zur ambulanten sozialpädiatrischen Behandlung von Kindern ermächtigt werden. Die Ermächtigung ist zu erteilen, soweit und solange sie notwendig ist, um eine ausreichende sozialpädiatrische Behandlung sicherzustellen (vgl. § 119 Abs. 1 SGB V). Insoweit besteht ein Rechtsanspruch auf Ermächtigung.

§ 119 Abs. 2 SGB V verdeutlicht den grundsätzlichen Vorrang der ambulanten Versorgung durch niedergelassene Ärzte. Danach ist die Behandlung durch Sozialpädiatrische Zentren auf diejenigen Kinder auszurichten, die wegen der Art, Schwere oder Dauer ihrer Krankheit oder einer drohenden Krankheit nicht von geeigneten Ärzten oder in geeigneten Frühförderstellen behandelt werden können. Unter »Frühförderstellen« sind hierbei Einrichtungen zu verstehen, die – ohne unter ständiger ärztlicher Leitung zu stehen – psychologische, pädagogische, soziale und sonstige nichtärztliche Leistungen erbringen. Das Gesetz hält die ermächtigten Zentren an, mit den Ärzten und den Frühförderstellen eng zusammenarbeiten.

Die Leistungen der sozialpädiatrischen Zentren werden unmittelbar von den Krankenkassen vergütet und nicht von den Kassenärztlichen Vereinigungen.

Die Vergütung wird von den Landesverbänden der Krankenkassen und den Verbänden der Ersatzkassen gemeinsam und einheitlich mit den Krankenhäusern, oder richtiger: mit den Trägern der Zentren oder den sie vertretenden Vereinigungen im Land, vereinbart. Die Zentren müssen nicht nach § 108 SGB V zugelassene Krankenhäuser oder Abteilungen an zugelassenen Krankenhäusern sein. Sie können auch als selbstständige ärztlich geleitete Einrichtungen unterhalten werden. Diese Klarstellung ist für die Vereinbarung der Vergütung, die die Leistungsfähigkeit der Einrichtung bei wirtschaftlicher Betriebsführung gewährleisten muss, bedeutsam.

Die Vergütung der Leistungen der Sozialpädiatrischen Zentren und sonstiger ermächtigter ärztlich geleiteter Einrichtungen kann pauschaliert werden (vgl. § 120 Abs. 3 Satz 1 SGB V). Eine Pauschalierung der Vergütung ist sinnvoll und zweckmäßig, weil zum einen eine unangemessene Leistungsausweitung vermieden wird und zum anderen Leistungen, die bei dem angesprochenen Patientenkreis einen weit höheren Zeitaufwand in Anspruch nehmen, als dies gemeinhin der Fall ist, leistungsgerecht vergütet werden können.

Die Abrechnungsmodalitäten der Sozialpädiatrischen Zentren richten sich nach § 295 SGB V. Das Nähere über Form und Inhalt der Abrechnungsunterlagen und der erforderlichen Vordrucke für die Sozialpädiatrischen Zentren ist von den Vertragsparteien der entsprechenden Vergütungsvereinbarung zu vereinbaren (vgl. § 120 Abs. 3 Satz 1 SGB V). Wenn eine Vereinbarung über die Vergütung ganz oder teilweise nicht zustande kommt, setzt eine Schiedsstelle die Vergütung fest (vgl. § 120 Abs. 4 SGB V).

2.10 Weitere besondere Formen ambulanter Leistungen

2.10.1 Geriatrische Institutsambulanzen

Geriatrische Institutsambulanzen sind Einrichtungen, die im Rahmen der ambulanten Versorgung der Versicherten zu einer strukturierten und koordinierten ambulanten geriatrischen Versorgung der Versicherten ermächtigt werden (vgl. § 118a Abs. 1 SGB V).

Die Leistungen werden von geriatrischen Fachkrankenhäusern, Allgemeinkrankenhäusern mit selbstständigen geriatrischen Abteilungen, geriatrischen Rehabilitationskliniken und dort angestellten Ärzte sowie Krankenhausärzten erbracht. Sie werden durch den Zulassungsausschuss ermächtigt.

Vom Zulassungsausschuss können zur ambulanten geriatrischen Versorgung berechtigt werden (vgl. § 118a Abs. 1 SGB V):

- geriatrische Fachkrankenhäuser,
- Allgemeinkrankenhäuser mit selbstständigen geriatrischen Abteilungen,

- geriatrische Rehabilitationskliniken und dort angestellte Ärzte und
- Krankenhausärzte.

Allerdings wird diese Berechtigung – wie auch bei anderen ambulanten Leistungen der Krankenhäuser (z. B. § 116a SGB V) – an Bedingungen geknüpft. Neben der bereits mehrfach erwähnten notwendigen Bedarfsprüfung (… soweit und solange …), müssen die Berechtigten die sächlichen und personellen Voraussetzungen an die Leistungsbringung sowie die sonstigen Anforderungen an die Qualitätssicherung erfüllen (vgl. § 1 Abs. 2 der Vereinbarung nach § 118a SGB V i. d. F. vom 15. 07. 2015).

Hierbei haben Ermächtigungen von geriatrischen Fachkrankenhäusern und Allgemeinkrankenhäusern mit selbstständigen geriatrischen Abteilungen Vorrang vor der Einzelermächtigung eines Krankenhausarztes mit geriatrischer Weiterbildung (vgl. § 1 Abs. 4 der Vereinbarung nach § 118a SGB V i. d. F. vom 15. 07. 2015).

Für den Fall einer Ermächtigung eines geriatrischen Fachkrankenhauses bzw. einer selbstständigen geriatrischen Abteilung eines Allgemeinkrankenhauses wird vorausgesetzt, dass diese unter fachärztlicher geriatrischer Leitung steht (vgl. § 1 Abs. 5 der Vereinbarung nach § 118a SGB V i. d. F. vom 15. 07. 2015).

Die fachärztliche geriatrische Eignung eines Arztes liegt dann vor, wenn er über eine geriatrische Weiterbildung gemäß der jeweiligen Weiterbildungsordnung der Landesärztekammer verfügt (vgl. § 1 Abs. 5 der Vereinbarung nach § 118a SGB V i. d. F. vom 15. 07. 2015).

Auch für die Leistungen der Geriatrischen Institutsambulanz gilt der Facharztstandard. Leistungen dürfen daher grundsätzlich nur von Fachärzten erbracht werden (vgl. § 1 Abs. 6 der Vereinbarung nach § 118a SGB V i. d. F. vom 15. 07. 2015).

Die Leistungsmöglichkeiten der Krankenhäuser auf abschließende Diagnosestellungen und leitende Therapieempfehlungen sind beschränkt (vgl. § 1 Abs. 6 der Vereinbarung nach § 118a SGB V i. d. F. 15. 07. 2015). Ärzte in Weiterbildung können jedoch entsprechend dem Stand ihrer Weiterbildung unter Verantwortung eines zur Weiterbildung befugten ermächtigten Arztes bzw. eines Facharztes mit der Weiterbildung Geriatrie einer ermächtigten Einrichtung zur Durchführung ärztlicher Tätigkeiten der Geriatrischen Institutsambulanz einbezogen werden. In diesen Fällen gilt jedoch ebenfalls der Facharztstandard. Ärzte in Weiterbildung dürfen daher konsequenterweise keine abschließenden Diagnosestellungen und leitenden Therapieempfehlungen erbringen (vgl. § 1 Abs. 6 der Vereinbarung nach § 118a SGB V i. d. F. vom 15. 07. 2015).

Auf Grund der besonderen Versorgungsnotwendigkeit wurde von Seiten der Selbstverwaltungspartner die Gruppe der zu versorgenden Patienten festgelegt (vgl. § 2 der Vereinbarung nach § 118a SGB V i. d. F. 15. 07. 2015). Hierunter fallen Patienten,

- die aufgrund ihrer geriatrietypischen Multimorbidität einen dringend ambulanten Versorgungsbedarf haben,
- die aber aufgrund der Art, Schwere und Komplexität ihrer Krankheitsverläufe mit den verfügbaren Qualifikationen und Versorgungsstrukturen derzeit nicht adäquat ambulant versorgt werden können,

- bei denen im Regelfall ein komplexer Behandlungsplan zu erstellen ist und
- die zwei grundlegende Kriterien erfüllen.

Diese grundlegenden Kriterien sind

- ein höheres Lebensalter (ab vollendetem 70. Lebensjahr) und
- das Vorliegen einer geriatrietypischen Morbidität.

Bei der Definition der »geriatrietypischen Morbidität« wurden zwei Gruppen von Patienten definiert:

- Patienten, bei denen mindestens zwei – ebenfalls genannte – geriatrische Syndrome dokumentiert sind oder
- Patienten, bei denen mindestens ein geriatrisches Syndrom dokumentiert ist und eine Pflegestufe gemäß § 15 SGB XI vorliegt.

Geriatrische Syndrome in diesem Sinne sind:

- Multifaktoriell bedingte Mobilitätsstörung einschließlich Fallneigung und Altersschwindel
- Komplexe Beeinträchtigung kognitiver, emotionaler oder verhaltensbezogener Art
- Frailty-Syndrom (Kombinationen von unbeabsichtigtem Gewichtsverlust, körperlicher und/oder geistiger Erschöpfung, muskulärer Schwäche, verringerter Ganggeschwindigkeit und verminderter körperlicher Aktivität)
- Dysphagie
- Inkontinenz(en)
- Therapierefraktäres chronisches Schmerzsyndrom

Hierzu erfolgt eine Präzisierung der Inklusionsbedingungen für die Patienten in der Weise, dass »mindestens zwei Syndrome als Voraussetzung erforderlich sind, die Polypharmakotherapie aber für sich gesehen kein alterstypisches, geeignetes geriatrisches Kriterium ist.«

Der Zugang des Patienten in die Geriatrische Institutsambulanz ist beschränkt. Voraussetzung ist ausschließlich die Überweisung durch den behandelnden Vertragsarzt (vgl. § 3 Abs. 1 der Vereinbarung nach § 118a SGB V i.d.F. vom 15.07.2015). Die Vereinbarung nach § 118a SGB V präzisiert den Begriff des »Vertragsarztes« und geht hierbei grundsätzlich von der Überweisung eines Hausarztes aus. In Ausnahmefällen ist die Überweisung jedoch auch durch Nervenärzte, Neurologen und Psychiater in Kooperation mit Hausärzten möglich (vgl. § 3 Abs. 1 der Vereinbarung nach § 118a SGB V i.d.F. vom 15.07.2015).

In Einzelfällen kann eine Versorgung von Patienten in Alten- oder Pflegeheimen erfolgen, wobei eine initiativ akquirierende Tätigkeit der Institutsambulanz nicht zulässig ist (vgl. § 3 Abs. 2 der Vereinbarung nach § 118a SGB V i.d.F. vom 15.07.2015).

Die Leistungen der Geriatrischen Institutsambulanz ergeben sich nach Anlage 2 der Vereinbarung zu § 118a SGB V und umfassen beispielsweise diagnostische Maßnahmen. Die Vereinbarung formuliert jedoch auch, in welchen Fällen keine Leistungen der Geriatrischen Ambulanz erbracht werden dürfen (§ 4 Abs. 3 der Vereinbarung nach § 118a SGB V i. d. F. vom 15.07.2015).

Eine ambulante fachärztliche geriatrische Behandlung nach § 118a SGB V ist ausgeschlossen

- bei Notwendigkeit einer Krankenhausbehandlung nach § 39 SGB V oder nach Bewilligung einer geriatrischen Rehabilitation nach § 40 SGB V,
- im Anschluss an eine ambulante, ambulant-mobile oder stationäre geriatrische Rehabilitation nach § 40 SGB V oder eine teilstationäre oder vollstationäre geriatrischen Behandlung nach § 39 SGB V.

Eine derartige Einschränkung folgt dem Grundsatz »ambulant vor stationär« und somit den Grundsätzen des Sozialgesetzbuchs. In sehr deutlichem Maße werden Leistungen des § 73 SGB V (Kassenärztliche Versorgung) eingeschränkt (vgl. § 4 Abs. 3 der Vereinbarung nach § 118a SGB V i. d. F. vom 15.07.2015). Folgende Leistungen bleiben dem vertragsärztlichen Bereich vorbehalten:

- Verordnung von Leistungen zur medizinischen Rehabilitation,
- Anordnung der Hilfeleistung anderer Personen,
- Verordnung von Arznei-, Verband-, Heil- und Hilfsmitteln, Krankentransporten sowie Krankenhausbehandlung oder Behandlung in Vorsorge- oder Rehabilitationseinrichtungen,
- Verordnung häuslicher Krankenpflege,
- Verordnung von Soziotherapie.

Pflegeleistungen nach SGB XI werden ausdrücklich als nicht im Leistungskatalog enthalten gekennzeichnet (vgl. § 4 Abs. 4 der Vereinbarung nach § 118a SGB V i. d. F. vom 15.07.2015).

Entgegen anderen institutionellen Leistungen der Krankenhäuser werden die Leistungen der Geriatrischen Institutsambulanz unmittelbar mit der zuständigen Kassenärztlichen Vereinigung abgerechnet.

Die Festlegungen zur Vergütungsform sind jedoch nicht präzise und bieten Raum für Interpretationen. Grundsätzlich findet der EBM mit seinen Abrechnungsbestimmungen Anwendung (vgl. § 5 Abs. 1 der Vereinbarung nach § 118a SGB V i. d. F. vom 15.07.2015). Sofern es sich um neue Leistungen handelt, erfolgt die Vergütung außerhalb der morbiditätsbedingten Gesamtvergütung zu den Preisen der regionalen Euro-Gebührenordnung (vgl. § 5 Abs. 1 der Vereinbarung nach § 118a SGB V i. d. F. vom 15.07.2015).

2.10.2 Ambulante Behandlung in Einrichtungen der Behindertenhilfe

Ambulante Leistungen in Einrichtungen der Behindertenhilfe nach § 119a SGB V dienen der ambulanten ärztlichen Behandlung von Versicherten mit geistiger Behinderung (vgl. § 119a SGB V). Wesentliches Merkmal dieser bereits mit dem GKV-Modernisierungsgesetz (GMG) im Jahre 2004 eingeführten Behandlungsform ist auch hier die ärztliche Leitung der jeweiligen Abteilung (vgl. § 119a SGB V).

Die Leistungen werden von Einrichtungen der Behindertenhilfe erbracht, die über eine ärztlich geleitete Abteilung verfügen.

Die Einrichtungen der Behindertenhilfe werden durch den Zulassungsausschuss ermächtigt (vgl. § 119a SGB V). Die Ermächtigung ist zu erteilen, soweit und solange eine ausreichende ärztliche Versorgung dieser Versicherten ohne die besonderen Untersuchungs- und Behandlungsmethoden oder Kenntnisse der Ärzte in den Einrichtungen durch niedergelassene Ärzte nicht sichergestellt ist (vgl. § 119a SGB V).

Wie beispielsweise bei den ambulanten Leistungen nach § 115b SGB V, gilt auch für die Leistungen nach § 119a SGB V der Facharztstandard. Leistungen dürfen daher grundsätzlich nur von Fachärzten erbracht werden.

Die Leistungen können für Versicherte erbracht werden, die wegen der Art oder Schwere ihrer Behinderung auf die ambulante Behandlung in diesen Einrichtungen angewiesen sind (vgl. § 119a SGB V).

Der Zugang der Patienten zu den Leistungen nach § 119a SGB V ist beschränkt. In dem Zulassungsbescheid ist zu regeln, ob und in welchen Fällen die Ärzte in den Einrichtungen unmittelbar oder auf Überweisung in Anspruch genommen werden können (vgl. § 119a SGB V).

Eine Beförderung der Patienten zu Lasten der gesetzlichen Krankenversicherung ist in der Rechtsgrundlage des § 119a SGB V nicht geregelt und dürfte zudem kaum eine praktische Relevanz besitzen, da die Leistungen ambulant innerhalb der Einrichtung erbracht werden. Sofern die betroffenen Vertragsparteien vor Ort hierfür dennoch eine Relevanz sehen sollten, wäre eine individuelle Vertragslösung anzustreben.

Die Leistungen nach § 119a SGB V unterliegen dem Vereinbarungsprinzip und können sich beispielweise auf die Diagnostik, die interdisziplinäre Abstimmung von Therapieempfehlungen oder die Verordnung von Arznei-, Heil- und Hilfsmitteln erstrecken.

Entgegen anderen institutionellen Leistungen der Krankenhäuser werden die ambulanten Leistungen nach § 119a SGB V unmittelbar mit der zuständigen Kassenärztlichen Vereinigung abgerechnet. Die Festlegungen zur Vergütungsform sind nicht präzisiert und bieten Raum für Interpretationen. Grundsätzlich erfolgt die Vergütung nach den für Vertragsärzte geltenden Grundsätzen aus der morbiditätsbedingten Gesamtvergütung. Sie wird individuell zwischen den Vertragsparteien geregelt und kann zudem pauschaliert oder auf Basis des EBM erfolgen.

2.10.3 Ambulante Behandlung in stationären Pflegeeinrichtungen

Eine ebenfalls recht junge Form der ambulanten Leistungserbringung ist die ambulante Behandlung in stationären Pflegeeinrichtungen. Auch hierbei soll eine möglichst an den Bedürfnissen der Versicherten orientierte ambulante Leistungserbringung erfolgen. Vor dem Inkrafttreten der Regelung wurde die ärztliche Versorgung von Vertragsärzten sichergestellt. Mit Zunahme des Ärztemangels wurde auch die Versorgung in stationären Pflegeeinrichtungen problematischer, sodass eigens hierfür mit Wirkung zum 01.07.2008 eine Regelung im SGB V hinterlegt wurde. Der Gesetzgeber hat hierzu die stationären Pflegeeinrichtungen verpflichtet, bei einem entsprechenden Bedarf Kooperationsverträge mit Vertragsärzten zu schließen. Die zuständige Kassenärztliche Vereinigung muss innerhalb von 3 Monaten entsprechende Kooperationen vermitteln. Kommt eine Kooperation innerhalb von 6 Monaten nicht zustande, muss der Zulassungsausschuss die stationäre Pflegeeinrichtung mit angestellten Ärzten ermächtigen (vgl. § 119b Abs. 1 SGB V).

Diese Ärzte sollen möglichst geriatrisch fortgebildet sein und müssen in das Arztregister eingetragen sein. Der Zulassungsausschuss muss die Anstellung genehmigen. Zudem kann ein Arzt in mehreren Pflegeeinrichtungen ermächtigt werden.

Die Vergütung erfolgt nach den für Vertragsärzte geltenden Grundsätzen über die zuständige Kassenärztliche Vereinigung aus der morbiditätsbedingten Gesamtvergütung.

2.11 Medizinische Behandlungszentren

Ebenso wie bei den Leistungen für Patienten in stationären Pflegeeinrichtungen besteht auf für Erwachsene mit geistiger Behinderung oder schweren Mehrfachbehinderungen die Möglichkeit einer besonderen Behandlung. Die hierfür u.a. vorgesehenen Medizinischen Behandlungszentren stehen ebenfalls fachlich unter ständiger ärztlicher Leitung und müssen »die Gewähr für eine leistungsfähige und wirtschaftliche Behandlung bieten«. Sie können dann vom Zulassungsausschuss zur ambulanten Behandlung dieser Personengruppe ermächtigt werden. Auch in diesem Fall steht die Ermächtigung unter dem Bedarfsvorbehalt:

»... *soweit und solange sie notwendig ist, um eine ausreichende Versorgung von Erwachsenen mit geistiger Behinderung oder schweren Mehrfachbehinderungen sicherzustellen.*«

Analog zu den Sozialpädiatrischen Zentren handelt es sich um eine spezialisierte Behandlung, die auf diejenigen Erwachsenen auszurichten ist, die wegen der Art, Schwere oder Komplexität ihrer Behinderung auf die ambulante Behandlung in diesen Einrichtungen angewiesen sind. Medizinische Behandlungszentren sollen dabei mit anderen behandelnden Ärzten, den Einrichtungen und Diensten der Eingliederungshilfe und mit dem Öffentlichen Gesundheitsdienst eng zusammenarbeiten. Der Behandlungsansatz ist multidisziplinär und multiprofessionell. Neben ärztlichen Leistungen können auch nichtärztliche psychologische, therapeutische oder psychosoziale Leistungen erbracht werden. Das Leistungsspektrum geht über den klassischen Umfang einer vertragsärztlichen Versorgung hinaus und umfasst auch Leistungen der Früherkennung, die Aufstellung von Behandlungsplänen oder die Koordination weiterer erforderlicher Maßnahmen.

Der Zugang zur dieser mit dem GKV-Versorgungsstärkungsgesetz im Jahr 2015 eingeführten besonderen Form beeinträchtigter Menschen bedarf grundsätzlich einer Überweisung durch einen Haus- oder Facharzt.

Die Vergütung der Medizinischen Behandlungszentren erfolgt analog zu den Sozialpädiatrischen Zentren gemäß § 120 Abs. 2 SGB V direkt durch die Sozialleistungsträger und nicht aus der Kassenärztlichen Gesamtvergütung.

3 Differenzierung von Kosten und Leistungen

3.1 Differenzierung der Leistungsbegriffe

3.1.1 Ärztliche Leistungen

Unter »ärztlichen Leistungen« werden die Verrichtungen des Arztes in Ausübung seines ärztlichen Berufes verstanden. Hierunter fallen auch ärztliche Verrichtungen der Hilfsperson des Arztes. Es muss sich jedoch um Verrichtungen handeln, die der Arzt nach den Regeln der medizinischen Wissenschaft nichtärztlichen Hilfspersonen (z. B. Medizinischen Fachangestellten) überlassen darf und die er hierbei verantwortlich leitet (Injektion durch die Medizinische Fachangestellte oder durch eine Ambulanzschwester).

Aber Achtung!

- Die Krankengymnastik oder Massage durch eine angestellte Krankengymnastin oder einen Masseur unter Leitung des Arztes in der Arztpraxis ist eine ärztliche Leistung.
- Wird die Krankengymnastik oder Massage aber lediglich vom Arzt verordnet und von einer selbständigen Krankengymnastin oder einem Masseur in dessen Einrichtung durchgeführt, so handelt es sich nicht um eine ärztliche Leistung, sondern um ein Heilmittel im Sinne von §§ 124 und 32 SGB V.

3.1.2 Krankenhaussachleistungen

»Krankenhaussachleistungen« sind Heilmittel, die als Dienstleistungen abgegeben werden, insbesondere Leistungen der physikalischen Therapie, der Sprachtherapie oder der Beschäftigungstherapie (§ 124 SGB V). Hierzu zählen Inhalationen, Krankengymnastik, Übungsbehandlungen, Extensionen, Massagen, Druck- und Saugverfahren, Hydrotherapie, Thermotherapie, Elektrotherapie und Lichttherapie. Sie sind dann ärztliche Leistungen, wenn sie in der Praxis des Arztes unter seiner Leitung und Verantwortung abgegeben werden. Im Krankenhaus werden sie in der Regel vom Arzt nur verordnet und von Hilfspersonen wie Krankengymnasten, Bademeistern, Masseuren unter deren Verantwortung als Vertragsleistung des Krankenhauses ausgeführt. Sie werden nicht vom ermächtigten Arzt als ärztliche Leistungen abgerechnet, sondern vom Krankenhaus als »Krankenhaussachleistungen«.

3.2 Differenzierung der Kostenbegriffe

Die ambulanten Tarifwerke kennen Begriffe wie »Einzel- und Gemeinkosten« oder »direkte und indirekte Kosten« nicht. Stattdessen werden Allgemeine und Besondere Kosten unterschieden.

3.2.1 Allgemeine Kosten

Unter »Allgemeinen Kosten« sind die Praxiskosten nach § 4 Abs. 3 GOÄ und die allgemeinen Praxiskosten nach dem EBM zu verstehen. Es sind die Kosten, die der Arzt zur Einrichtung und Aufrechterhaltung seiner Arztpraxis und zur Vorbereitung aller in dieser Praxis vorzunehmenden ärztlichen Verrichtungen aufbringen muss, also die Kosten für Räume, Einrichtung, Geräte, Instrumente und Material, die sächlichen Kosten und die Personalkosten für nichtärztliche Hilfskräfte, Sprechstundenhilfen und Schreibkräfte sowie Personalkosten für seine persönliche Vertretung durch andere Ärzte. »Allgemeine Kosten« (Praxiskosten) entstehen unabhängig davon, ob Patienten behandelt werden oder nicht.

Die Allgemeinen (Praxis-)Kosten werden mit den Gebührensätzen der Gebührenordnungen abgegolten. Sie lassen sich am besten negativ definieren: Ihnen sind alle Kosten zuzuordnen, die nach den allgemeinen und besonderen Bestimmungen der Gebührenordnungen nicht gesondert erstattet werden.

Der Kostenbegriff des DKG-NT (hier: Spalte 5) weicht allerdings von dem hier erläuterten Inhalt ab, weil in diesen Kostensätzen keine Kosten für ärztliche Mitarbeiter und Arztschreibkräfte kalkuliert sind.

Dass die Personalkosten für die Inanspruchnahme von Arztschreibkräften und nachgeordneten Ärzten nicht mit den Allgemeinen Kosten des DKG-NT abgegolten sind, begründet sich aus der Entstehungsgeschichte und den Überlegungen der Deutschen Krankenhausgesellschaft bei der Schaffung des Tarifes: Der DKG-NT ist erstmals 1957 erschienen und bis heute mehrmals überarbeitet worden. Seit der 14. Auflage vom 01.07.1983 ist Grundlage des DKG-NT die Gebührenordnung für Ärzte vom 12.11.1982 (GOÄ 1983) und deren Folgeänderungen. Bis heute ist es durchaus üblich, dass leitende Ärzte ihre in der Ambulanz eingesetzten Arztschreibkräfte selbst anstellen, also unmittelbar vergüten, zum anderen ist der Grad der Inanspruchnahme von nachgeordneten Ärzten für die persönliche Vertretung des leitenden Arztes sehr unterschiedlich – bis dahin, dass überhaupt keine nachgeordneten Ärzte in Anspruch genommen werden. Die Tarifsätze des DKG-NT – Spalte 5 (Allgemeine Kosten) und 6 (Sachkosten) – sind Durchschnittswerte für im Allgemeinen gleiche Leistungen. Um der unterschiedlichen Situation der Inanspruchnahme von Arztschreibkräften und nachgeordneten Ärzten Rechnung zu tragen, wurden von Anfang an Kosten für die zuvor genannten Mitarbeiter nicht in die Tarifsätze einkalkuliert. Jeweils im Einzelfall sind die Personalkosten für in Anspruch genommene Arztschreibkräfte und nachgeordnete Ärzte zu ermitteln und gesondert zu berechnen.

3.2.2 Besondere Kosten

Die »Besonderen Kosten« (z. B. die Auslagen nach § 10 GOÄ) im Sinne dieser Begriffsbestimmung sind im Allgemeinen nicht mit den Gebührensätzen der ärztlichen Gebührenordnungen abgegolten. Es handelt sich um Kosten für Gebrauchs- und Verbrauchsmaterialien, die im Einzelfall bei der Behandlung eines Patienten anfallen, wie Arzneimittel, Verbandmittel und Materialien, die Kosten für Instrumente, Gegenstände und Stoffe, die der Kranke zur weiteren Verwendung behält oder die mit einer einmaligen Anwendung verbraucht sind.

Nach dem EBM gilt folgende Zuordnung für die »Besonderen Kosten«:
»In den berechnungsfähigen Leistungen sind – soweit nichts anderes bestimmt ist – nicht enthalten

- *Kosten für Arzneimittel, Verbandmittel, Materialien, Instrumente, Gegenstände und Stoffe, die nach der Anwendung verbraucht sind oder die der Kranke zur weiteren Verwendung behält,*
- *Kosten für Einmalinfusionsbestecke, Einmalinfusionskatheter, Einmalinfusionsnadeln und Einmalbiopsienadeln.«*

Die vorgenannten Kosten werden von den Krankenkassen gesondert bezahlt, entweder im Rahmen des Sprechstundenbedarfs oder auf Einzelrezept über den Behandlungsausweis (Abrechnungsschein, Überweisungsschein).

Mit dem Begriff der »Besonderen Kosten« ist eng der Begriff des Sprechstundenbedarfs verbunden.

Sprechstundenbedarf

Grundsätzlich gilt: Die Versorgung der Versicherten in der gesetzlichen Krankenversicherung umfasst auch die Versorgung mit Arzneimitteln, Verbandmitteln, Heil- und Hilfsmitteln sowie mit digitalen Gesundheitsanwendungen (vgl. § 27 Abs. 1 Nr. 3 SGB V). Aus rein ökonomischen Gründen existieren jedoch in nahezu allen Bundesländern Vereinbarungen zwischen Kassenärztlichen Vereinigungen und Sozialleistungsträgern. Ziel dieser Vereinbarungen ist die vereinfachte Abrechnung der benannten Materialien. Hierzu legt der einzelne Vertragsarzt mittels Erstellung eines Sammelrezepts ein »Depot« in seiner Praxis an und verwendet bzw. händigt diese Materialien dem Versicherten direkt im Rahmen der Behandlung aus. Nach einem Zeitraum von i. d. R. 3 Monaten wird dieses Depot aktualisiert und aufgefüllt.

Je nach Inhalt der Landesvereinbarungen kann die Zusammensetzung des Sprechstundenbedarfs variieren. In der Regel enthält er

- Arzneimittel,
- Verbandmittel,
- Materialien (z. B. Watteträger),
- Stoffe (z. B. Desinfektionsmittel),
- Impfstoffe.

Hauptmerkmal ist seine Verwendung bei mehr als einem Versicherten.

Zu unterscheiden sind der Sprechstundenbedarf bei Primärkassen (z. B. Betriebskrankenkassen) und Ersatzkassen (z. B. Barmer Ersatzkasse). Für bestimmte Patientengruppen (z. B. Bundeswehrsoldaten und Zivildienstleistende) existieren Sonderregelungen.

Mittel, die individuell nur für einen Patienten bestimmt sind und nur bei einem Patienten eingesetzt werden, sind grundsätzlich auf den Namen des Versicherten zu verordnen und fallen nicht unter den Sprechstundenbedarf.

Werden jedoch Medikamente, Verbandmittel und Materialien, die für einen Patienten auf einem individuellen Rezept verordnet wurden, nicht verbraucht, gehen diese in den Sprechstundenbedarf über.

Weiterhin zählen Mittel nicht zum Sprechstundenbedarf, die

- in den berechnungsfähigen Leistungen (Allgemeine Bestimmungen EBM) enthalten und dementsprechend mit den Gebühren für vertragsärztliche Leistungen abgegolten sind,
- allgemein zur ärztlichen Einrichtung oder deren Instandhaltung gehören (= allgemeine Praxiskosten), einschließlich der Kosten für Sterilisation, Desinfektion, Beleuchtung u. a.,
- während der stationären Behandlung (auch durch Belegärzte),
- bei vor- und nachstationärer Behandlung durch Krankenhäuser nach § 115a SGB V,
- bei ambulanten Operationen durch Krankenhäusern nach § 115b SGB V oder
- im Rahmen des Notarzteinsatzes im Rettungsdienst erforderlich sind.

Die zu Beginn der vertragsärztlichen Tätigkeit erforderliche Beschaffung der Grundausstattung der Praxis darf ebenso nicht durch Sprechstundenbedarf ersetzt werden.

Der Sprechstundenbedarf sollte möglichst nur einmal im Vierteljahr zu Lasten der gesetzlichen Krankenkassen (i. d. R. ist das stellvertretend die AOK) verordnet werden und den Quartalsbedarf ersetzen. Er ist in Mengen zu verordnen, die für die einzelne Praxis am wirtschaftlichsten sind, und muss in angemessenem Verhältnis zur Zahl der Behandlungsfälle bezogen auf das Kalendervierteljahr stehen.

Welche Artikel konkret im Rahmen des Sprechstundenbedarfs bezogen werden können, wird in der Sprechstundenbedarfsvereinbarung geregelt. Die Arzneimittel-Richtlinien des Bundesausschusses der Ärzte und Krankenkassen sowie alle anderen für die Verordnungsweise einschlägigen Gesetze, Verordnungen und Vereinbarungen gelten auch für die Verordnung von Sprechstundenbedarf.

Im Bereich der Verordnung von Sprechstundenbedarf unterliegt der Arzt der Wirtschaftlichkeitsprüfung.

Auch für selbstzahlende Patienten kann die Verwendung von Sprechstundenbedarf relevant sein. In der dann anzuwendenden GOÄ ist der Begriff des Sprechstundenbedarfs zwar nicht definiert, aber in § 10 GOÄ findet sich eine Aufzählung der nicht berechnungsfähigen Ausnahmen (vgl. § 10 Abs. 2 GOÄ):

3 Differenzierung von Kosten und Leistungen

1. Kleinmaterialien wie Zellstoff, Mulltupfer, Schnellverbandmaterial, Verbandspray, Gewebeklebstoff auf Histoacrylbasis, Mullkompressen, Holzspatel, Holzstäbchen, Wattestäbchen, Gummifingerlinge,
2. Reagenzien und Narkosemittel zur Oberflächenanästhesie,
3. Desinfektions- und Reinigungsmittel,
4. Augen-, Ohren-, Nasentropfen, Puder, Salben und geringwertige Arzneimittel zur sofortigen Anwendung sowie für
5. Einmalartikel: Einmalspritzen, Einmalkanülen, Einmalhandschuhe, Einmalharnblasenkatheter, Einmalskalpelle, Einmalproktoskope, Einmaldarmrohre, Einmalspekula.

Als Besondere Kosten (hier: Ersatz von Auslagen) sind nach § 10 Abs. 1 GOÄ zugelassen:

1. die Kosten für diejenigen Arzneimittel, Verbandmittel und sonstigen Materialien, die der Patient zur weiteren Verwendung behält oder die mit einer einmaligen Anwendung verbraucht sind, soweit in Absatz 2 nichts anderes bestimmt ist,
2. Versand- und Portokosten, soweit deren Berechnung nach Absatz 3 nicht ausgeschlossen ist,
3. die im Zusammenhang mit Leistungen nach Abschnitt O bei der Anwendung radioaktiver Stoffe durch deren Verbrauch entstandenen Kosten sowie
4. die nach den Vorschriften des Gebührenverzeichnisses als gesondert berechnungsfähig ausgewiesenen Kosten.

4 Grundprinzip der Vergütung

Hauptstrukturierungsmerkmal zur Ermittlung der geeigneten Vergütung ist das Verhältnis des Patienten zum jeweiligen Leistungserbringer. Erfolgt die Leistung für einen gesetzlich Versicherten im Rahmen seines Versicherungsverhältnisses, so erhält der Leistungserbringer die Vergütung entweder über die für ihn zuständige Kassenärztliche Vereinigung oder direkt vom zuständigen Sozialleistungsträger.

Handelt es sich um einen selbstzahlenden oder privat versicherten Patienten, so fließt die Vergütung direkt zwischen Leistungserbringer und Patient. Die an diesem Verfahren u. U. beteiligten Verrechnungsstellen fungieren hierbei lediglich in ihrer Inkassofunktion ohne direkten medizinischen Leistungsbezug.

Die alleinige Unterscheidung nach dem o. g. Patientenverhältnis reicht jedoch nicht aus, um die korrekte Abrechnung sicherzustellen. Tabelle 4.1 stellt die wesentlichen Abrechnungstarife in der Übersicht dar (▶ Tab. 4.1).

Tab. 4.1: Mögliche Abrechnungstarife

Leistungsbereich	Tarif bei GKV-Patienten	Tarif bei Selbstzahlern
Ambulante vertragsärztliche Versorgung	EBM	GOÄ
Ermächtigung eines Krankenhausarztes	EBM	GOÄ
Institutsambulanzen	EBM oder pauschaliert	Haustarif
Hochschulambulanzen	EBM oder pauschaliert	Haustarif
Ambulantes Operieren nach § 115b SGB V	EBM	Haustarif
Ambulante Ermächtigung von Krankenhäusern nach § 116a SGB V	EBM	GOÄ
Psychiatrische Institutsambulanzen gem. § 118 SGB V	Vertragliche Regelungen	Haustarif
Individuelle Gesundheitsleistungen	In Anlehnung an die GOÄ	In Anlehnung an die GOÄ
Medizinisches Versorgungszentrum	EBM	GOÄ

Mit der Festlegung des relevanten Abrechnungstarifs wird weitestgehend auch der Abrechnungsweg hinterlegt (▶ Tab. 4.2).

Tab. 4.2: Mögliche Abrechnungspartner und Budgets

Leistungsbereich	Abrechnungspartner
Ambulante vertragsärztliche Versorgung	Kassenärztliche Vereinigung
Ermächtigung eines Krankenhausarztes	Kassenärztliche Vereinigung
Institutsambulanzen	Kassenärztliche Vereinigung
Hochschulambulanzen	Krankenkasse
Ambulantes Operieren nach § 115b SGB V	Krankenkasse
Ambulantes Operieren nach Strukturverträgen (z. B. ehem. § 73a SGB V)	Krankenkasse
Ambulante Ermächtigung von Krankenhäusern § 116a SGB V	Kassenärztliche Vereinigung
Psychiatrische Institutsambulanzen § 118 SGB V	Kassenärztliche Vereinigung
Individuelle Gesundheitsleistungen	Patient
Ambulante Erbringung von Heil- und Hilfsmitteln § 125 SGB V	Krankenkasse
Sonstige Vertragsverhältnisse (z. B. DMPs)	Vertragspartner
Medizinisches Versorgungszentrum	Kassenärztliche Vereinigung

Der Begriff des »Haustarifs«

Der in diesem Zusammenhang oft verwendete Begriff des Haustarifs stellt kein eigenes Tarifwerk dar. Einen Haustarif legt das jeweilige Krankenhaus in eigener Verantwortung fest und benennt diesen gegenüber Patienten, die nicht der gesetzlichen Krankenversicherung angehören. Sehr häufig werden die GOÄ oder der DKG-NT hierfür herangezogen.

5 Abgrenzung der ambulanten Leistung zur stationären Krankenhausleistung

Auch wenn das SGB V zahlreiche Regelungen enthält: Eine klare Definition zur Abgrenzung ambulanter und stationärer Leistungen existiert nicht! Es verwundert daher nicht, dass zur Klärung ein Urteil des Bundessozialgerichts (BSG) vonnöten war. Dieses verwehrte mit Urteil vom 04.03.2004 (Az. B 3 KR 4/03 R) einem Krankenhaus die Möglichkeit, eine erbrachte Leistung als stationäre Krankenhausleistung abzurechnen. In dem Rechtsstreit zwischen einem Krankenhaus und einer Krankenkasse ging es um die Frage, ob ein Ein-Tages-Aufenthalt von 07:00 bis 17:00 Uhr bestehend aus Prämedikation, operativem Eingriff in Dämmerschlafnarkose mit örtlicher Betäubung und sechsstündiger postoperativer Intensivüberwachung auf der Station als stationäre Leistung abgerechnet werden könne. Das Krankenhaus hatte die durchgeführte Operation nicht als ambulante Operation nach § 115b Abs. 2 Satz 2 SGB V angemeldet.

Für das Gericht entsprach die Behandlung des Patienten angesichts des operativen Eingriffs im Rahmen eines an einem Tag auf den Zeitraum von 07:00 bis 17:00 Uhr beschränkten Krankenhausaufenthalts dem typischen Erscheinungsbild ambulanter Operationen. Auch die Tatsache, dass die Patientin vor der Behandlung einen Krankenhausaufnahmevertrag unterschrieben und nach der Operation auf der »Station« ein Bett in Anspruch genommen hatte, war nach Auffassung des Gerichts nicht geeignet, eine stationäre Behandlung zu begründen.

In seiner Urteilsbegründung wies es auf folgende Aspekte hin:

> »Anders als in der Vergangenheit reiche die Leistungsumschreibung in § 39 Abs. 1 Satz 3 SGB V nicht mehr aus, um stationäre Leistungen von ambulanten abzugrenzen. Der Aufenthalt eines Patienten im Krankenhaus zur Durchführung einer Operation bedeute im Unterschied zu früher noch keine vollstationäre Behandlung. Es müssten vielmehr weitere Erfordernisse hinzukommen, die eine solche Behandlung von einer ambulanten oder jedenfalls teilstationären Behandlung abgrenzten.
>
> Dazu sei die Durchführung einer Vollnarkose ebenso wenig ausreichend wie die postoperative Lagerung eines Patienten in einem Ruhebett, weil ambulant durchführbare Operationen heute ein breites Spektrum von Eingriffen umfassten, das von einfachen Operationen unter örtlicher Betäubung bis hin zu aufwendigen, mehrstündigen operativen Eingriffen reiche, die unter Vollnarkose durchgeführt würden. Ebenso begründe eine mehrstündige, intensive postoperative Überwachung bereits eine stationäre Behandlung.
>
> Zur Abgrenzung zwischen stationärer und ambulanter Krankenhausbehandlung sei das vielfach herangezogene Kriterium der »Aufnahme in das Krankenhaus« nicht geeignet, auch wenn der Gesetzgeber es in der amtlichen Begründung zum Gesundheitsstrukturgesetz (GSG) verwendet und es dort zum Zweck der Abgrenzung der Behandlungsformen als die »physische und organisatorische Eingliederung in das spezifische Versorgungssystem des Krankenhauses« definiert habe.
>
> Ein Kriterium, das Abgrenzungsschwierigkeiten zwischen vollstationärer, teilstationärer und ambulanter Krankenhausbehandlung weitestgehend vermeide, könne – so das Gericht – nur von der geplanten Aufenthaltsdauer ausgehen.

Die für eine »Aufnahme« erforderliche physische und organisatorische Eingliederung in das spezifische Versorgungssystem des Krankenhauses sei auf jeden Fall gegeben, wenn sie sich zeitlich über mindestens einen Tag und eine Nacht erstrecke.

Ein Eingriff finde demgegenüber ambulant statt, wenn der Patient weder die Nacht vor noch die Nacht nach dem Eingriff im Krankenhaus verbringe.

Bei der teilstationären Behandlung sei die Inanspruchnahme des Krankenhauses zwar ebenfalls zeitlich beschränkt. Kennzeichnend sei hier eine zeitliche Beschränkung auf die Behandlung tagsüber, bei der die Nacht zu Hause verbracht wird (Tageskliniken), oder auf die Behandlung abends und nachts, bei der der Patient sich tagsüber in seinem normalen Umfeld bewegt (Nachtkliniken). Aus der zeitlichen Beschränkung und den praktischen Anwendungsbereichen wird erkennbar, dass die teilstationäre Behandlung zwar keine »Rund-um-die-Uhr-Versorgung« des Patienten darstelle, sich die Behandlung aber auch nicht im Wesentlichen im Rahmen eines Tagesaufenthalts im Krankenhaus erschöpfe. Teilstationäre Krankenhausbehandlungen erstreckten sich auf Grund der im Vordergrund stehenden Krankheitsbilder regelmäßig über einen längeren Zeitraum, wobei allerdings die medizinisch-organisatorische Infrastruktur eines Krankenhauses benötigt werde, ohne dass eine ununterbrochene Anwesenheit des Patienten im Krankenhaus notwendig sei.

(...)

Die Entscheidung zum Verbleib des Patienten über Nacht werde in der Regel zu Beginn der Behandlung vom Krankenhausarzt getroffen. Sie könne im Einzelfall auch noch später erfolgen. Wenn z. B. der operative Eingriff nach den Regeln der Heilkunst ambulant vorgenommen werden dürfe und er auch so geplant und durchgeführt werde, die Entlassung des Patienten noch am selben Tage nach der üblichen Ruhephase ausnahmsweise aber nicht möglich sei, weil wegen einer Komplikation im nachoperativen Verlauf eine ständige Beobachtung und weitere Behandlung über die Nacht hinweg angezeigt erscheine, liege nunmehr eine (einheitliche) vollstationäre Krankenhausbehandlung vor. Hiervon gingen auch die Vertragsparteien ausweislich § 6 Abs. 1 Satz 2 des Vertrags nach § 115b SGB V vom 22. März 1993 (bzw. § 7 Abs. 2 des ab 1. Januar 2004 gültigen Vertrags) zutreffend aus, als sie vereinbarten, dass die Vergütung der im Katalog aufgeführten Leistungen in diesem Fall nach dem KHG bzw. der BPflV zu erfolgen habe, wenn der Patient an demselben Tag in unmittelbarem Zusammenhang mit einer ambulanten Operation »stationär aufgenommen« werde.«

Auf der anderen Seite liege eine stationäre Behandlung auch dann vor, wenn der Patient nach Durchführung eines Eingriffs oder einer sonstigen Behandlungsmaßnahme über Nacht verbleiben sollte, aber gegen ärztlichen Rat auf eigenes Betreiben das Krankenhaus noch am selben Tag wieder verlasse. Hier handele es sich um eine »abgebrochene« stationäre Behandlung.

Gemäß den Feststellungen des BSG werden demzufolge die vollstationäre und die ambulante Leistungserbringung wie folgt abgegrenzt:

Vollstationäre Behandlung	Ambulante Behandlung
• Medizinisch notwendige zeitlich ununterbrochene Unterbringung des Patienten im Krankenhaus über mindestens einen Tag und eine Nacht. • Bei einer »abgebrochenen stationären Behandlung« handelt es sich um eine stationäre Behandlung. • Die Umwandlung einer primär als ambulante Leistung begonnenen Behandlung in eine stationäre kann auch noch nach Beginn der ambulanten Behandlung erfolgen.	• Der Patient verbringt weder die Nacht vor noch die Nacht nach dem Eingriff im Krankenhaus.

In diesem Zusammenhang mussten nachfolgend (im Jahr 2015) die Richtlinien des G-BA über die Verordnung von Krankenhausbehandlung neu gefasst werden:

§ 3 Notwendigkeit der stationären Krankenhausbehandlung *(i. d. F. 2017)*
(1) Die Vertragsärztin, der Vertragsarzt, die Vertragspsychotherapeutin oder der Vertragspsychotherapeut hat vor der Verordnung stationärer Krankenhausbehandlung abzuwägen, ob sie oder er selbst, gegebenenfalls mit Einbindung der (psychiatrischen) häuslichen Krankenpflege, die ambulante Behandlung fortsetzen kann oder ob eine ambulante Weiterbehandlung – gegebenenfalls auf Überweisung – beispielsweise durch

- *a) eine (weitere) Vertragsärztin, einen (weiteren) Vertragsarzt (bei Bedarf mit entsprechender Zusatzqualifikation), eine Schwerpunktpraxis, eine (weitere) Vertragspsychotherapeutin oder einen (weiteren) Vertragspsychotherapeuten,*
- *b) eine Notfallpraxis im Bezirk der Kassenärztlichen Vereinigung,*
- *c) eine oder einen in einem Krankenhaus, einer Vorsorge- oder Rehabilitationseinrichtung oder einer stationären Pflegeeinrichtung tätige Ärztin oder tätigen Arzt mit einer Ermächtigung zur ambulanten Behandlung (§ 116 SGB V),*
- *d) ein Krankenhaus, das zur Durchführung ambulanter Operationen und sonstiger stationsersetzender Eingriffe zugelassen ist (§ 115b SGB V),*
- *e) ein Krankenhaus, das zur ambulanten Behandlung bei Unterversorgung oder zusätzlichen lokalen Versorgungsbedarf zugelassen ist (§ 116a SGB V),*
- *f) an der vertragsärztlichen Versorgung teilnehmende Ärztinnen und Ärzte sowie Krankenhäuser, die zur ambulanten spezialfachärztlichen Versorgung zugelassen sind (§ 116b SGB V) oder Krankenhäuser, die zur ambulanten Behandlung nach § 116b Absatz 2 Satz 1 in der bis zum 31. Dezember 2011 geltenden Fassung zugelassen sind,*
- *g) Hochschulambulanzen bzw. psychiatrische/psychosomatische Institutsambulanzen oder Ambulanzen an Ausbildungsstätten (§§ 117 und 118 SGB V),*
- *h) geriatrische Fachkrankenhäuser oder Allgemeinkrankenhäuser mit selbstständiger geriatrischer Abteilung im Hinblick auf ambulante geriatrische Versorgung sowie Krankenhausärztinnen oder Krankenhausärzte mit Ermächtigung zur ambulanten geriatrischen Behandlung (§ 118a Absatz 1 SGB V),*
- *i) sozialpädiatrische Zentren oder Kinderspezialambulanzen (§§ 119, 116a in Verbindung mit § 120 Absatz 1a SGB V),*
- *j) Einrichtungen der Behindertenhilfe (§ 119a SGB V),*
- *k) Medizinische Behandlungszentren (§ 119c SGB V),*
- *l) Teilnahme an strukturierten Behandlungsprogrammen (§ 137f in Verbindung mit § 137 g SGB V) oder*
- *m) einen Leistungserbringer im Rahmen von Verträgen zur integrierten Versorgung (§ 140a SGB V), soweit der verordnenden Vertragsärztin, dem verordnenden Vertragsarzt, der verordnenden Vertragspsychotherapeutin oder dem verordnenden Vertragspsychotherapeuten bekannt,*

ausreicht und stationäre Krankenhausbehandlung vermieden werden kann.

Diese deutliche Vorgabe zur Verordnung von Krankenhausbehandlung durch den Vertragsarzt – die u. a. auch für Medizinische Versorgungszentren (MVZ) und ermächtigte Krankenhausärzte gilt – entfaltet für Krankenhäuser unter zwei Aspekten eine hohe Relevanz:

- Der niedergelassene Vertragsarzt ist angehalten, die unterschiedlichen ambulanten Behandlungsmöglichkeiten zu prüfen. Hierbei ist zu unterstellen, dass er auch eine entsprechende Angebotstransparenz besitzt.
- Krankenhausbehandlung darf nicht leichtfertig und nur noch nach eingehender Prüfung der (alternativen) ambulanten Behandlungsmöglichkeiten verordnet werden.

6 Einheitlicher Bewertungsmaßstab

6.1 Vorbemerkungen

Anders als im stationären Bereich erfolgt die Vergütung der ambulanten Leistungen für gesetzlich Versicherte in einem mittelbaren Vertrags- und Abrechnungsverhältnis. Als Vertreter der Vertragsärzte eines bestimmten Bezirks vertritt die dort zuständige Kassenärztliche Vereinigung den einzelnen Arzt gegenüber den Vertretern der gesetzlich Versicherten, den Krankenkassen. § 85 SGB V sieht vor, dass die Krankenkasse nach Maßgabe der Gesamtverträge an die jeweilige Kassenärztliche Versicherung mit befreiender Wirkung eine Gesamtvergütung für die gesamte vertragsärztliche Versorgung der Mitglieder mit Wohnort im Bezirk der Kassenärztlichen Vereinigung einschließlich der mitversicherten Familienangehörigen entrichtet. Hierzu vereinbaren die Kassenärztliche(n) Bundesvereinigung(en) mit den Spitzenverbänden der Krankenkassen durch Bewertungsausschüsse als Bestandteil der Bundesmantelverträge einen einheitlichen Bewertungsmaßstab für die ärztlichen und einen einheitlichen Bewertungsmaßstab für die zahnärztlichen Leistungen. Der einheitliche Bewertungsmaßstab bestimmt den Inhalt der abrechnungsfähigen Leistungen und ihr wertmäßiges, in Punkten ausgedrücktes Verhältnis zueinander. Die Bewertungsmaßstäbe sind in bestimmten Zeitabständen auch daraufhin zu überprüfen, ob die Leistungsbeschreibungen und ihre Bewertungen noch dem Stand der medizinischen Wissenschaft und Technik sowie dem Erfordernis der Rationalisierung im Rahmen wirtschaftlicher Leistungserbringung entsprechen.

Der Begriff der Leistung oder des Leistungskomplexes bezieht sich auf abrechnungsfähige Gebührenordnungspositionen. Bereits mit Einführung des EBM2000-Plus zum 01.04.2005 wurde diese Formulierung im Vergleich zur Vorgängerversion präzisiert:

»*Der Katalog dieser abrechnungsfähigen Leistungen ist abschließend und einer analogen Berechnung nicht zugänglich. In Leistungskomplexen enthaltene – aus der Leistungsbeschreibung ggf. nicht erkennbare – Teilleistungen sind in Anhang 1 zum EBM im Verzeichnis nicht gesondert abrechnungsfähiger Leistungen aufgeführt.*« (Vgl. Abschnitt I 1 EBM)

6.2 Versicherten-, Grund- und Konsiliarpauschalen

Seit dem Jahr 2008 ersetzen Versicherten-, Grund- und Konsiliarpauschalen die bis dato geltenden Ordinations- und Konsultationskomplexe. Ebenso wie ihre Vorgänger sind auch diese Pauschalen nur nach Maßgabe der jeweiligen Präambel abrechenbar. Das heißt: Nur wenn ein Arzt in einer Präambel genannt ist, darf er die jeweilige Pauschale in Ansatz bringen (vgl. Bereich I Abschnitt 4.1 EBM).

Die Berechnung der Pauschalen setzt grundsätzlich mindestens einen persönlichen Arzt-Patienten-Kontakt und/oder einen Arzt-Patienten-Kontakt im Rahmen einer Videosprechstunde gemäß Anlage 31b zum BMV-Ä im Behandlungsfall voraus.

Während die Versichertenpauschalen dem hausärztlichen Bereich zuzuordnen sind, erhalten Fachärzte eine Grundpauschale.

6.3 Lebenslange Arztnummer und Betriebsstättennummer

Mit Wirkung zum 01.07.2008 erfolgte die Einführung der lebenslangen Arztnummer (LANR) und der Betriebsstellennummer (BSNR) in der vertragsärztlichen Versorgung. Sie dienen der Vereinfachung des Abrechnungswesens und wurden im Rahmen des Vertragsarztrechtsänderungsgesetzes entwickelt.

Lebenslange Arztnummer (LANR)

Jedem Vertragsarzt und jedem Psychotherapeuten wurde zum Stichtag 01.07.2008 eine lebenslange Arztnummer zugewiesen. Die Struktur dieser LANR ist bundeseinheitlich festgelegt. Mit ihrer Hilfe sollen ärztliche Leistungen und Verordnungen direkt dem Leistungserbringer zugeordnet werden.

Aus diesem Grund ist sie bei jeder Abrechnung und bei jeder Verordnung anzugeben. Die LANR ist neunstellig und setzt sich wie folgt zusammen:

- Eine sechsstellige Ziffernfolge (1. bis 6. Stelle),
- eine Prüfziffer (7. Stelle) und
- ein zweistelliger Arztgruppenschlüssel, der den Versorgungsbereich sowie die Fachgruppe differenziert nach Schwerpunkten angibt (8. und 9. Stelle).

Die Kassenärztlichen Vereinigungen (KV) vergeben Arztnummern für folgende Leistungserbringer (vgl. Richtlinie der Kassenärztlichen Bundesvereinigung nach § 75 Absatz 7 SGB V zur Vergabe der Arzt-, Betriebsstätten-, Praxisnetz- sowie der Netzverbundnummern):

- freiberuflich tätige Vertragsärzte,
- Partnerärzte (Ärzte im Jobsharing mit vinkulierter Zulassung),
- bei Vertragsärzten angestellte Ärzte,
- in Medizinischen Versorgungszentren bzw. Einrichtungen nach § 402 Abs. 2 SGB V angestellte Ärzte,
- ermächtigte Ärzte,
- Privatärzte im Notdienst,
- Krankenhausärzte im Notdienst (sofern der KV bekannt),
- Fachwissenschaftler der Medizin,
- Ärzte in KV-eigenen Erste-Hilfe-Einrichtungen,
- ggf. Ärzte in Institutsambulanzen und Rettungsdienst,
- Ärzte in ermächtigten Einrichtungen nach § 118a Absatz 1 Satz 1 SGB V und ermächtigte Ärzte nach § 118a Absatz 1 Satz 1 SGB V,
- ggf. Vertreter angestellter Ärzte nach § 32b Absatz 6 Ärzte-ZV,
- Fachärzte, die für Krankenhäuser Leistungen auf Grundlage von § 7 Absatz 4 der Anlage 28 zum Bundesmantelvertrag-Ärzte erbringen,
- nicht an der vertragsärztlichen Versorgung teilnehmende Ärzte, die nach § 37c Abs. 1 Satz 7 SGB V (Außerklinische Intensivpflege) an der vertragsärztlichen Versorgung teilnehmen.

Betriebsstättenummer (BSNR)

Die Betriebsstättennummer kennzeichnet Betriebsstätten und Nebenbetriebsstätten, also den Ort der ärztlichen Leistungserbringung. Nach dem Bundesmantelvertrag hat der Arzt seine Leistung grundsätzlich am Vertragsarztsitz zu erbringen. Der Sitz der Praxis ist die Betriebsstätte, jeder weitere Tätigkeitsort eine Nebenbetriebsstätte.

- Die ersten sieben Stellen der BSNR sind bundesweit einheitlich festgelegt. Weitere zwei Stellen können ergänzt werden.
- Die 1. und 2. Stelle stellen einen KV-Landes- oder Bezirksstellenschlüssel dar.
- Die 3. bis 9. Stelle werden je nach KV frei vergeben.

Hierauf folgen u. U. weitere Fachgruppenschlüssel (8. und 9. Stelle).

6.4 KV-spezifische Abrechnungsziffern

Eine Besonderheit stellen KV-spezifische Abrechnungsnummern dar. Sie entfalten ihre Wirkung nicht bundesweit nach dem Vorbild des EBM, sondern nur für diejenigen Ärzte, die sich im Zuständigkeitsbereich der jeweiligen Kassenärztlichen

Vereinigung befinden. Beispielhaft sind hier Abrechnungsnummern für Schutzimpfungen zu nennen.

Zu Demonstrationszwecken stellt Abbildung 6.1 auszugsweise KV-spezifische Abrechnungsziffern der Kassenärztlichen Vereinigung Hessen dar (▶ Abb. 6.1).

Impfungen bei ambulanter ärztlicher Behandlung

Dokumentationsgebührenordnungspositionen

Impfungen	Erste Dosen eines Impfzyklus bzw. unvollständige Impfserie	Letzte Dosis eines Impfzyklus nach Fachinformation oder abgeschlossene Impfung	Auffrischimpfung	Vergütung
EINFACHIMPFUNGEN				
Cholera - berufsbedingte Impfung und berufsbedingte Reiseimpfung nach § 11 Abs. 3 SI-RL	89130 V	89130 W	89130 X²	7,61 €
Diphtherie - Standardimpfung bei Kindern und Jugendlichen bis 17 Jahre	89100 A	89100 B	89100 R	7,61 €
Diphtherie - Indikationsimpfung	89101 A	89101 B	89101 R	7,61 €
Frühsommer-Meningoenzephalitis (FSME) - Indikationsimpfung	89102 A	89102 B	89102 R	10,00 €
- berufsbedingte Impfung und berufsbedingte Reiseimpfung nach § 11 Abs. 3 SI-RL	89102 V	89102 W	89102 X	10,00 €
Gelbfieber - berufsbedingte Impfung und berufsbedingte Reiseimpfung nach § 11 Abs. 3 SI-RL Einmalige Impfung in einer von den Gesundheitsbehörden zugelassenen Gelbfieber-Impfstelle.	89131 Y		89131 X²	7,61 €

Abb. 6.1: KV-spezifische Abrechnungsziffern (KV Hessen, 2023)

6.5 Voraussetzungen für die Abrechnung

Wie in den meisten ambulanten Tarifwerken werden die Voraussetzungen für die Abrechnung in Form der Tarifbestimmungen oder allgemeinen Bestimmungen festgelegt. Für den EBM ist dies in Bereich I Nr. 1 definiert.

Die abrechnungsfähigen Leistungen sind in folgende Bereiche unterteilt:

- Arztgruppenübergreifende allgemeine Gebührenordnungspositionen
- Arztgruppenspezifische Gebührenordnungspositionen
- Arztgruppenübergreifende, bei spezifischen Voraussetzungen berechnungsfähige Gebührenordnungspositionen
- Kostenpauschalen
- Ausschließlich im Rahmen der ambulanten spezialfachärztlichen Versorgung (ASV) berechnungsfähige Gebührenordnungspositionen
- Ausschließlich im Rahmen von Erprobungsverfahren gemäß § 137e SGB V berechnungsfähige Gebührenordnungspositionen

Die Abrechenbarkeit einer Leistung oder eines Leistungskomplexes setzt voraus, dass dessen Leistungsinhalt vollständig erbracht wurde.

Der EBM legt konsequent die Abrechnungsvoraussetzungen jeder einzelnen Gebührenposition fest. Er unterscheidet nach obligaten (verpflichtenden) und fakultativen (möglichen) Leistungsinhalten. Die Vollständigkeit der Leistungserbringung in einem Leistungskomplex ist gegeben, wenn die obligaten Leistungsinhalte erbracht worden sind und die in den Präambeln, Leistungslegenden und Anmerkungen aufgeführten Dokumentationspflichten – auch die der Patienten- bzw. Prozedurenklassifikation (z.B. OPS, ICD-10-GM) – erfüllt, sowie die erbrachten fakultativen Leistungen dokumentiert sind. Allerdings ist darauf zu achten, dass die Voraussetzungen für die fakultativen Leistungsinhalte auch dann erfüllt sein müssen, wenn die eigentliche Leistung nicht erbracht wird. Dies sollte jedoch insbesondere für die Krankenhäuser keine hohe Hürde darstellen.

Die in der Überschrift zu einer Leistung oder zu einem Leistungskomplex aufgeführten Leistungsinhalte sind immer Bestandteil der obligaten Leistungsinhalte zu der jeweiligen Leistung oder des jeweiligen Leistungskomplexes. Dies kann in Einzelfällen dazu führen, dass bestimmte Gebührenpositionen allein aus zeitlichen Angaben heraus nicht erbracht und abgerechnet werden dürfen.

Zu den fakultativen Leistungsinhalten bestimmt der EBM, dass diese Bestandteile des Leistungskataloges in der gesetzlichen Krankenversicherung sind, deren Erbringung jedoch vom Einzelfall abhängig ist.

Als Basis des EBM gelten folgende Grundsätze:

- Eine Gebührenordnungsposition ist nur berechnungsfähig, wenn der Leistungsinhalt vollständig erbracht worden ist.
- Inhaltsgleiche Gebührenordnungspositionen, die in mehreren Abschnitten/Kapiteln des EBM aufgeführt sind, sind nicht nebeneinander berechnungsfähig. Sämtliche Abrechnungsbestimmungen und Ausschlüsse sind entsprechend zu berücksichtigen.
- Eine Gebührenordnungsposition ist nicht berechnungsfähig, wenn deren obligate und – sofern vorhanden – fakultative Leistungsinhalte vollständig Bestandteil einer anderen berechneten Gebührenordnungsposition sind. Sämtliche Abrechnungsbestimmungen und Ausschlüsse sind zu berücksichtigen. Diese Regelung ist auch anzuwenden, wenn die Gebührenordnungsposition in verschiedenen Abschnitten/Kapiteln des EBM aufgeführt sind. Dies gilt für Gebührenordnungspositionen mit Gesprächs- und Beratungsinhalten auch dann, wenn

das Gespräch mit unterschiedlicher Zielsetzung (Diagnose/Therapie) geführt wird. Erfüllen erbrachte ärztliche Leistungen die Voraussetzungen sowohl zur Berechnung von Einzelleistungen, Komplexen oder Pauschalen, so ist statt der Einzelleistung entweder der zutreffendere Komplex bzw. die Pauschale bzw. statt des Komplexes die zutreffendere Pauschale zu berechnen. Dies gilt auch für den Arztfall, jedoch nicht für Auftragsleistungen.
- Eine Gebührenordnungsposition ist nur berechnungsfähig, wenn der an der vertragsärztlichen Versorgung teilnehmende Arzt die für die Abrechnung relevanten Inhalte gemäß §§ 14a, 15 und 25 Bundesmantelvertrag-Ärzte (BMV-Ä) persönlich erbringt.
- Die Berechnung von Komplexen ist nur möglich, wenn die apparativen, räumlichen und persönlichen Voraussetzungen – in Gemeinschaftspraxen bzw. Praxen mit angestellten Ärzten zumindest von einem Vertragsarzt – zur Erbringung mindestens eines obligaten sowie aller fakultativen Leistungsinhalte im Gebiet und/oder im Schwerpunkt gegeben sind.
- Bei einzelnen Gebührenordnungspositionen erfolgt der Zusatz:»Die Berechnung der Gebührenordnungsposition setzt eine Genehmigung der Kassenärztlichen Vereinigung gemäß § 135 Abs. 2 SGB V voraus.« Besitzt ein Arzt eine derartige Genehmigung nach Maßgabe einer vorausgehenden Qualifikation nicht, kann er die Leistung weder erbringen noch abrechnen.

6.6 Persönliche Leistungspflicht des Leistungserbringers

Die persönliche Leistungspflicht des Arztes stellt einen Grundpfeiler der vertragsärztlichen Versorgung dar. Hierzu führt § 15 BMV-Ä aus:

§ 15 Persönliche Leistungserbringung
(1) Jeder an der vertragsärztlichen Versorgung teilnehmende Arzt ist verpflichtet, die vertragsärztliche Tätigkeit persönlich auszuüben. Persönliche Leistungen sind auch ärztliche Leistungen durch genehmigte Assistenten und angestellte Ärzte gemäß § 32b Ärzte-ZV, soweit sie dem Praxisinhaber als Eigenleistung zugerechnet werden können. Dem Praxisinhaber werden die ärztlichen selbstständigen Leistungen des angestellten Arztes zugerechnet, auch wenn sie in der Betriebsstätte oder Nebenbetriebsstätte der Praxis in Abwesenheit des Vertragsarztes erbracht werden. Dasselbe gilt für fachärztliche Leistungen eines angestellten Arztes eines anderen Fachgebiets (§ 14a Abs. 2), auch wenn der Praxisinhaber sie nicht selbst miterbracht oder beaufsichtigt hat. Persönliche Leistungen sind ferner Hilfeleistungen nichtärztlicher Mitarbeiter, die der an der vertragsärztlichen Versorgung teilnehmende Arzt, der genehmigte Assistent oder ein angestellter Arzt anordnet und fachlich überwacht, wenn der nichtärztliche Mitarbeiter zur Erbringung der jeweiligen Hilfeleistung qualifiziert ist. Das Nähere zur Erbringung von ärztlich angeordneten Hilfeleistungen durch nichtärztliche Mitarbeiter in der Häuslichkeit der Patienten, in Alten- oder Pflegeheimen oder in anderen beschützenden Einrichtungen ist in Anlage 8 zu diesem Vertrag geregelt.
(2) Verordnungen dürfen vom Vertragsarzt nur ausgestellt werden, wenn er sich persönlich von dem Krankheitszustand des Patienten überzeugt hat oder wenn ihm der Zustand aus der laufenden Behandlung bekannt ist. Hiervon darf nur in begründeten Ausnahmefällen abgewichen werden.

(3) Vertragsärzte können sich bei gerätebezogenen Untersuchungsleistungen zur gemeinschaftlichen Leistungserbringung mit der Maßgabe zusammenschließen, dass die ärztlichen Untersuchungsleistungen nach fachlicher Weisung durch einen der beteiligten Ärzte persönlich in seiner Praxis oder in einer gemeinsamen Einrichtung durch einen gemeinschaftlich beschäftigten angestellten Arzt nach § 32b Ärzte-ZV erbracht werden. Die Leistungen sind persönliche Leistungen des jeweils anweisenden Arztes, der an der Leistungsgemeinschaft beteiligt ist. Sind Qualifikationsvoraussetzungen gemäß § 11 dieses Vertrages vorgeschrieben, so müssen alle Gemeinschaftspartner und ein angestellter Arzt nach § 32b Ärzte-ZV, sofern er mit der Ausführung der Untersuchungsmaßnahmen beauftragt ist, diese Voraussetzungen erfüllen.
(4) Ein Zusammenschluss von Vertragsärzten bei gerätebezogenen Untersuchungsleistungen zur gemeinschaftlichen Leistungserbringung von Laboratoriumsleistungen des Abschnitts 32.2 des Einheitlichen Bewertungsmaßstabes ist mit Wirkung ab 1. Januar 2009 ausgeschlossen. Bestehende Leistungserbringergemeinschaften (Gründung vor dem 1. Januar 2009) dürfen bis zum 31.12.2009 fortgeführt werden.

Im Gegensatz zur GOÄ unterscheidet der BMV-Ä nicht zwischen persönlicher und höchstpersönlicher Leistungserbringung. Auch kennen beide nicht die Stellvertreterregelung im Sinne des ständigen ärztlichen Vertreters.

Es gilt der Grundsatz: Eine Leistung ist nur dann in der rechten Art und Weise erbracht (und kann somit auch zu Lasten einer kassenärztlichen Gesamtvergütung abgerechnet werden), sofern der Arzt die Leistung selbst erbracht hat.

Hiervon sind in geringem Umfang Ausnahmen vorgesehen, die sich auf genehmigte Assistenten, angestellte Ärzte und Hilfeleistungen nicht-ärztlichen Personals beziehen.

So ist es bspw. möglich, dass sich ein Vertragsarzt bis zu drei Monate pro Jahr im Falle von Krankheit, Urlaub, Fortbildung oder Wehrübung vertreten lässt. Eine Vertragsärztin kann sich darüber hinaus in unmittelbarem zeitlichen Zusammenhang mit einer Entbindung bis zu einer Dauer von zwölf Monaten vertreten lassen. In den genannten Fällen kann der Vertragsarzt bzw. die Vertragsärztin durch einen anderen Arzt vertreten werden. Der Vertreter muss die gleichen persönlichen Voraussetzungen erfüllen wie der Vertretene. Dies gilt insbesondere für den Facharztstatus und die Zugehörigkeit zu derselben Fachrichtung. Sofern die erforderlichen Voraussetzungen erfüllt sind, werden deren Leistungen dem Arzt als persönliche Leistung zugeordnet.

Vereinbarung zur Delegation ärztlicher Leistungen in der vertragsärztlichen Versorgung zum 01.10.2013

Nach § 28 Abs. 1 Satz 3 SGB V haben die Partner der Bundesmantelverträge beispielhaft für die ambulante Versorgung festzulegen, welche Tätigkeiten das nichtärztliche Personal in Form delegierter Leistungen erbringen darf und welche Voraussetzungen und Anforderungen hierbei zu erfüllen sind. Für diese Zwecke haben die KBV und der Spitzenverband Bund mit Wirkung zum 01.10.2013 eine entsprechende Vereinbarung geschlossen. Sie ist grundsätzlich für alle vertragsärztlichen Leistungserbringer von Relevanz. Hierzu zählen, neben den Vertragsärzten, auch ermächtigte Krankenhausärzte und MVZ.

Als Anlage enthält die Vereinbarung einen Katalog delegationsfähiger Leistungen, der jedoch im Sinne einer beispielhaften Aufzählung und nicht als abschließende Liste zu verstehen ist.

Im Sinne dieser Vereinbarung muss der Arzt Leistungen persönlich erbringen, *»die er aufgrund der erforderlichen besonderen Fachkenntnisse nur persönlich erbringen kann. Dazu gehören insbesondere Anamnese, Indikationsstellung, Untersuchung des Patienten einschließlich invasiver diagnostischer Leistungen, Diagnosestellung, Aufklärung und Beratung des Patienten, Entscheidungen über die Therapie und Durchführung invasiver Therapien und operativer Eingriffe«* (vgl. § 2 der Vereinbarung zur Delegation ärztlicher Leistungen an nicht-ärztliches Personal in der ambulanten vertragsärztlichen Versorgung gemäß § 28 Abs. 1 S. 3 SGB V).

Nichtärztliche Mitarbeiter in diesem Sinne sind Personen, die mit dem delegierenden Vertragsarzt ein dienstvertragliches Verhältnis haben, also bei ihm angestellt sind (vgl. § 3 der Vereinbarung zur Delegation ärztlicher Leistungen an nichtärztliches Personal in der ambulanten vertragsärztlichen Versorgung gemäß § 28 Abs. 1 S. 3 SGB V).

Im Falle einer Delegationsmöglichkeit entscheidet der Vertragsarzt, *»ob und an wen er eine Leistung delegiert«* (vgl. § 4 Abs. 1 der Vereinbarung zur Delegation ärztlicher Leistungen an nichtärztliches Personal in der ambulanten vertragsärztlichen Versorgung gemäß § 28 Abs. 1 S. 3 SGB V). Hierbei hat er sicherzustellen, *»dass der Mitarbeiter aufgrund seiner beruflichen Qualifikation oder allgemeinen Fähigkeiten und Kenntnisse für die Erbringung der delegierten Leistung geeignet ist (Auswahlpflicht). Er hat ihn zur selbständigen Durchführung der zu delegierenden Leistung anzuleiten (Anleitungspflicht) sowie regelmäßig zu überwachen (Überwachungspflicht).«*

Für den Umfang der Anleitung und die Überwachung ist jeweils die Qualifikation des Mitarbeiters ausschlaggebend.

6.7 Leistungen des EBM im Überblick

Arztgruppenübergreifende und arztgruppenspezifische Leistungen

In Bezug auf die Zuordnung von Leistungen ist zwischen

- arztgruppenübergreifenden allgemeinen Gebührenordnungspositionen,
- arztgruppenspezifischen Gebührenordnungspositionen und
- arztgruppenübergreifenden speziellen Gebührenordnungspositionen

zu unterscheiden.

Arztgruppenübergreifende allgemeine Gebührenordnungspositionen können von jedem Vertragsarzt nach Maßgabe seines Zulassungsstatus (z. B. Teilgebiet) berechnet werden.

Arztgruppenspezifische Gebührenordnungspositionen unterteilen sich in Leistungen des hausärztlichen und des fachärztlichen Versorgungsbereichs. Abschnitt 1.2.2 bestimmt hierzu:

In den arztgruppenspezifischen Kapiteln bzw. Abschnitten sind entweder durch Aufzählung der Leistungspositionen in den jeweiligen Präambeln oder Auflistung im Kapitel bzw. Abschnitt alle von einer Arztgruppe berechnungsfähigen Leistungen angegeben.

Abrechnungsfähige Leistungen, deren Berechnung an ein Gebiet, einen Schwerpunkt (Teilgebiet), eine Zusatzbezeichnung oder sonstige Kriterien gebunden ist, setzen das Führen der Bezeichnung, die darauf basierende Zulassung und/oder die Erfüllung der Kriterien voraus. Die Abrechnung von Leistungen, für die es vertragliche Vereinbarungen gemäß § 135 Abs. 1 oder Abs. 2 SGB V gibt, setzen die für die Berechnung der Leistungen notwendige Genehmigung durch die KV voraus.

Arztgruppenspezifische Leistungen können nur von den in der Präambel des entsprechenden Kapitels bzw. Abschnitts genannten Vertragsärzten, die die dort aufgeführten Kriterien erfüllen, berechnet werden. Diese Thematik ist insbesondere für die Abrechnung der Krankenhäuser bei ambulanten Operationen nach § 115b SGB V von hohem Interesse.

Arztgruppenübergreifende spezielle Gebührenordnungspositionen setzen bei der Berechnung besondere Fachkundenachweise, apparative Anforderungen, die Teilnahme an Maßnahmen zur Qualitätssicherung gemäß § 135 Abs. 2 SGB V und die in den entsprechenden Kapiteln bzw. Abschnitten und Präambeln zur Voraussetzung der Abrechnung aufgeführten Kriterien voraus.

Das Kapitel der arztgruppenübergreifenden speziellen Leistungen beinhaltet Leistungen, die besondere Sachverhalte der Leistung als solche (z. B. Erbringung als ambulante Operation) oder besondere Voraussetzungen des Leistungserbringers (z. B. Leistungserbringung nach Maßgabe der Richtlinien für Laboratoriumsmedizin oder nach Maßgabe der Röntgenverordnung) implizieren. Das Kapitel untergliedert sich in folgende Abschnitte:

30: Spezielle Versorgungsbereiche (z. B. Allergologie, Chirotherapie)
31: Leistungen des ambulanten Operierens
32: Laboratoriumsmedizin, Molekulargenetik
33: Ultraschalldiagnostik
34: Diagnostische und interventionelle Radiologie
35: Leistungen gemäß den Psychotherapie-Richtlinien
36: Belegärztliche Operationen, Anästhesien, postoperative Überwachung
37: Kooperations- und Koordinationsleistungen
38: Delegationsfähige Leistungen

Leistungen der Belegärzte

Ein Belegarzt ist, wer von der zuständigen KV im Einvernehmen mit den Landesverbänden der Krankenkassen und den Verbänden der Ersatzkassen als Belegarzt anerkannt wurde.

Innerhalb des EBM wurde ein eigens für stationäre Operationen der Belegärzte formuliertes Kapitel 36 hinterlegt. Hiervon zu trennen sind die ambulanten Operationen der Belegärzte. Sie werden nach Kapitel 31 EBM vergütet!

Ähnlich dem Kapitel 31 (Leistungen des ambulanten Operierens) ist jedoch auch dieses Kapitel in Abschnitte gegliedert (vgl. Präambel zu Kapitel 36).

Die Vergütungsstruktur der Belegärzte ist zweigeteilt. Sie bewegt sich sowohl innerhalb des belegärztlichen Kapitels 36 als auch außerhalb hiervon.

- Die präoperativen Leistungen sind in Abschnitt 31.1 zu finden und auch für Belegärzte abrechenbar.
- Die Operationen der Belegärzte (Abschnitt 36.2) entsprechen den Leistungen des Abschnitts 31.2.
- Die postoperativen Überwachungskomplexe des Abschnitts 36.3 entsprechen denen des Abschnitts 31.3.
- Die postoperativen Nachbehandlungskomplexe des Abschnitts 31.4 wurden nicht auf den belegärztlichen Bereich übertragen. Da jedoch Unterschiede in der Nachsorge bei ambulanten Operationen und belegärztlichen Operationen bestehen, sind die Leistungen des Abschnitts 31.4 nach belegärztlichen Operationen nicht abrechenbar. Stattdessen kann ein Belegarzt Einzelleistungen in Ansatz bringen.
- Die Anästhesien des Abschnitts 36.5 sind in ihrer Struktur an die Leistungen des Abschnitts 31.5 angepasst.
- Der Abschnitt 36.6 (belegärztlich konservativer Bereich) ist eigenständig entstanden und hat keine Entsprechung in Kapitel 31.

6.8 Anhänge des EBM

Der EBM umfasst fünf Anhänge, die der Abbildung folgender Sachverhalte dienen:

Anhang 1: Nicht gesondert berechnungsfähige Leistungen
Anhang 2: Ambulante und belegärztliche operative Prozeduren
Anhang 3: Erforderlicher Zeitaufwand des Arztes für die Leistungserbringung
Anhang 4: Nicht bzw. nicht mehr berechnungsfähige Leistungen
Anhang 6: Gebührenordnungspositionen für Zwecke der ambulanten spezialfachärztlichen Versorgung nach § 116b SGB V

Verzeichnis der nicht gesondert berechnungsfähigen Leistungen (Anhang 1)

Anhang 1 beinhaltet Leistungen, die – sofern sie nicht als Gebührenordnungspositionen im EBM verzeichnet sind –, Teilleistungen von Gebührenordnungspositionen des EBM und als solche nicht eigenständig berechnungsfähig sind. Ausgewiesen wird die Zugehörigkeit der Leistung zu einer Versichertenpauschale (VP) und/oder einer Grund- (GP) bzw. Konsiliarpauschale und/oder einer sonstigen Gebührenordnungsposition (SG) (▶ Abb. 6.2).

1 Verzeichnis der nicht gesondert berechnungsfähigen Leistungen

1. Die im Anhang 1 aufgeführten Leistungen sind - sofern sie nicht als Gebührenordnungspositionen im EBM verzeichnet sind - Teilleistungen von Gebührenordnungspositionen des EBM und als solche nicht eigenständig berechnungsfähig.
2. In den Gebührenordnungspositionen wird ggf. auf die Bezeichnung der Spalten VP = Versichertenpauschale, GP = Grund- / Konsiliarpauschale, bzw. SG = sonstige Gebührenordnungspositionen verwiesen.

Spaltenbezeichnung		VP	GP	SG
Legende		Leistung ist in der Versichertenpauschale Kapitel 3 bzw. 4 enthalten	Leistung ist möglicher Bestandteil der Grundpauschale(n)	Leistung ist in sonstigen GOP enthalten
	Abnahme eines mindestens unter Einschluß eines großen Gelenkes oder des Rumpfes angelegten zirkulären, individuell modellierten Verbandes aus unelastischen, nicht weiter verwendbaren erstarrten Materialien (z. B. Gips)	x	x	x
	Absaugung körpereigener Flüssigkeiten	x	x	x
	Abschabung der Hornhaut des Auges		x	
	Abtragung ausgedehnter Nekrosen im Hand- oder Fußbereich	x	x	
	Aderlass	x	x	x
	Amsler-Gitter-Test		x	
	Anamnese(n), sofern nicht gesondert ausgewiesen	x	x	x
	Anästhesie eines peripheren Nerven	x	x	x
	Änderung (z. B. Fensterung, Spaltung, Schieneneinsetzung, Anlegen eines Gehbügels oder einer Abrollsohle) eines nicht an demselben Tag angelegten zirkulären Gipsverbandes	x	x	x
	Anlegen einer Blutleere oder Blutsperre an einer Extremität im Zusammenhang mit einem operativen Eingriff			x
	Anlegen einer Finger- oder Zehennagelspange	x	x	
	Anlegen einer Hilfsschiene am unverletzten Kiefer bei Kieferfrakturen oder Anlegen einer Schiene bei Erkrankungen der Kiefergelenke		x	
	Anlegen eines Portioadapters		x	x

Abb. 6.2: Auszug aus Anhang 1 zum EBM (KBV 2024)

Die ausgewiesenen Leistungen sind nicht einzeln abrechenbar. Auch eine Alternativberechnung gegenüber dem Patienten (z. B. als Individuelle Gesundheitsleistung) ist nicht möglich.

Die Zuordnung der operativen Prozeduren nach § 295 SGB V (OPS) zu den Leistungen der Kapitel 31 und 36 (Anhang 2)

Anhang 2 beinhaltet die nach dem Operationenschlüssel kodierten operativen Eingriffe der Abschnitte 31.2 (ambulante Operationen) und 36.2 (belegärztliche Operationen), die zugeordnete Operationsleistung, die Operationskategorie, die in diesem Zusammenhang berechnungsfähigen Überwachungskomplexe, die postoperativen Behandlungskomplexe bei Durchführung auf Überweisung und bei Durchführung durch den Operateur sowie die zugeordneten Narkoseleistungen (▶ Abb. 6.3).

Die Angaben für den zur Leistungserbringung erforderlichen Zeitaufwand des Vertragsarztes gemäß § 87 Abs. 2 S. 1 SGB V in Verbindung mit § 106a Abs. 2 SGB V (Anhang 3)

Erstmalig mit Einführung des EBM2000Plus im Jahr 2005 wurden Plausibilitätszeiten in Form des Anhangs 3 hinterlegt. Mit Hilfe dieser Angaben erfolgt ein Ausweis des für die Leistungserbringung erforderlichen Zeitaufwands des Vertragsarztes. Anhang 3 dient der Darstellung des erforderlichen Zeitaufwandes der einzelnen Gebührenordnungspositionen. Hierzu werden Kalkulationszeiten, Prüfzeiten sowie die Eignung der jeweiligen Prüfzeit ausgewiesen (▶ Abb. 6.4).

OPS 2024	Seite	Bezeichnung OPS 2024	Kategorie	OP-Leistung	Überwachung	Nachbeh. Überw.	Nachbeh. Operat.	Narkose	Zuschlag Förderung
5-080.2	↔	Inzision der Tränendrüse: Drainage	U1	31321/36321	31502/36502	31708	31709	31821/36821	
5-081.0	↔	Exzision von (erkranktem) Gewebe der Tränendrüse: Partielle Exzision	U1	31321/36321	31502/36502	31708	31709	31821/36821	
5-081.1	↔	Exzision von (erkranktem) Gewebe der Tränendrüse: Komplette Exzision	U2	31322/36322	31503/36503	31708	31709	31822/36822	
5-082.0	↔	Andere Operationen an der Tränendrüse: Refixation	U2	31322/36322	31503/36503	31708	31709	31822/36822	
5-084.11	↔	Inzision von Tränensack und sonstigen Tränenwegen: Sonstige Tränenwege: Entfernung eines Fremdkörpers oder Steines	U1	31321/36321	31502/36502	31708	31709	31821/36821	
5-084.12	↔	Inzision von Tränensack und sonstigen Tränenwegen: Sonstige Tränenwege: Drainage	U1	31321/36321	31502/36502	31708	31709	31821/36821	
5-085.0	↔	Exzision von erkranktem Gewebe an Tränensack und sonstigen Tränenwegen: Tränenpunkt	U1	31321/36321	31502/36502	31708	31709	31821/36821	
5-085.1	↔	Exzision von erkranktem Gewebe an Tränensack und sonstigen Tränenwegen: Tränenkanal	U1	31321/36321	31502/36502	31708	31709	31821/36821	
5-085.2	↔	Exzision von erkranktem Gewebe an Tränensack und sonstigen Tränenwegen: Tränensack	U1	31321/36321	31502/36502	31708	31709	31821/36821	
5-085.3	↔	Exzision von erkranktem Gewebe an Tränensack und sonstigen Tränenwegen: Ductus nasolacrimalis	U1	31321/36321	31502/36502	31708	31709	31821/36821	
5-086.30	↔	Rekonstruktion des Tränenkanals und Tränenpunktes: Rekonstruktion des Tränenkanals: Mit Ringintubation	U2	31322/36322	31503/36503	31708	31709	31822/36822	
5-086.31	↔	Rekonstruktion des Tränenkanals und Tränenpunktes: Rekonstruktion des Tränenkanals: Mit sonstiger Intubation	U2	31322/36322	31503/36503	31708	31709	31822/36822	
5-087.00	↔	Dakryozystorhinostomie: Transkutan: Ohne Intubation	U2	31322/36322	31503/36503	31708	31709	31822/36822	
5-087.01	↔	Dakryozystorhinostomie: Transkutan: Mit Intubation	U3	31323/36323	31504/36504	31710	31711	31823/36823	
5-087.1	↔	Dakryozystorhinostomie: Endonasal	U2	31322/36322	31503/36503	31708	31709	31822/36822	

Abb. 6.3: Auszug aus Anhang 2 zum EBM (KBV 2024)

Ziel dieses Anhangs ist es, eine Verkürzung des zeitlichen Aufwandes des Arztes zu Lasten der Qualität in der Patientenversorgung zu vermeiden.

Der Sinn dieser Regelung besteht nicht darin, Ärzte bei signifikanter Unterschreitung des ausgewiesenen Tages- oder Quartalsprofils zu kriminalisieren. Es soll vielmehr einem Missbrauch der Gebührenordnung vorgebeugt werden. Sofern der Arzt Gebührenziffern in Ansatz bringt, deren Leistungsinhalt er zeitlich nicht erbracht haben kann, steht ein Instrument zur Erkennung solcher Ausreißer zur Verfügung. Ausgehend von einer kalkulierten monatlichen Leistungszeit von 156 Stunden und mit der Zielsetzung einer möglichst sachgerechten Verteilung des Budgets einer KV, sollen dem Arzt Anhaltspunkte für die Leistungserbringung an die Hand gegeben werden.

> **Am Beispiel der Gebührenordnungsziffer 01780 (Planung der Geburtsleitung) soll diese Aufgabe verdeutlicht werden:**
>
> Ausgewiesen wird eine Kalkulationszeit von 15 Minuten und eine Prüfzeit von 10 Minuten.
>
> Ergibt die Abrechnungsprüfung der für den Arzt zuständigen Kassenärztlichen Vereinigung eine rechnerische Unterschreitung des Zeitaufwandes unter den Wert von 10 Minuten (9 und weniger Minuten), wird diese Auffälligkeit

6 Einheitlicher Bewertungsmaßstab

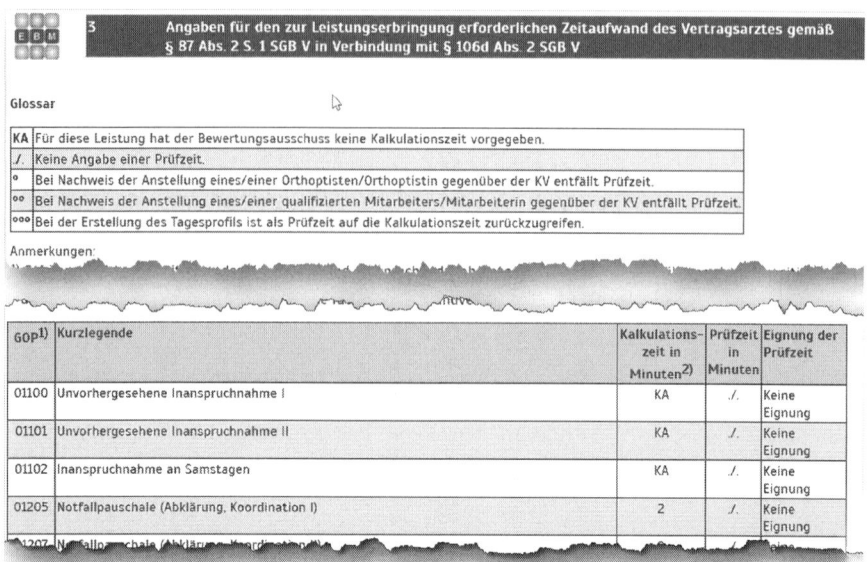

Abb. 6.4: Auszug aus Anhang 3 zum EBM (KBV 2024)

moniert. Technisch wird eine solche Maßnahme mit Hilfe der Zuspielung standardisierter Zeitprofile zu den gemeldeten Gebührenordnungsziffern erreicht.

Die Eignung der Prüfzeit gibt hierbei die Prüfweise vor. Die Beachtung der Prüfzeit in Minuten muss im o. g. Beispielfall sowohl im Tagesdurchschnitt als auch im Quartalsdurchschnitt erfolgen.

Das heißt: Werden an einem Tag drei Patientinnen mit dieser Leistung durch den Arzt behandelt, bei denen die Behandlungszeit 12 Minuten, 11 Minuten und 10 Minuten beträgt, liegt der arithmetische Mittelwert bei 11 Minuten (33 Minuten geteilt durch 3 Patientinnen) für alle Behandlungen. Eine Unterschreitung der Prüfzeit von 10 Minuten erfolgt somit nicht. Die Abrechnung ist unter diesem Aspekt nicht zu beanstanden.

Dieser Anhang bildet auch die Grundlage für Prüfungen nach § 8 der Richtlinien der KBV und der Spitzenverbände der Krankenkassen zum Inhalt und zur Durchführung der Abrechnungsprüfungen der Kassenärztlichen Vereinigungen und der Krankenkassen.

§ 8 Überprüfung des Umfangs der abgerechneten Leistungen im Hinblick auf den Zeitaufwand
(1) Für die Feststellung der Abrechnungsauffälligkeiten nach § 7 Abs. 2 zugrunde zu legen sind die im Anhang 3 zum Einheitlichen Bewertungsmaßstab in der jeweils gültigen Fassung aufgeführten Prüfzeiten für die ärztlichen Leistungen.
(2) Unabhängig vom Tätigkeitsort wird für alle unter der lebenslangen Arztnummer angeforderten Leistungen bei Vertragsärzten, -therapeuten, angestellten Ärzten und Therapeuten, bei ermächtigten Ärzten, bei ermächtigten Instituten und ermächtigten Krankenhäusern gleichrangig ein Tageszeitprofil und ein Quartalszeitprofil ermittelt.

(3) Bei der Ermittlung der Zeitprofile bleiben Leistungen im organisierten Notfalldienst, die auf Muster 19 der Vordruckvereinbarung abgerechnet werden, Leistungen aus der unvorhergesehenen Inanspruchnahme des Vertragsarztes außerhalb der prechstundenzeiten und bei Unterbrechung der Sprechstunde mit Verlassen der Praxis, unverzüglich nach Bestellung durchzuführende dringende Besuche sowie – bei Belegärzten – Visiten außer Betracht. Anhang 3 zum Einheitlichen Bewertungsmaßstab kennzeichnet darüber hinaus die behandlungsfall- und krankheitsfallbezogenen ärztlichen Leistungen, die nicht dem Tageszeitprofil unterliegen.
(4) Beträgt bei Vertragsärzten und -therapeuten mit einem vollen Versorgungsauftrag bzw. bei in Vollzeit angestellten Ärzten und Therapeuten die auf der Grundlage der Prüfzeiten ermittelte arbeitstägliche Zeit bei Tageszeitprofilen an mindestens drei Tagen im Quartal mehr als zwölf Stunden oder im Quartalszeitprofil mehr als 780 Stunden, erfolgen weitere Überprüfungen nach § 12. Ein reduzierter Umfang des Versorgungsauftrages bzw. des Tätigkeitsumfangs des angestellten Arztes bzw. Therapeuten ist anteilig zu berücksichtigen. Satz 1 gilt entsprechend bei ermächtigten Ärzten, ermächtigten Instituten und ermächtigten Krankenhäusern, wenn die arbeitstägliche Zeit an mindestens drei Tagen mehr als zwölf Stunden im Tageszeitprofil oder im Quartalsprofil mehr als 156 Stunden beträgt.
(5) Bei Tätigkeit in unterschiedlichem Status erfolgt die Prüfung jeweils für den entsprechenden Status nach Maßgabe der in den Absätzen 1 bis 4 geltenden Regelungen. Die Prüfergebnisse der unterschiedlichen Tätigkeiten sind zusammenzuführen.
(6) Abweichend von Abs. 2 kann für Berufsausübungsgemeinschaften und Arztpraxen mit angestellten Ärzten/Therapeuten und medizinische Versorgungszentren die Obergrenze für das Tageszeitbzw. Quartalszeitprofil nach Abs. 4 multipliziert werden mit der Anzahl der in der Arztpraxis tätigen Ärzte bzw. Therapeuten im Umfang ihrer Tätigkeit unabhängig vom Status.

Das Verzeichnis nicht oder nicht mehr berechnungsfähiger Leistungen (Anhang 4)

In Anhang 4 erfasste Leistungen sind nicht bzw. nicht mehr im Rahmen der gesetzlichen Krankenversicherung abrechenbar. Umgangssprachlich wird er daher auch als »amtliche IGeL-Liste« bezeichnet, da die hier aufgeführten Gebührenordnungspositionen gegenüber dem Patienten in Form privatärztlicher Leistungen (sog. Individuelle Gesundheitsleistungen) abgerechnet werden können (▶ Abb. 6.5).

GOP	Leistungsbeschreibung	Aufnahme zum Quartal
32048	Mikroskopische Untersuchung eines Körpermaterials nach differenzierender Färbung, ggf. einschl. Zellzählung, Zählung der basophil getüpfelten Erythrozyten	III / 2007
32049	Mikroskopische Untersuchung eines Körpermaterials nach differenzierender Färbung, ggf. einschl. Zellzählung, Eosinophilenzählung	III / 2007
32080	Quantitative Bestimmung von Substraten, Enzymaktivitäten oder Elektrolyten, auch mittels trägergebundener (vorportionierter) Reagenzien, Prostataphosphatase	III / 2007
32088	Quantitative Bestimmung von Substraten, Enzymaktivitäten oder Elektrolyten, auch mittels trägergebundener (vorportionierter) Reagenzien, Glykierte Blut und/oder Gewebeproteine, z. B. Fructosamin	III / 2007
32093	Quantitative Bestimmung von Substraten, Enzymaktivitäten oder Elektrolyten, auch mittels trägergebundener (vorportionierter) Reagenzien, Quantitative Bestimmung Chymotrypsin	III / 2007
32098	Quantitative Bestimmung mittels Immunoassay, Gesamt-Trijodthyronin (T 3)	III / 2007
32099	Quantitative Bestimmung mittels Immunoassay, Gesamt-Thyroxin (T 4)	III / 2007
32100	Quantitative Bestimmung mittels Immunoassay, Indirekte Schilddrüsenhormon-Bindungstests, z. B. thyroxinbindendes Globulin (TBG), T3-uptake, oder Thyroxinbindungskapazität	III / 2007
32129	Immunologischer oder gleichwertiger chemischer Nachweis, ggf. einschl. mehrerer Probenverdünnungen, Rheumafaktor	III / 2007
32171	Mikroskopische Untersuchung eines Körpermaterials auf Treponemen im Dunkelfeld und/oder mit Phasenkontrast	III / 2007
32239	Quantitative chemische oder physikalische Bestimmung, Aldolase	III / 2007
32241	Quantitative chemische oder physikalische Bestimmung, Leucin-Arylamidase (LAP)	III / 2007
32255	Quantitative chemische oder physikalische Bestimmung, Hydroxyprolin	III / 2007
32256	Quantitative chemische oder physikalische Bestimmung, Lezithin	III / 2007
32266	Quantitative physikalische Bestimmung von Elementen mittels Atomabsorption, Magnesium	III / 2007
32275	Quantitative physikalische Bestimmung von Elementen mittels Atomabsorption, Gold im Serum	III / 2007

Abb. 6.5: Auszug aus Anhang 4 zum EBM (KBV 2024)

Anhang 5 ist nicht belegt.

Zuordnung der Gebührenordnungspositionen der Kapitel 50 und 51 zu den Anlagen der Richtlinie des Gemeinsamen Bundesausschusses über die ambulante spezialfachärztliche Versorgung nach § 116b SGB V (ASV-RL) (Anhang 6)

Anhang 6 benennt diejenigen Gebührenordnungspositionen der Kapitel 50 und 51 des EBM, die ausschließlich im Rahmen der Behandlung und bei einer der Erkrankungen gemäß den Anlagen der Richtlinie des Gemeinsamen Bundesausschusses über die ambulante spezialfachärztliche Versorgung nach § 116b SGB V berechnungsfähig sind. Hierzu erfolgt eine Zuordnung des jeweiligen Abschnitts innerhalb des EBM, einzelner Gebührenordnungspositionen, der relevanten Anlage nach der GBA-Richtlinie zur ASV, der zuständigen ärztlichen Fachgruppe und weiterer Indikationen und Anforderungen. Die Gebührenordnungspositionen sind ausschließlich von den jeweils zugeordneten Fachgruppen entsprechend ihrer Bezeichnung in der ASV-RL berechnungsfähig. Sofern in der Tabelle Indikationen und sonstige Anforderungen genannt werden, sind die Gebührenordnungspositionen nur dann berechnungsfähig, wenn mindestens eine der genannten Indikationen vorliegt und alle Anforderungen erfüllt werden (▶ Abb. 6.6).

Zuordnung der Gebührenordnungspositionen der Kapitel 50 und 51 zu den Anlagen der Richtlinie des Gemeinsamen Bundesausschusses über die ambulante spezialfachärztliche Versorgung nach § 116b SGB V (ASV-RL)

1. Die Gebührenordnungspositionen der Kapitel 50 und 51 sind ausschließlich im Rahmen der Behandlung und bei einer der Erkrankungen gemäß den Anlagen der Richtlinie des Gemeinsamen Bundesausschusses über die ambulante spezialfachärztliche Versorgung nach § 116b SGB V entsprechend der Zuordnung in der nachfolgenden Tabelle berechnungsfähig. Die Gebührenordnungspositionen sind ausschließlich von den jeweils zugeordneten Fachgruppen entsprechend ihrer Bezeichnung in der ASV-RL berechnungsfähig. Sofern in der Tabelle Indikationen und sonstige Anforderungen genannt werden, sind die Gebührenordnungspositionen nur dann berechnungsfähig, wenn mindestens eine der genannten Indikationen vorliegt und alle Anforderungen erfüllt werden.
2. Sofern die im Anhang 6 aufgeführten Gebührenordnungspositionen aufgrund von Änderungen durch einen Beschluss des G-BA bei der Fachgruppenzuordnung und/oder den Indikationen und sonstigen Anforderungen von den Leistungsbeschreibungen in Abschnitt 1 und 2 der Anlage zur ASV-RL des G-BA abweichen, gelten bis zur entsprechenden Anpassung des Anhangs 6 EBM die vom G-BA getroffenen Regelungen hinsichtlich der zur Leistung berechtigten Fachgruppen, der Indikationen und sonstigen Anforderungen der Anlage zur ASV-RL.

Abschnitt	GOP	Anlage zur ASV-RL	Fachgruppen	Indikationen und sonstige Anforderungen
50.1	50100	Anlage 2 a) Tuberkulose und atypische Mykobakteriose	· Augenheilkunde	
50.1	50110 50111 50112	Anlage 2 a) Tuberkulose und atypische Mykobakteriose	· Mikrobiologie, Virologie und Infektionsepidemiologie · Laboratoriumsmedizin	
50.4	50400	Anlage 1.1 b) rheumatologische Erkrankungen Kinder und Jugendliche	· Kinder- und Jugendmedizin mit der Zusatzweiterbildung Kinder-Rheumatologie	
50.4	50401	Anlage 1.1 b) rheumatologische Erkrankungen Erwachsene	· Innere Medizin und Rheumatologie	
50.5	50510	Anlage 2 c) Hämophilie	· Transfusionsmedizin mit Zusatz-Weiterbildung Hämostaseologie	
50.5	50511	Anlage 2 c) Hämophilie	· Transfusionsmedizin mit Zusatz-Weiterbildung Hämostaseologie	
50.5	50512	Anlage 2 c) Hämophilie	· Transfusionsmedizin mit Zusatz-Weiterbildung Hämostaseologie	
50.6	50600	Anlage 1.1 c) Chronisch entzündliche Darmerkrankungen	· Innere Medizin und Gastroenterologie · Kinder- und Jugendchirurgie · Kinder- und Jugendmedizin · Kinder- und Jugendmedizin mit Zusatz-Weiterbildung Kinder- und Jugend-Gastroenterologie · Viszeralchirurgie	

Abb. 6.6: Auszug aus Anhang 6 zum EBM (KBV 2024)

Neben den vorgenannten Anhängen existieren zwei weitere Bereiche des EBM:

- Gebührenordnungspositionen, die ausschließlich im Rahmen der ambulanten spezialfachärztlichen Versorgung (ASV) berechnungsfähig sind (Bereich VII)
- Gebührenordnungspositionen, die ausschließlich im Rahmen von Erprobungsverfahren gemäß § 137e SGB V berechnungsfähig sind (Bereich VII)

6.9 Unterscheidung verschiedener Falldefinitionen

Als Resultat der Patientenbehandlung ergibt sich eine Dienstleistung, die aus einer rein diagnostischen Leistung des Arztes oder ergänzend aus einer nachfolgenden Therapie bestehen kann. Für die Zwecke der Abrechnung und somit für das Ambulanzcontrolling muss jedoch eindeutig definiert werden, wann diese Dienstleistung beginnt und wann sie endet. Gerade bei der statistischen Analyse des Leistungsportfolios ist die Betrachtung der einzelnen Leistungen von großer Bedeutung. Fallzahl-, Einzugsgebiete- und Einzelleistungsstatistiken, aber auch Schweregradklassifikationen basieren regelhaft auf dem behandelten Patienten, also dem Fall.

Von Ausnahmen abgesehen, beginnt die Dienstleistung im stationären Bereich mit der Aufnahme des Patienten und endet mit seiner Entlassung. Die diagnostischen und therapeutischen Maßnahmen innerhalb dieser Zeitspanne werden als Fall definiert und pauschaliert abgerechnet. Auch im ambulanten Sektor bedarf es einer solchen Definition. Allerdings werden aus abrechnungs- und budgettechnischen Gründen unterschiedliche Falldefinitionen unterschieden.

Von einem **Behandlungsfall** ist zu sprechen, solange

- die Behandlung sich auf dasselbe Quartal erstreckt,
- derselbe Leistungserbringer die Behandlung durchführt,
- derselbe Sozialleistungsträger zahlungspflichtig ist und
- die Leistungen grundsätzlich in Zusammenhang mit derselben Hauptleistung erbracht werden.

Die Quartalsgültigkeit stellt hier das Abgrenzungsmerkmal dar. In der Regel endet ein Fall mit Abschluss eines Quartals. Eine derartige Abgrenzung kennt die GOÄ nicht. Rechnungsbeträge können dort vier Wochen nach der ersten Leistungserbringung berechnet werden und sind sofort fällig.

Von einem **Krankheitsfall** ist zu sprechen, solange

- die Behandlung sich auf dasselbe und die drei folgenden Quartale erstreckt,
- derselbe Leistungserbringer die Behandlung durchführt,
- derselbe Sozialleistungsträger zahlungspflichtig ist und
- die Leistungen grundsätzlich in Zusammenhang mit derselben Hauptleistung erbracht werden.

Das bedeutet: Bestimmte Gebührenpositionen können nur einmal in einem Jahr für den Versicherten erbracht und zu Lasten des Sozialleistungsträgers abgerechnet werden.

Mit Inkrafttreten der Reform der vertragsärztlichen Versorgung im Jahr 2008 und der korrespondierenden Anpassung des EBM wurden weitere Falldefinitionen ergänzt.

Von einem **Betriebsstättenfall** ist zu sprechen, solange

- die Behandlung sich auf dasselbe Quartal erstreckt,
- ein oder mehrere Ärzte derselben Betriebs- bzw. Nebenbetriebsstätte tätig werden,
- derselbe Sozialleistungsträger zahlungspflichtig ist und
- die Leistungen grundsätzlich in Zusammenhang mit derselben Hauptleistung erbracht werden.

Von einem **Arztfall** ist zu sprechen, solange

- die Behandlung sich auf dasselbe Quartal erstreckt,
- derselbe Sozialleistungsträger zahlungspflichtig ist und
- die Leistungen grundsätzlich in Zusammenhang mit derselben Hauptleistung erbracht werden.
- Nicht maßgeblich ist hier das Element der Betriebs- bzw. Nebenbetriebsstätte.

Von einem **Arztgruppenfall** ist zu sprechen, solange

- die Behandlung sich auf dasselbe Kalendervierteljahr erstreckt,
- dieselbe Arztgruppe einer Arztpraxis tätig wird und
- derselbe Sozialleistungsträger zahlungspflichtig ist.

Zu einer Arztgruppe gehören diejenigen Ärzte, denen im EBM ein Kapitel bzw. in Kapitel 13 ein Unterabschnitt zugeordnet ist.

Darüber hinaus existieren in Zusammenhang mit Abschnitt 8.5 EBM besondere Falldefinitionen wie der Zyklusfall oder der Reproduktionsfall.

6.10 Inhalte der berechnungsfähigen Leistungen

Für das Verständnis der Gebührenpositionen bei Abrechnung und Kalkulation der Leistungen ist es wichtig, die Inhalte der berechnungsfähigen Leistungen zu kennen. Wie in allen ambulanten Tarifwerken gelten folgende Grundsätze:

- Die Gebührenpositionen sind umfänglich und enthalten sämtliche Leistungen des Arztes.
- Eine weitere Finanzierungsquelle der ärztlichen Leistungen existiert nicht.
- Ausnahmefälle dieser Grundsätze werden ausdrücklich erwähnt.

In den Gebührenpositionen des EBM sind – soweit nichts anderes bestimmt ist – enthalten (vgl. Bereich I Abschnitt 7.1 EBM):

- Allgemeine Praxiskosten,
- Kosten, die durch die Anwendung von ärztlichen Instrumenten und Apparaturen entstanden sind,
- Kosten für Einmalspritzen, Einmalkanülen, Einmaltrachealtuben, Einmalabsaugkatheter, Einmalhandschuhe, Einmalrasierer, Einmalharnblasenkatheter, Einmalskalpelle, Einmalproktoskope, Einmaldarmrohre, Einmalspekula und Einmalküretten,
- Kosten für Reagenzien, Substanzen und Materialien für Laboratoriumsuntersuchungen,
- Kosten für Filmmaterial,
- Versand- und Transportkosten, ausgenommen jene, die bei Versendungen von Arztbriefen (z. B. Befundmitteilungen, ärztliche Berichte nach Nr. 01600, Arztbriefe nach Nr. 01601, Kopien eines Berichtes oder eines Briefes an den Hausarzt nach Nr. 01602) und im Zusammenhang mit Versendungen im Rahmen der Langzeit-EKG-Diagnostik, Laboratoriumsuntersuchungen, Zytologie, Histologie, Zytogenetik und Molekulargenetik, Strahlendiagnostik, Anwendung radioaktiver Substanzen sowie der Strahlentherapie entstehen.

Wie seine Vorgängerversion enthält auch der aktuelle EBM einen Anhang 1 (Verzeichnis der nicht gesondert abrechnungsfähigen und in Komplexen enthaltenen Leistungen, sofern diese nicht als Leistungen in arztgruppenspezifischen Kapiteln ausgewiesen sind), der diejenigen Leistungen ausweist, die bereits in den Komplexen enthalten sind (auszugsweise Darstellung):

- Dokumentationen im Rahmen der berufsrechtlichen Verpflichtung
- Ausstellung von Wiederholungsrezepten ohne Arzt-Patienten-Kontakt, ausgenommen Rezepte im Rahmen der Empfängnisregelung
- Ausstellung von Überweisungsscheinen ohne Arzt-Patienten-Kontakt
- Schriftliche ärztliche Empfehlungen an den Patienten ohne Arzt-Patienten-Kontakt
- Übermittlung von Befunden oder ärztlichen Anordnungen an den Patienten im Auftrag des Arztes durch das Praxispersonal, auch mittels technischer Kommunikationseinrichtungen
- Ausstellung einer Arbeitsunfähigkeitsbescheinigung gemäß § 3 des Entgeltfortzahlungsgesetzes
- Schriftlicher Diätplan bei schweren Ernährungs- oder Stoffwechselstörungen, speziell für den betreffenden Patienten aufgestellt
- Beratungen
- Symptombezogene klinische Untersuchungen
- Beratung der Bezugsperson(en), sofern nicht gesondert ausgewiesen
- Konsiliarische Erörterungen zwischen zwei oder mehr behandelnden Ärzten oder zwischen behandelnden Ärzten und Psychologischen Psychotherapeuten bzw. Kinder- und Jugendlichenpsychotherapeuten über bei demselben Patienten in demselben Quartal erhobene Befunde
- Erörterung, Planung und Koordination gezielter therapeutischer Maßnahmen insbesondere mit dem Ziel sparsamer Arzneimitteltherapie

- Beistand eines Vertragsarztes bei der ärztlichen Leistung eines anderen Vertragsarztes
- Assistenz durch einen Arzt, der nicht selbst an der vertragsärztlichen Versorgung teilnimmt, bei ambulanten operativen Eingriffen eines Vertragsarztes oder Assistenz eines genehmigten Assistenten bei operativen belegärztlichen Leistungen
- Anamnese(n), sofern nicht gesondert ausgewiesen
- Fremdanamnese(n), sofern nicht gesondert ausgewiesen
- Erhebung des Ganzkörperstatus (nicht im hausärztlichen Versorgungsbereich)
- Erhebung eines Organstatus

Eine Besonderheit stellen die Kosten für Versandmaterial und ähnliches dar (vgl. Abschnitt 7.2 EBM):

Kosten für Versandmaterial, für die Versendung bzw. den Transport des Untersuchungsmaterials und die Übermittlung des Untersuchungsergebnisses innerhalb des Medizinischen Versorgungszentrums, einer (Teil-)Berufsausübungsgemeinschaft, zwischen Betriebsstätten derselben Arztpraxis, innerhalb einer Apparate- bzw. Laborgemeinschaft oder innerhalb eines Krankenhausgeländes sind nicht berechnungsfähig. Kosten für externe Übertragungsgeräte (Transmitter) im Zusammenhang mit einer telemedizinischen Leistungserbringung sind nicht berechnungsfähig, sofern in den Präambeln und Gebührenordnungspositionen des EBM nichts anderes bestimmt ist.

In den berechnungsfähigen Leistungen sind – soweit nichts anderes bestimmt ist – nicht enthalten (vgl. Abschnitt 7.3 EBM):

- Kosten für Arzneimittel, Verbandmittel, Materialien, Instrumente, Gegenstände und Stoffe, die nach der Anwendung verbraucht sind oder die der Kranke zur weiteren Verwendung behält,
- Kosten für Einmalinfusionsbestecke, Einmalinfusionskatheter, Einmalinfusionsnadeln und Einmalbiopsienadeln.

Schriftliche Mitteilungen des Arztes

Abgeleitet aus der Tarifbestimmung zur Vollständigkeit der Leistungserbringung, liegt auf der schriftlichen Mitteilung des Arztes ein besonderes Gewicht:

> »Unbeschadet der grundsätzlichen Verpflichtung zur Übermittlung von Behandlungsdaten sind die nachfolgenden Gebührenordnungspositionen insbesondere nur dann vollständig erbracht und können nur berechnet werden, wenn mindestens ein Bericht im Behandlungsfall entsprechend der Gebührenordnungsposition 01600 bzw. ein Brief entsprechend der Gebührenordnungsposition 01601 an den Hausarzt erfolgt ist, [...]« (Vgl. Abschnitt 2.1.4 EBM)

Zur zeitlichen Nähe eines Berichts legt der EBM fest, dass eine Leistung auch dann als vollständig erbracht gilt, sofern der Bericht innerhalb von 14 Tagen im folgenden Quartal erstellt und versandt wird (vgl. Abschnitt 2.1. EBM).

Nach Abschnitt 1.6 können hierfür grundsätzlich die in Tabelle 6.1 aufgelisteten Gebührenziffern in Ansatz gebracht werden (▶ Tab. 6.1).

Tab. 6.1: Schriftliche Mitteilungen des Arztes nach EBM

EBM-Ziffer	Leistungstext
01600	Ärztlicher Bericht nach Untersuchung
01601	Individueller Arztbrief
01602	Mehrfertigung (z. B. Kopie) eines Berichtes oder Briefes an den Hausarzt
01610	Bescheinigung zur Belastungsgrenze
01611	Verordnung von medizinischer Rehabilitation
01612	Konsiliarbericht vor Psychotherapie
01613	Zuschlag geriatrische Rehabilitation
01615	Feststellung und Bescheinigung gemäß Krankenhausbegleitungs-Richtlinie
01620	Bescheinigung oder Zeugnis
01621	Krankheitsbericht
01622	Kurplan, Gutachten, Stellungnahme
01623	Kurvorschlag
01624	Verordnung medizinischer Vorsorge für Mütter oder Väter
01626	Ärztliche Stellungnahme für die Krankenkasse bei der Beantragung einer Genehmigung zur Verordnung von Cannabis
01630	Zuschlag für Erstellung eines Medikationsplans
01640	Zuschlag für die Anlage eines Notfalldatensatzes
01641	Zuschlag Notfalldatensatz
01642	Löschen eines Notfalldatensatzes
01645	Aufklärung und Beratung sowie Zusammenstellung der Patientenunterlagen gemäß § 6 Abs. 4 der Richtlinie des Gemeinsamen Bundesausschusses zum Zweitmeinungsverfahren
01647	Zusatzpauschale ePA-Unterstützungsleistung
01648	Zusatzpauschale ePA-Erstbefüllung
01650*	Zuschlag DeQS-RL, Verfahren 2, Anlage II Buchstabe e
01670	Einholung eines Telekonsiliums
01671	Telekonsiliarische Beurteilung
01672	Zuschlag zur Gebührenordnungsposition 01671

Die wichtigsten beiden Gebührenziffern hierbei sind der Ärztliche Bericht nach Untersuchung (01600) und der Individuelle Arztbrief (01601). Der EBM sieht für sie eine Höchstwertregelung vor. Gemäß Anmerkung zu 01600 und 01601 darf der

Höchstwert dieser beiden Ziffern im Behandlungsfall maximal 258 Punkte betragen; d. h. der Arzt kann beispielsweise

- 4 Berichte nach 01600 oder
- 2 Briefe nach 01601 oder
- 2 Berichte nach 01600 und 1 Brief nach 01601

erstellen und abrechnen.

Bezüglich der grundsätzlichen Abrechenbarkeit der o. g. Ziffern erfolgt allerdings eine Einschränkung: Ärztlicher Bericht (01600) und individueller Arztbrief (01601) sind in den berechnungsfähigen Leistungen der in Tabelle 6.2 aufgeführten Kapiteln/Abschnitten bereits einkalkuliert und somit nicht ergänzend abrechenbar (▶ Tab. 6.2).

Tab. 6.2: Kapitel/Abschnitte des EBM mit bereits einkalkulierter Leistung 01600 bzw. 01601

Kapitel/Abschnitt	Bezeichnung
8.5	Reproduktionsmedizin
11	Humangenetische Leistungen
12	Laboratoriumsmedizinische Leistungen
17	Nuklearmedizinische Leistungen
19	Pathologische Leistungen
24	Radiologische Leistungen
25	Strahlentherapeutische Leistungen
31.2	Ambulante und belegärztliche Operationen
32.2	Allgemeine Laboratoriumsuntersuchungen
32.3	Spezielle Untersuchungen
34	Diagnostische und interventionelle Radiologie, Computertomographie und Magnetfeld-Resonanz-Tomographie
36.2	Belegärztliche Operationen

Die für die Reproduktion und Versendung entstandenen Kosten können jedoch gleichwohl in Ansatz gebracht werden (z. B. Porto nach 40110) (vgl. Einleitung zu Abschnitt 1.8 EBM). Dies betrifft insbesondere die ärztlichen Berichte und Briefe in Zusammenhang mit einer ambulanten Operation.

Die Gebührenordnungsziffer 01602 dient der Vergütung einer Mehrfertigung eines Berichtes oder eines Briefes. Sie soll der Informationspflicht des Leistungserbringers nach § 73 Abs. 1b SGB V Rechnung tragen und stellt die einzige Möglichkeit dar, den Aufwand für die Erstellung von Zweitschriften in Ansatz zu bringen (vgl. Beschreibung zu 01602).

Abrechnungsvoraussetzung ist die Angabe der Arztabrechnungsnummer oder der Name des Hausarztes (vgl. Anmerkung zu 01602).

01602 ist nur berechnungsfähig, sofern bereits ein Bericht oder Brief an einen anderen Arzt erfolgt ist (vgl. Anmerkung zu 01602).

6.11 Spezielle Wortkombinationen des EBM

Bereits im Wortlaut der Leistungslegenden nach dem EBM befinden sich verklausulierte Abrechnungsbedingungen. Da diese für die tägliche Abrechnungspraxis von Bedeutung sind, werden sie im Folgenden und in Anlehnung an das Laborkompendium der Kassenärztlichen Vereinigung in der Fassung vom 01.04.2014 kurz erläutert.

1. »einschließlich«
   Sind die Leistungselemente mit dem Wort »einschließlich« verbunden, müssen die genannten Leistungen jeweils erbracht werden, um die Gebührenziffer in Ansatz bringen zu können.
2. »und«
   Sind Leistungselemente einer Gebührenordnungsposition mit dem Wort »und« verbunden, sind alle genannten Elemente zu erbringen. Die Gebührenordnungsposition selbst ist nur einmal berechnungsfähig.
3. »oder«
   Sind Leistungselemente mit dem Wort »oder« verbunden, kann die Gebührenordnungsposition bereits nach Erbringung eines Elements in Ansatz gebracht werden.
   Werden jedoch mehrere durch »oder« verbundene Leistungselemente erbracht, kann die Gebührenordnungsposition für jede erbrachte Leistung berechnet werden. Der Ansatz der Ziffer ist dann mittels Angabe der Diagnose und/oder Prozedur zu belegen.
4. »und/oder«
   Sind Leistungselemente mit dem Wort »und/oder« verbunden, ist die Gebührenordnungsposition nur einmal berechnungsfähig. Unerheblich ist in diesem Fall, ob alle oder nur ausgewählte Leistungselemente erbracht werden.
5. »und ggf.«
   Sind zwei Leistungen A und B mit dem Ausdruck »und ggf.« verbunden, ist es notwendig, dass die erstgenannte Leistung (hier: A) erbracht wird. Selbst wenn die nachfolgende Leistung (hier: B) medizinisch notwendig sein sollte, ist deren Leistungsinhalt bereits mit der Vergütung der erstgenannten Ziffer abgegolten. Die Gebührenordnungsposition kann also nicht doppelt berechnet werden.
6. »höchstens«
   Für bestimmte Leistungen gilt in einem definierten Zeitraum (z. B. Behandlungsfall) eine Höchstgrenze für die abrechenbare Anzahl dieser Leistungen (z. B.

nur 2-mal im Behandlungsfall). Ist diese Höchstzahl erreicht, darf die entsprechende Gebührenordnungsposition nicht mehr in Ansatz gebracht werden, selbst wenn medizinische Gründe eine Erbringung über der Höchstgrenze notwendig machen.

7. »Höchstwert«
Insbesondere bei den Leistungen des Kapitels 32 EBM (Labor) bestehen Höchstwerte für die entsprechenden Kataloge oder Einzelleistungen, auch wenn das Körpermaterial an einem oder an zwei aufeinanderfolgenden Tagen entnommen und an mehreren Tagen untersucht wurde. Das gilt sinngemäß auch, wenn die Nebeneinanderberechnung von Gebührenordnungspositionen aus demselben Untersuchungsmaterial durch Begrenzungsregelungen eingeschränkt ist.

6.12 Vordrucke in der vertragsärztlichen Versorgung

Einen großen Stellenwert in der vertragsärztlichen Versorgung nehmen Vordrucke ein. Der Vertragsarzt hat sie zur Verordnung von Leistungen für GKV-Patienten zu verwenden. Bekannt sind beispielsweise die Überweisung, die Verordnung von Krankenhausbehandlung (Einweisung) oder die Arzneimittelverordnung (Rezept) (▶ Abb. 6.7, ▶ Abb. 6.8, ▶ Abb. 6.9).

Darüber hinaus existieren zahlreiche weitere Formulare. Die vertragsärztliche Versorgung kennt aktuell über 40 unterschiedliche Formulare. Sie werden jeweils in speziellen Vordruckvereinbarungen mit den Vertretern der Primär- und der Ersatzkassen zusammengefasst und erläutert.

Neben der Darstellung und Erläuterung der Vordrucke regeln die Vereinbarungen allgemeine und besondere Sachverhalte zu den einzelnen Formularen. Auszugsweise und ohne einen Anspruch auf Vollständigkeit sollen nachfolgend die wichtigsten Bestimmungen abgebildet werden.

Dies entbindet den Nutzer der Formulare jedoch nicht davon, auch die eigentliche Vereinbarung vor der Verwendung der Formulare gründlich zu studieren. Folgende Grundsätze gelten für alle Vordrucke:

- Sie sind vom Vertragsarzt und keiner anderen Person zu unterzeichnen.
- In der Notfallbehandlung oder beim ambulanten Operieren nach § 115b SGB V gelten analoge Regelungen für den behandelnden bzw. den vertretenden Facharzt.
- In keinem Fall darf die Unterzeichnung durch Hilfspersonal oder Nicht-Vertragsärzte erfolgen!

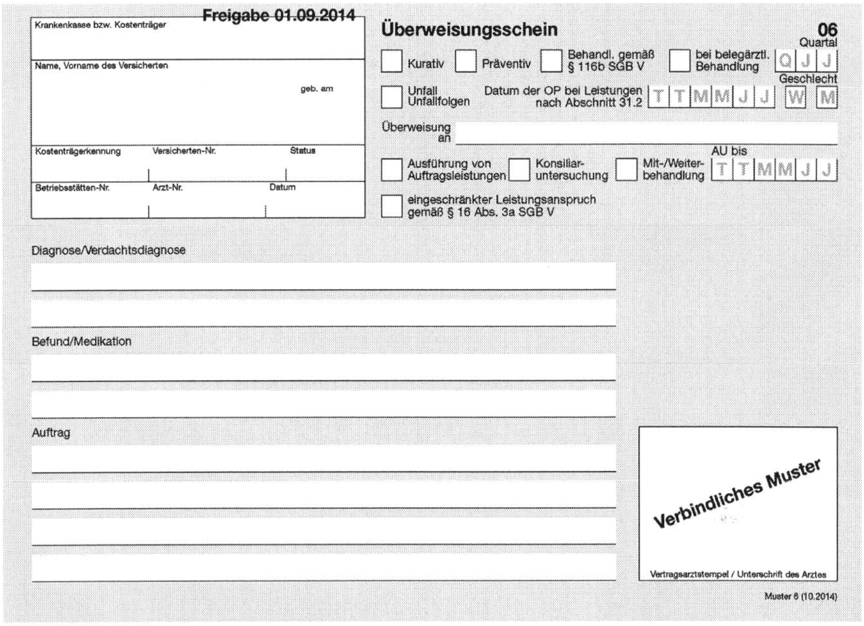
Freigabe 01.09.2014

Krankenkasse bzw. Kostenträger

Name, Vorname des Versicherten

geb. am

Kostenträgerkennung | Versicherten-Nr. | Status

Betriebsstätten-Nr. | Arzt-Nr. | Datum

Überweisungsschein **06**

Quartal

Kurativ | Präventiv | Behandl. gemäß § 116b SGB V | bei belegärztl. Behandlung | Q J J

Geschlecht

Unfall Unfallfolgen | Datum der OP bei Leistungen nach Abschnitt 31.2 | T T M M J J | W M

Überweisung an

AU bis

Ausführung von Auftragsleistungen | Konsiliar-untersuchung | Mit-/Weiter-behandlung | T T M M J J

eingeschränkter Leistungsanspruch gemäß § 16 Abs. 3a SGB V

Diagnose/Verdachtsdiagnose

Befund/Medikation

Auftrag

Verbindliches Muster

Vertragsarztstempel / Unterschrift des Arztes

Muster 6 (10.2014)

Abb. 6.7: Überweisung – Muster 6 (KBV 2023)

Im Einzelnen entfalten folgende Bestimmungen ihre Wirkung:

- Die vereinbarten Vordrucke sind in Aufbau, Form und Anwendung bundeseinheitlich verbindlich. Von ihnen darf selbst bei erlaubtem Eigendruck (EDV-System) nicht abgewichen werden.
- Die Papierformate sind in Stärke und Maßen verbindlich festgelegt.
- Die Farben des Drucks sind in Schriftzeichen und Farben verbindlich festgelegt.
- Blankounterschriften (des Arztes) sind in jedem Fall verboten!
- Eine Weitergabe von Blankoformularen an Nicht-Vertragsärzte ist nicht erlaubt.
- Die Formulare sind vollständig, sorgfältig und leserlich auszufüllen.
- Die Daten der Krankenversichertenkarte sind 1:1 zu übernehmen. Dies erfolgt in der Regel mittels eines Lesegeräts.
- Zur Kontrolle von Missbrauch sind alle Vordrucke fortlaufend durchnummeriert.

Elektronisches Rezept (eRezept) ab 01.01.2024

Eine Besonderheit bei der Verwendung von Vordrucken in der vertragsärztlichen Versorgung stellt die Einführung des elektronischen Rezepts (eRezept) zum 01.01.2024 dar. Vom Grundsatz handelt es sich ebenfalls um eine Verordnung des Arztes, die jedoch auf elektronischem Weg zur Apotheke gelangt.

Grundsätzlich gliedert sich die Arzneimittelversorgung des Patienten nun in drei Schritte:

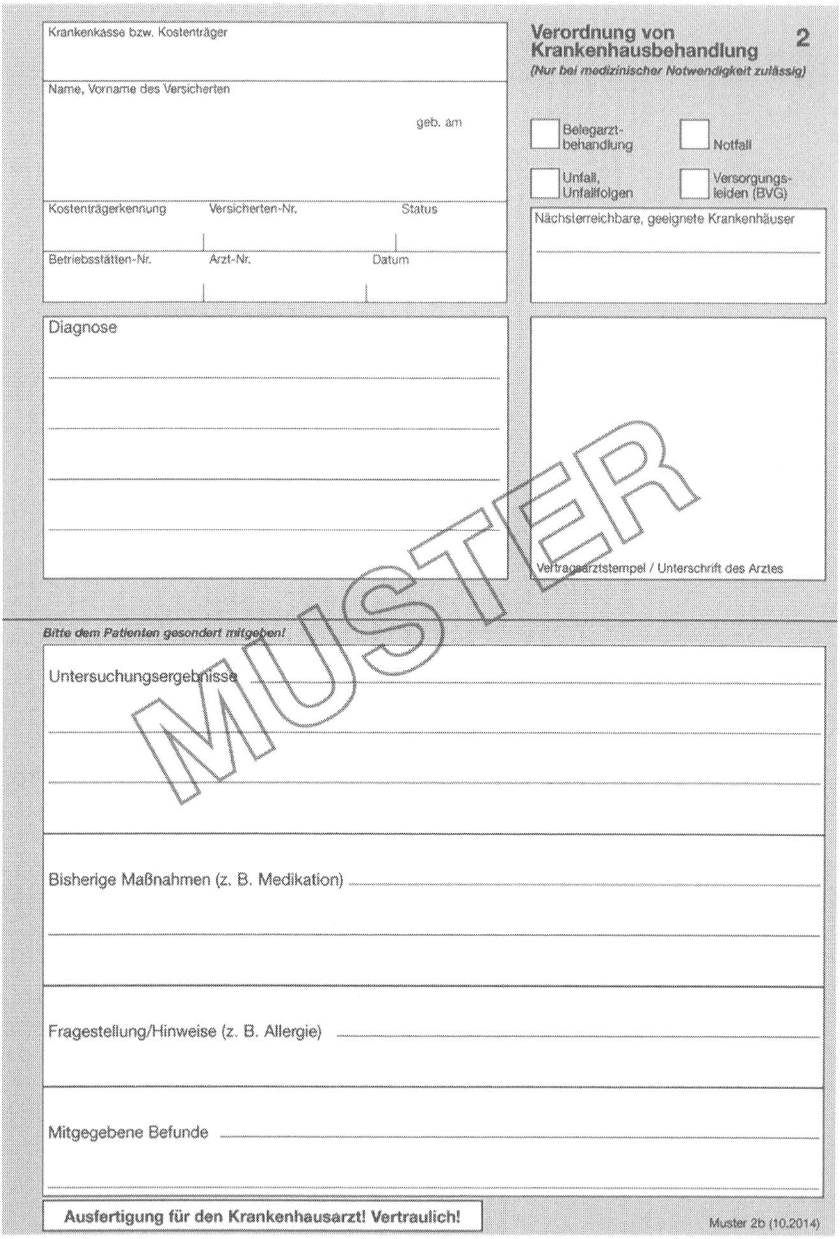

Krankenkasse bzw. Kostenträger

Name, Vorname des Versicherten

geb. am

Kostenträgerkennung | Versicherten-Nr. | Status

Betriebsstätten-Nr. | Arzt-Nr. | Datum

Verordnung von Krankenhausbehandlung 2

(Nur bei medizinischer Notwendigkeit zulässig)

☐ Belegarzt-behandlung ☐ Notfall

☐ Unfall, Unfallfolgen ☐ Versorgungs-leiden (BVG)

Nächsterreichbare, geeignete Krankenhäuser

Diagnose

Vertragsarztstempel / Unterschrift des Arztes

MUSTER

Bitte dem Patienten gesondert mitgeben!

Untersuchungsergebnisse

Bisherige Maßnahmen (z. B. Medikation)

Fragestellung/Hinweise (z. B. Allergie)

Mitgegebene Befunde

Ausfertigung für den Krankenhausarzt! Vertraulich!

Muster 2b (10.2014)

Abb. 6.8: Verordnung von Krankenhausbehandlung – Muster 2 (KBV 2023)

1. Der Arzt wählt wie im papiergebundenen (traditionellen) Verfahren in seinem Praxisverwaltungssystem (PVS) ein Arzneimittel aus. Allerdings bedruckt er kein Rezept (Muster 16) mehr, sondern erstellt eine digitale Verordnung.

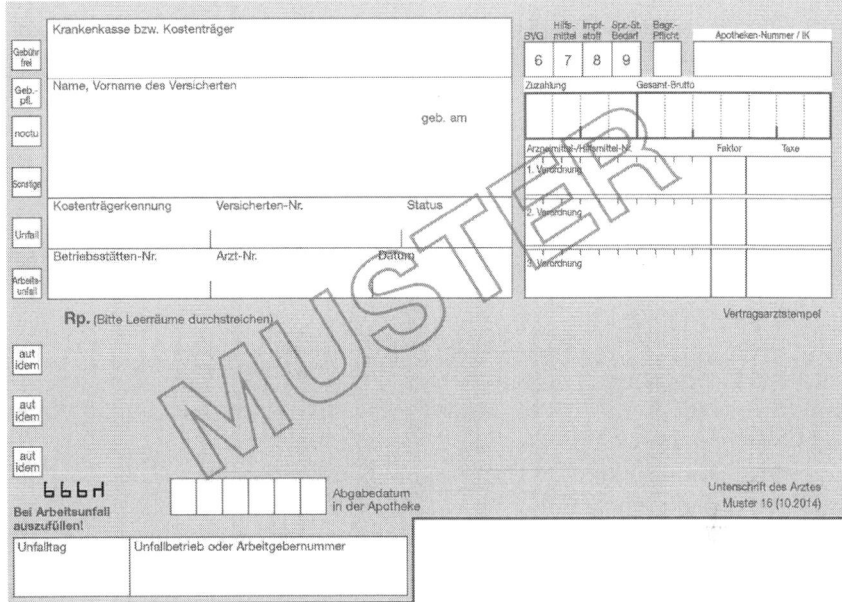

Abb. 6.9: Arzneimittelverordnung – Muster 16 (KBV 2023)

2. Diese Arzneimittelverordnung unterschreibt der Arzt unter Verwendung seines elektronischen Heilberufsausweises direkt im Praxisverwaltungssystem. Hierbei muss er eine Signatur – also einen zweifelsfreien digitalen Nachweis seiner Person – verwenden. Zur Auswahl stehen die Einzel- oder die Stapelsignatur (Standardverfahren) und optional die Komfortsignatur. Bei der Letztgenannten werden die Verordnungsdaten umgehend auf den Server der Telematikinfrastruktur übertragen und können von dort durch die Apotheke abgerufen werden.
3. Für die Einlösung des eRezepts legt Patient in der Apotheke wahlweise seine elektronische Gesundheitskarte (eGK) oder alternativ einen Rezeptcode (sog. Token) vor. Der Rezeptcode kann direkt über die eRezept-App abgerufen oder als Papierausdruck in der Vertragsarztpraxis übergeben werden.

Für den Fall, dass der Patient ausdrücklich einen Papierausdruck wünscht, muss der Arzt einen solchen im Format DIN A4 oder DIN A5 erstellen. Der Papierausdruck kann ein oder mehrere Rezeptcodes enthalten, die dann in der Apotheke präsentiert werden können. Allerdings ist dieses Ersatzverfahren grundsätzlich nur für Patienten vorgesehen, die nicht per eGK oder App auf die Verordnung zugreifen können. Im Falle eines Patientenausdrucks muss dieser nicht handschriftlich unterzeichnet werden, da auch hierbei die elektronische Signatur des eRezepts ausreicht. Der Papierausdruck ersetzt also nicht das Verfahren nach dem eRezept.

Für bestimmte Verordnungen ist weiterhin der traditionelle Rezeptvordruck (Muster 16) vorgesehen:

- Verordnung von sonstigen nach § 31 SGB V einbezogenen Produkten (z. B. Verbandmittel und Teststreifen)
- Verordnung von Hilfsmitteln
- Verordnung von Sprechstundenbedarf
- Verordnung von Blutprodukten, die von pharmazeutischen Unternehmen oder Großhändlern gemäß § 47 AMG direkt an Ärzte abgegeben werden
- Verordnungen von digitalen Gesundheitsanwendungen
- Verordnungen zulasten von sonstigen Kostenträgern wie Sozialhilfe, Bundespolizei, Bundeswehr
- Verordnungen für im Ausland lebende gesetzlich Krankenversicherte
- Enterale Ernährung

Insbesondere Verordnungen von Betäubungsmitteln und T-Rezepte (Sonderrezepte für Arzneimitteln mit den Wirkstoffen Lenalidomid, Pomalidomid und Thalidomid) müssen weiterhin auf Papier ausgestellt werden.

Patienten können das eRezept im einfachsten Fall mit ihrer eGK oder ihrem Smartphone mittels App einlösen.

Für das Ausstellen und Signieren von eRezepten ist die spätere Form der Einlösung egal, da die Verordnungsdaten in jedem Fall auf dem eRezept-Server gespeichert werden.

Elektronische Arbeitsunfähigkeitsbescheinigung

- Seit dem 01.07.2022 existiert kein Vordruck für die Bescheinigung von Arbeitsunfähigkeit mehr. Er wurde ersetzt durch die elektronische Arbeitsunfähigkeitsbescheinigung. Der bis dahin geltende Vordrucksatz (Patient, Krankenkasse, Arbeitgeber – Muster 1) wurde vollständig in die digitale Welt übertragen. Der Patient kann jedoch eine papiergebundene Ausfertigung für seine Zwecke erhalten.
- Das Prozedere sieht nun vor, dass der behandelnde Arzt die Arbeitsunfähigkeit bescheinigt und diese Information elektronisch an die Krankenkasse des Patienten übermittelt. Der Arbeitgeber kann diese Information ab dem nächsten Werktag bei der Krankenkasse des Patienten elektronisch abrufen. Hierbei erhält er im Gegensatz zu dem vorherigen Verfahren beispielsweise nicht mehr die Information, welcher Arzt die Arbeitsunfähigkeit bescheinigt hat.

Primär wurde das technische Verfahren der Informationsübermittlung verändert. Die bereits vor Inkrafttreten der Regelung geltenden Bestimmungen der Arbeitsunfähigkeits-Richtlinie (AU-RL) des G-BA blieb unberührt.

- Eine Arbeitsunfähigkeitsbescheinigung darf nur von an der vertragsärztlichen Versorgung teilnehmenden Ärzten oder deren persönlichen Vertretern bescheinigt werden (§ 2 Abs. 3 AU-RL).
- Die Arbeitsunfähigkeit darf nur auf Grund einer ärztlichen Untersuchung bescheinigt werden (§ 4 Abs. 5 AU-RL).

- Die Feststellung der Arbeitsunfähigkeit kann auch mittelbar persönlich im Rahmen einer Videosprechstunde erfolgen (§ 4 Abs. 5 AU-RL).
- Der Arzt kann Arbeitsunfähigkeit grundsätzlich nur für die maximale Dauer von 2 Wochen bescheinigen (§ 5 Abs. 4 AU-RL).
- Es ist der Tag anzugeben, an dem die Arbeitsunfähigkeit tatsächlich jeweils für den in der aktuellen AU-Bescheinigung angegebenen Arbeitsunfähigkeitszeitraum ärztlich festgestellt wurde.
- Die Rückdatierung einer Arbeitsunfähigkeit ist grundsätzlich nicht möglich (§ 5 Abs. 3 AU-RL).
- Es existieren Sachverhalte, bei denen keine Arbeitsunfähigkeit bescheinigt werden darf (z. B. Erkrankung eines Kindes nach § 3 Abs. 2 AU-RL).

In Ergänzung zu dem Verfahren der elektronischen Übermittlung der Arbeitsunfähigkeitsbescheinigung soll darüber hinaus ab dem Jahr 2024 eine **telefonische** Krankmeldung des Patienten bei seinem Arzt ermöglicht werden. Eine ähnliche Regelung gab es bereits während der Coronapandemie. Patienten, die dem Arzt bekannt sind und lediglich leichte Symptome haben, sollen diese Möglichkeit erhalten. Hierbei besteht ein möglicher Zielkonflikt darin, dass die Arbeitgeber und Krankenkassen ein mögliches Missbrauchspotenzial vermuten, während die Vertragsärzte die Regelung prinzipiell begrüßen, da sie hilft, das Infektionsrisiko in der Praxis zu mindern, und zudem das Personal entlastet. Die verlässliche Legitimationsprüfung des Patienten stellt eine zusätzliche Herausforderung an das neue Verfahren dar.

6.13 Abrechnung von Laborleistungen

Vorbemerkungen

Mit Wirkung zum 01.01.2011 trat eine Änderung des damaligen BMV-Ä in Kraft, die bis heute Auswirkungen auf die Erbringung und Abrechnung bestimmter Laborleistungen in der vertragsärztlichen Versorgung hat. Die Grundlage für die Änderung der Abrechnung von Laborleistungen stellte § 25 Abs. 7 BMV-Ä dar.

> *»Die Abrechnung von Laborleistungen setzt die Erfüllung der Richtlinien der Bundesärztekammer zur Qualitätssicherung laboratoriumsmedizinischer Untersuchungen gemäß Teil A und B1 sowie ggf. ergänzender Regelungen der Partner der Bundesmantelverträge zur externen Qualitätssicherung von Laborleistungen und den quartalsweisen Nachweis der erfolgreichen Teilnahme an der externen Qualitätssicherung durch die Betriebsstätte voraus. Sofern für eine Gebührenordnungsposition der Nachweis aus verschiedenen Materialien (z. B. Serum, Urin, Liquor) möglich ist und für diese Materialien unterschiedliche Ringversuche durchgeführt werden, wird in einer Erklärung bestätigt, dass die Gebührenordnungsposition nur für das Material berechnet wird, für das ein gültiger Nachweis einer erfolgreichen Ringversuchsteilnahme vorliegt. Der Nachweis ist elektronisch an die zuständige Kassenärztliche Vereinigung zu übermitteln.«*

Hierfür veröffentlicht die Bundesärztekammer eine Aufstellung, welche Analyte in Kombination mit welchen Materialien von der Ringversuchspflicht erfasst werden.

Die Kassenärztliche Bundesvereinigung bereitet diese Angaben in Form von Schlüsselverzeichnissen auf und stellt sie den Vertragsärzten zur Verfügung.

Geltungsbereich

Die Änderungen erstrecken sich auf Vertragsarztpraxen, die Laborleistungen selbst erbringen und abrechnen. Betroffen sind deren ambulante Abrechnungssysteme.

Ausgenommen ist die Verwendung sog. Unit-Use-Reagenzien im Rahmen der patientennahen Sofortdiagnostik.

Prozedere

Bei der Änderung handelt es sich um eine Qualitätssicherungsmaßnahme in Form sog. Ringversuche. Nach erfolgreich absolvierter Durchführung der Ringversuche werden Zertifikate erstellt, die eine Gültigkeit von 6 Monaten haben. Das Vorliegen der Zertifikate ermöglicht dem Vertragsarzt die Abrechnung der ausgewiesenen Laborleistungen.

Geltungsdauer

Die Gültigkeit der Zertifikate beläuft sich auf 6 Monate und ist nicht an die Quartalsgrenzen gebunden; d. h., die Zertifikate können eine quartalsübergreifende Gültigkeit besitzen bzw. diese im Laufe des Quartals verlieren.

6.14 Abrechnungsbeispiele zu den allgemeinen Leistungen des EBM

Grundsätzlich gilt die Selbsterklärung aller Gebührenziffern bzw. Komplexe direkt aus dem Wortlaut des EBM. Zu jeder Position des Tarifwerks existiert ein eigener Eintrag, aus dem folgende Inhalte hervorgehen:

- Beschreibung
- Obligater Leistungsinhalt
- Fakultativer Leistungsinhalt
- Abrechnungsbestimmung
- Anmerkung
- Abrechnungsausschluss

6.14 Abrechnungsbeispiele zu den allgemeinen Leistungen des EBM

- Berichtspflicht
- Bewertung

Anhand eines Auszugs aus dem EBM wird dies in Abbildung 6.10 verdeutlicht (▶ Abb. 6.10).

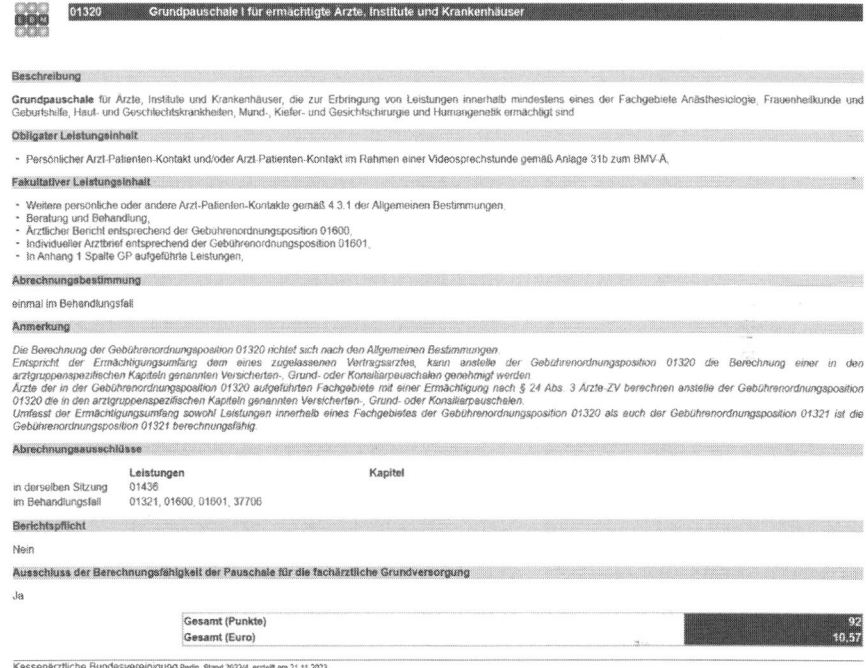

Abb. 6.10: 01320 Grundpauschale I für ermächtigte Ärzte, Institute und Krankenhäuser (KBV 2024)

Auf den folgenden Seiten werden Abrechnungsbeispiele zu gebräuchlichen Sachverhalten des täglichen Ambulanzbetriebs dargestellt. Mit ihrer Hilfe soll dem interessierten Leser die Möglichkeit gegeben werden, die vorgenannten Ausführungen nachzuvollziehen. Soweit erforderlich, werden einzelne Abrechnungsziffern des Abrechnungsbeispiels in der Weise kommentiert, dass jeweils nur die neu hinzukommenden Abrechnungsziffern erläutern werden. Die Beispiele sollten daher – zumindest bei einem ersten Lesen – chronologisch betrachtet werden.

Aus Vereinfachungsgründen wird in allen Beispielen mit einem Punktwert in Höhe von 0,10 € gerechnet.

Leistung:	CT-Untersuchung des Gesichtsschädels
Leistungserbringer:	Ermächtigter Krankenhausarzt, ermächtigtes Institut oder Krankenhaus

Behandlungstag	EBM-Ziffer	Leistung	Punkte
1	01320	Grundpauschale I für ermächtigte Ärzte, Institute und Krankenhäuser	92
	34320	CT-Untersuchung des Gesichtsschädels	650
	01601	Individueller Arztbrief	Enthalten
Summe Punktwertrelationen			742
× Punktwert 0,10 € ergibt Honorarsumme			74,20 €

EBM-Ziffer	Erläuterung
01320	Die eingesetzte Grundpauschale ist zu verwenden, sofern folgende Ärzte die Leistung erbringen: Ermächtigte Ärzte, Institute und Krankenhäuser. Es gibt keine Differenzierung nach Altersklassen für die Grundpauschalen der ermächtigten Ärzte, Institute und Krankenhäuser. Wie bei nahezu allen Gebührenordnungsziffern ist der persönliche Arzt-Patienten-Kontakt wichtigste Voraussetzung für die Abrechenbarkeit. Zu präzisieren ist der Begriff »persönlicher Arzt-Patienten-Kontakt«: • Ein persönlicher Arzt-Patienten-Kontakt setzt die räumliche und zeitgleiche Anwesenheit von Arzt und Patient und die direkte Interaktion derselben voraus. • Andere Arzt-Patienten-Kontakte setzen mindestens einen telefonischen Kontakt und/oder einen Kontakt im Rahmen einer Videosprechstunde gemäß Anlage 31b zum Bundesmantelvertrag-Ärzte (BMV-Ä) und/oder einen mittelbaren Kontakt voraus, soweit dies berufsrechtlich zulässig ist. Ein mittelbarer anderer Arzt-Patienten-Kontakt umfasst insbesondere die Interaktion des Vertragsarztes mit Bezugsperson(en) und setzt nicht die unmittelbare Anwesenheit von Arzt, Bezugsperson(en) und Patient an demselben Ort voraus. • Telefonische Arzt-Patienten-Kontakte, Arzt-Patienten-Kontakte im Rahmen einer Videosprechstunde gemäß Anlage 31b zum BMV-Ä und andere mittelbare Arzt-Patienten-Kontakte sind Inhalt der Pauschalen und nicht gesondert berechnungsfähig. Finden im Behandlungsfall ausschließlich telefonische Arzt-Patienten-Kontakte oder andere mittelbare Arzt-Patienten-Kontakte statt, sind diese nach der Gebührenordnungsposition 01435 berechnungsfähig. • Finden im Behandlungsfall ausschließlich Arzt-Patienten-Kontakte im Rahmen einer Videosprechstunde gemäß Anlage 31b zum BMV-Ä statt, gelten ergänzende Anforderungen. • Bei Neugeborenen, Säuglingen und Kleinkindern gemäß 4.3.5 sowie bei krankheitsbedingt erheblich kommunikationsgestörten Kranken (z. B. Taubheit, Sprachverlust) ist ein persönlicher Arzt-Patienten-Kontakt auch dann gegeben, wenn die Interaktion des Vertragsarztes indirekt über die

6.14 Abrechnungsbeispiele zu den allgemeinen Leistungen des EBM

EBM-Ziffer	Erläuterung
	Bezugsperson(en) erfolgt, wobei sich Arzt, Patient und Bezugsperson(en) gleichzeitig an demselben Ort befinden müssen.
34320	Obligater Bestandteil der angesetzten CT-Leistung ist die Anfertigung von Dünnschichten.
01601	Gemäß der Einleitung zu Abschnitt 34.1 (Nr. 4) ist der individuelle Arztbrief ebenso wie der erstellte Befund in den Leistungen des Kapitels 34 enthalten und kann somit nicht abgerechnet werden. Zudem wäre der Arztbrief auch Bestandteil der Grundpauschale (vgl. Leistungslegende) und nach Anhang 1 zum EBM nicht gesondert abrechenbar.

Leistung:	Urologische Untersuchung Mann
Leistungserbringer:	Ermächtigter Krankenhausarzt, ermächtigtes Institut oder Krankenhaus

Behandlungstag	EBM-Ziffer	Leistung	Punkte
1	01321	Grundpauschale II für ermächtigte Ärzte, Institute und Krankenhäuser	159
	26310	Urethro(-zysto)skopie des Mannes	747
	33043	Uro-Genital-Sonographie	82
	34255	Ausscheidungsurographie	437
	01601	Individueller Arztbrief	enthalten
Summe Punktwertrelationen			1.425
× Punktwert 0,10 € ergibt Honorarsumme			142,50 €

EBM-Ziffer	Erläuterung
01321	Die eingesetzte Grundpauschale ist zu verwenden, sofern andere als in der Ziffer 01320 genannte Ärzte die Leistung erbringen.
01601	Der individuelle Arztbrief ist einerseits Bestandteil der Gebührenordnungsziffer 01321 und andererseits nach Anhang 1 zum EBM nicht gesondert abrechenbar.

6 Einheitlicher Bewertungsmaßstab

Leistung:		Planung der Geburt	
Leistungserbringer:		Ermächtigter Krankenhausarzt, ermächtigtes Institut oder Krankenhaus	
Behandlungstag	EBM-Ziffer	Leistung	Punkte
1	01320	Grundpauschale I für ermächtigte Ärzte, Institute und Krankenhäuser	92
	01780	Planung der Geburtsleitung	348
	01600	Ärztlicher Bericht nach Untersuchung	enthalten
Summe Punktwertrelationen			440
× Punktwert 0,10 € ergibt Honorarsumme			44,00 €

EBM-Ziffer	Erläuterung

01780	Die Leistung beinhaltet
	• als fakultative Inhalte:
	  – Externe kardiotokographische Untersuchung (CTG) gemäß Abschnitt B 4c und Anlage 2 der Mutterschafts-Richtlinien (Nr. 01786)
	  – Sonographische Untersuchung eines oder mehrerer weiblicher Genitalorgane, ggf. einschließlich Harnblase, mittels B-Mode-Verfahren (Nr. 33044)
	• als obligate Inhalte:
	  – Untersuchung(en)
	  – Besprechung mit der Schwangeren
	Diese Leistung ist nicht durch den Arzt, der die Schwangere in der Schwangerschaft betreut, abrechenbar.
	Ebenso wenig sind – mit Ausnahme der Grundpauschale – weitere Leistungen neben dieser Ziffer abrechnungsfähig.
	Die Erbringung der Leistung setzt die Genehmigung der Kassenärztlichen Vereinigung nach der Ultraschall-Vereinbarung gemäß § 135 Abs. 2 SGB V voraus.

01600	Der Ärztlicher Bericht nach Untersuchung ist einerseits Bestandteil der Gebührenordnungsziffer 01320 und andererseits nach Anhang 1 zum EBM nicht gesondert abrechenbar.

Leistung:		Durchführung der Geburt	
Leistungserbringer:		Ermächtigter Krankenhausarzt, ermächtigtes Institut oder Krankenhaus	
Behandlungstag	EBM-Ziffer	Leistung	Punkte
1	01320	Grundpauschale I für ermächtigte Ärzte, Institute und Krankenhäuser	92

	08411	Geburt	2.990
	05360	Periduralanästhesie im Zusammenhang mit der Erbringung einer der Gebührenordnungspositionen 08411 bis 08416	404
	05361	Dokumentierte Überwachung im Anschluss an die Gebührenordnungsposition 05360	213
	01601	Individueller Arztbrief	Enthalten
Summe Punktwertrelationen			3.699
× Punktwert 0,10 € ergibt Honorarsumme			369,90 €

EBM-Ziffer	Erläuterung
08411	Die Ziffer Geburt beinhaltet sämtliche Leistungen zur Durchführung einer Geburt.
05360	Diese Ziffer kann nur in Zusammenhang mit den Leistungen des Abschnitts 8.4 in Ansatz gebracht werden. Gemäß Präambel zu Abschnitt 8.1 Nr. 3 kann sie jedoch auch von Fachärzten der Frauenheilkunde und Geburtshilfe erbracht werden.
05361	Hierbei handelt es sich um die Dokumentation im Anschluss an die Leistung nach 05360. Der Ansatz ist erst nach einer Dauer der Dokumentation von mindestens 30 Minuten möglich. Gemäß Präambel zu Bereich III Abschnitt 8.1 Nr. 3 kann sie jedoch auch von Fachärzten der Frauenheilkunde und Geburtshilfe erbracht werden.
01601	Der individuelle Arztbrief ist einerseits Bestandteil der Gebührenordnungsziffer 01320 und andererseits nach Anhang 1 zum EBM nicht gesondert abrechenbar.

6.15 Abrechnung der Notfallbehandlung

6.15.1 Begriff des Notfalls

Der Begriff »Notfall« spielt in der gesetzlichen Krankenversicherung eine besondere Rolle. Die Kassenärztlichen Vereinigungen haben die ambulante vertragsärztliche Versorgung der Versicherten sicherzustellen.

> »Die Versicherten können unter den zur vertragsärztlichen Versorgung zugelassenen Ärzten, den Medizinischen Versorgungszentren, den ermächtigten Ärzten, den ermächtigten oder nach § 116b an der ambulanten Versorgung teilnehmenden Einrichtungen, den Zahnkliniken der Krankenkassen, den Eigeneinrichtungen der Krankenkassen nach § 140 Abs. 2 Satz 2, den nach § 72a Abs. 3

vertraglich zur ärztlichen Behandlung verpflichteten Ärzten und Zahnärzten, den zum ambulanten Operieren zugelassenen Krankenhäusern sowie den Einrichtungen nach § 75 Abs. 9 frei wählen. Andere Ärzte dürfen nur in Notfällen in Anspruch genommen werden. [...]« (vgl. § 76 Abs. 1 SGB V).

Krankenhäuser sind grundsätzlich andere Ärzte bzw. ärztlich geleitete Einrichtungen, die nicht zur vertragsärztlichen Behandlung ermächtigt sind. Was Notfälle sind, definiert das Gesetz nicht!

Schon das Landessozialgericht Darmstadt war vom Vorliegen eines Notfalls ausgegangen, wenn dem Patienten nach Lage des Falles unter Berücksichtigung aller Umstände objektiv und subjektiv die Inanspruchnahme eines Vertragsarztes anstelle eines Nichtvertragsarztes nicht zugemutet werden kann (vgl. LSG Darmstadt, Urteil vom 30.04.1958, Az.: L-6/Kr-54/57).

Nach Ansicht des BSG fallen hierunter regelmäßig die Fälle der »Ersten Hilfe« – z.B. bei Verletzung, starken Blutungen –, in denen die Behandlung nicht ohne Gefahr für Leib oder Leben des Patienten verzögert werden kann (vgl. BSG, Urteil vom 31.07.1963, Az. 3 RK 92/59).

Dabei spielt keine Rolle, ob es sich um eine leichte Verletzung handelt und die Behandlung durch einen Vertragsarzt objektiv möglich wäre. Entscheidend ist, ob sofortige Hilfeleistung erforderlich war. Dem um Hilfe angegangenen Krankenhaus und dessen Arzt kann nicht zugemutet werden, selbst Nachforschungen anzustellen, ob der Versicherte einen Vertragsarzt erreichen konnte.

Als Notfall sind in erster Linie solche Fälle zu rechnen, in denen ohne eine sofortige Behandlung durch einen nicht zugelassenen Arzt Gefahren für Leib und Leben entstehen oder heftige Schmerzen unzumutbar lang andauern würden.

Notfallbehandlung kann stets nur die Erstbehandlung sein. Für eine eventuelle Weiterbehandlung ist der Patient in die vertragsärztliche Versorgung zu verweisen.

Alle an der vertragsärztlichen Versorgung der Versicherten teilnehmenden Ärzte stützen ihren Vergütungsanspruch nur auf die öffentlich-rechtliche Verpflichtung der Kassenärztlichen Vereinigung, die ärztliche Versorgung der Versicherten – auch in Notfällen – sicherzustellen. Die Gesamtvergütung nach § 85 SGB V schließt die Notfallbehandlung durch Nicht-Vertragsärzte (Krankenhäuser) ein.

Das gleiche gilt, wenn die Notfallbehandlung von angestellten, nachgeordneten Ärzten durchgeführt wird. Der Honoraranspruch des Krankenhauses ergibt sich unmittelbar aus §§ 72, 76, 85 SGB V, denn diese Vorschriften verpflichten zwar die Kassenärztliche Vereinigung zur Honorierung der Notfallbehandlung eines Versicherten, besagen jedoch nichts darüber, wer honorarberechtigt ist. Die Berechtigung des Krankenhausträgers auf Vergütung der im Krankenhaus gewährten ärztlichen Leistung beruht darauf, dass die ärztliche Behandlung im Rahmen eines abhängigen Dienstverhältnisses vorgenommen wird und daher nach allgemeinen Grundsätzen des Arbeitsrechts dem Arbeitgeber – hier dem Krankenhausträger – zuzurechnen ist.

6.15.2 Grundsätze der Notfallabrechnung nach dem Einheitlichen Bewertungsmaßstab

Die Abrechnung der Notfallbehandlung nach dem EBM erfolgt nach Maßgabe des Bereichs II (Arztgruppenübergreifende allgemeine Gebührenordnungspositionen) Abschnitt 1.2 (Gebührenordnungspositionen für die Versorgung im Notfall und im organisierten ärztlichen Not(-fall)dienst).

Es gilt der folgende Grundsatz: Im Notfall sind für jeden Leistungserbringer alle Leistungen des EBM berechnungsfähig, die in unmittelbarem diagnostischem oder therapeutischem Zusammenhang mit der Notfallversorgung stehen (vgl. Bereich II Abschnitt 1.2 Nr. 1 EBM) *(Notfallziffern im weiteren Sinne).*

Als *Notfallziffern im engeren Sinne* stehen nach Abschnitt 1.2 folgende Zifferngruppen zur Verfügung:

- Notfallpauschalen,
- Notfallkonsultationspauschalen,
- ein Reanimationskomplex,
- je ein Zuschlag für die Beatmung und die Defibrillation sowie
- Zuschläge für die besonders aufwändige Versorgung von Patienten.

Aufbau, Leistungsinhalt und Gültigkeit der Gebührenordnungsziffern unterscheiden sich nicht nach dem Leistungserbringer; d. h. Vertragsärzte, ermächtigte Krankenhausärzte und Krankenhäuser sind grundsätzlich gleichzubehandeln.

6.15.3 Abrechnungsziffern der Notfallbehandlung

Tabelle 6.3 zeigt den Aufbau der Notfallziffern im Überblick (▶ Tab. 6.3).

Tab. 6.3: Notfallziffern nach EBM i. e. S.

GOP	Leistungslegende
01205	Notfallpauschale (Abklärung, Koordination I)
01207	Notfallpauschale (Abklärung, Koordination II)
01210	Notfallpauschale I
01212	Notfallpauschale II
01214	Notfallkonsultationspauschale I
01216	Notfallkonsultationspauschale II
01218	Notfallkonsultationspauschale III
01220	Reanimationskomplex
01221	Zuschlag Beatmung
01222	Zuschlag Defibrillation

Tab. 6.3: Notfallziffern nach EBM i. e. S. – Fortsetzung

GOP	Leistungslegende
01223	Zuschlag Notfallpauschale zur GOP 01210
01224	Zuschlag Notfallpauschale zur GOP 01212
01226	Zuschlag Notfallpauschale zur GOP 01212

Die Zifferngruppen im Einzelnen:

Die **Notfallpauschalen** (**Abklärung, Koordination**) können im organisierten Not(fall)dienst und für nicht an der vertragsärztlichen Versorgung teilnehmende Ärzte, Institute und Krankenhäuser für die Abklärung der Behandlungsnotwendigkeit bei Inanspruchnahme berechnet werden. Zu unterscheiden sind:

- die Notfallpauschale I für die Zeiten zwischen 07:00 und 19:00 Uhr (außer an Samstagen, Sonntagen, gesetzlichen Feiertagen, am 24.12. und 31.12.) und
- die Notfallpauschale II zwischen 19:00 und 07:00 Uhr des Folgetages, ganztägig an Samstagen, Sonntagen, gesetzlichen Feiertagen, am 24.12. und 31.12.

Die Notfallpauschalen (Abklärung, Koordination) sind zu verwenden, wenn die Erkrankung des Patienten gerade **keine sofortige Maßnahme** erfordert. Die weitere Versorgung in diesem Fall kann also durch einen Vertragsarzt außerhalb der Notfallversorgung erfolgen. Hierzu wird im Rahmen eines (obligaten) persönlichen Arzt-Patienten-Kontakts die Dringlichkeit der Behandlungsnotwendigkeit abgeklärt. Fakultativ kann die nachfolgende Versorgung durch einen Vertragsarzt außerhalb der Notfallversorgung koordiniert und ein (erster) lokaler Befund erhoben werden (▶ Abb. 6.11).

Die eigentlichen **Notfallpauschalen I bis III** dienen der Vergütung des ersten Arzt-Patienten-Kontaktes. Sie beinhalten sämtliche Leistungen, die *in der Regel im Rahmen eines Erstkontaktes* anfallen, und sind daher mit den Versicherten- bzw. Grundpauschalen gleichzusetzen (▶ Abb. 6.12).

Erfolgt ein weiterer Arzt-Patienten-Kontakt im Quartal (vgl. Definition des Behandlungsfalls), ist hierfür – je nach Tag und Zeit der Inanspruchnahme – eine von drei **Notfallkonsultationspauschalen** (01214, 01216, 01218) in Ansatz zu bringen.

Hiernach ergibt sich der in Abbildung 6.13 dargestellte hierarchische Aufbau für das Zusammenspiel zwischen Notfall- und Konsulationspauschalen (▶ Abb. 6.13).

Der **Behandlungskomplex** bzw. die **Zuschläge** nach den Ziffern 01220 bis 01222 tragen den besonderen Umständen bei Reanimation, Beatmung und Defibrillation des Patienten Rechnung.

Je nach Konstellation des Behandlungsfalls ergibt sich hieraus folgendes Abrechnungsmuster für den Erst- und Zweitkontakt zwischen Arzt und Patient (▶ Tab. 6.4).

6.15 Abrechnung der Notfallbehandlung

Abb. 6.11: 01205 Notfallpauschale (Abklärung, Koordination I) (KBV 2024)

Tab. 6.4: Mögliche Konstellationen für die Abrechnung der Notfallbehandlung im Erst- und Zweitkontakt

Kontakt	Zeitpunkt der Inanspruchnahme	GOP
1.	Täglich 07:00 bis 19:00 Uhr	01210
	ODER	
1.	Täglich 19:00 bis 07:00 Uhr und ganztägig an Samstagen, Sonntagen, gesetzlichen Feiertagen, 24.12., 31.12	01212
ab 2.	Täglich 07:00 bis 19:00 Uhr	01214
	ODER	
ab 2.	Zwischen 19:00 und 22:00 Uhr an Samstagen, Sonntagen und gesetzlichen Feiertagen, am 24.12. und 31.12. zwischen 07:00 und 19:00 Uhr	01216
	ODER	
ab 2.	Zwischen 22:00 und 07:00 Uhr an Samstagen, Sonntagen und gesetzlichen Feiertagen, am 24.12. und 31.12. zwischen 19:00 und 07:00 Uhr	01218

Die **Zuschläge Notfallpauschale zur GOP 01210 bzw. 01212** sind ausschließlich bei Patienten berechnungsfähig, die aufgrund der Art, Schwere und Komplexität der

6 Einheitlicher Bewertungsmaßstab

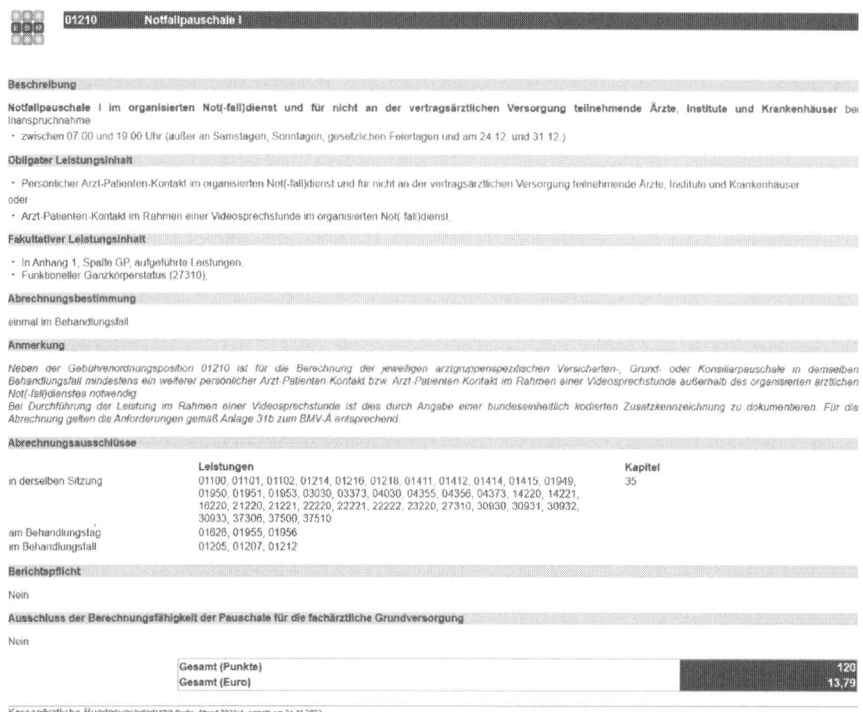

Abb. 6.12: 01210 Notfallpauschale I (KBV 2024)

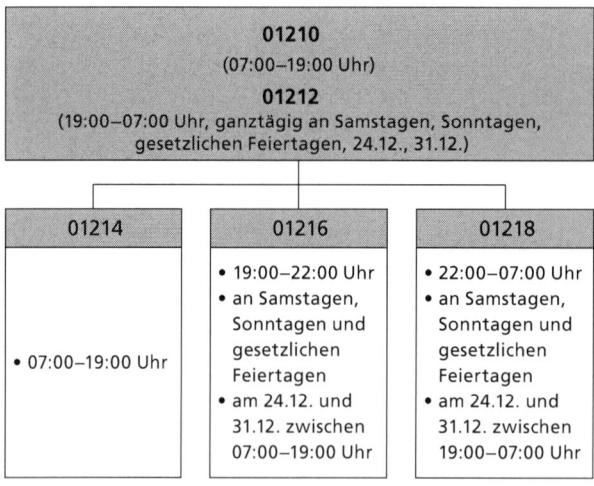

Abb. 6.13: Zusammenhang Erstbehandlung und Folgekontakt in der Notfallversorgung

Behandlungsdiagnose einer besonders aufwändigen Versorgung im Rahmen der Notfallversorgung bedürfen. Dabei muss mindestens eine der nachfolgenden (gesicherten) Behandlungsdiagnosen berechnet werden (vgl. Präambel zu Abschnitt 1.2 Nr. 8 EBM):

- Frakturen im Bereich der Extremitäten proximal des Metacarpus und Metatarsus
- Schädel-Hirn-Trauma mit Bewusstlosigkeit von weniger als 30 Minuten (S06.0 und S06.70)
- Akute tiefe Beinvenenthrombose
- Hypertensive Krise
- Angina pectoris (ausgenommen: ICD I20.9)
- Pneumonie
- Akute Divertikulitis

In Fällen, in denen diese Kriterien nicht erfüllt werden, aber aufgrund der Art, Schwere und Komplexität der Behandlungsdiagnose eine besonders aufwändige Versorgung im Rahmen der Notfallversorgung notwendig ist, können die Gebührenordnungspositionen 01223 und 01224 mit ausführlicher schriftlicher medizinischer Begründung im Ausnahmefall berechnet werden. (vgl. Präambel zu Abschnitt 1.2 Nr. 8 EBM).

Die GOP 01226 stellt eine Steigerung der Ziffern 01223 und 01224 dar. Nach der Präambel zu Abschnitt 1.2 Nr. 9 EBM ist sie nur berechnungsfähig bei

- Neugeborenen, Säuglingen und Kleinkindern oder
- Patienten mit krankheitsbedingt erheblich komplexer Beeinträchtigung kognitiver, emotionaler und verhaltensbezogener Art (ausgenommen Beeinträchtigung kognitiver, emotionaler und verhaltensbezogener Art infolge psychotroper Substanzen) und/oder
- Patienten ab dem vollendeten 70. Lebensjahr mit geriatrischem Versorgungsbedarf und Frailty-Syndrom (Kombination von unbeabsichtigtem Gewichtsverlust, körperlicher und/oder geistiger Erschöpfung, muskulärer Schwäche, verringerter Ganggeschwindigkeit und verminderter körperlicher Aktivität) und/oder
- Patienten mit einer der folgenden Erkrankungen: F00–F02 dementielle Erkrankungen, G30 Alzheimer-Erkrankung, G20.1 Primäres Parkinson-Syndrom mit mäßiger bis schwerer Beeinträchtigung und G20.2 Primäres Parkinson-Syndrom mit schwerster Beeinträchtigung.

6.15.4 Abrechnungsbeispiele zur Notfallbehandlung nach dem Einheitlichen Bewertungsmaßstab

Neben den bereits grundsätzlichen Erläuterungen des vorausgegangenen Kapitels zur Notfallabrechnung ergeben sich weitere Besonderheiten für die Notfallabrechnung nach dem EBM. Dies sind im Besonderen:

- Die Gebührenordnungspositionen 01205 ff. können nicht mit den Gebührenpositionen 01100 ff. bei unvorhergesehener Inanspruchnahme kombiniert werden (vgl. Leistungslegenden zu den Ziffern 01100 ff. bzw. 01210 ff.).

- Neben den Gebührenordnungspositionen 01205 ff. kann weder eine Versichertenpauschale noch eine Grundpauschale für ein und denselben Arzt-Patienten-Kontakt berechnet werden. Für die Berechnung dieser Pauschalen ist mindestens ein weiterer persönlicher kurativer Arzt-Patienten-Kontakt im Behandlungsfall erforderlich (vgl. Abschnitt 4.1 Satz 5 EBM).
- Kommt ein Patient an mehreren Tagen nacheinander in die Notfallpraxis, so kann die Gebührenordnungsposition 01210 nicht täglich in Ansatz gebracht werden.
- Beansprucht ein Patient auf Grund der Beschaffenheit des Krankheitsfall an einem Tag mehrfach die Notfallversorgung, kann die Gebührenordnungsposition 01210 nicht mehrfach in Ansatz gebracht werden.
- Für den Ansatz der Notfallziffern existiert keine einschränkende Gültigkeitsregel; d. h., bei Vorliegen der Abrechnungsvoraussetzungen können sie von jedem genannten Leistungserbringer ohne Rücksicht auf die Zugehörigkeit zu einer Fachgruppe in Ansatz gebracht werden (vgl. Bereich II Abschnitt 1.2 Nr. 1 i. V. m. Bereich I Abschnitt 1.5 EBM).
- Die Ziffern der Notfallbehandlung können auch mit den Leistungen der kleinen Chirurgie kombiniert werden.
- Obligater Bestandteil aller Notfallziffern ist der persönliche Arzt-Patienten-Kontakt.
- Gemäß Urteil des BSG und gemäß Anhang 1 zum EBM sind die Ziffern 01600 (Bericht) und 01601 (individueller Brief) im Notfall nicht berechenbar (vgl. BSG, Urteil vom 20.01.1999, Az. B 6 KA 1/98 R).

Aus Vereinfachungsgründen wird in allen Beispielen mit einem Punktwert in Höhe von 0,10 € gerechnet.

Sturz mit dem Fahrrad

Leistung:	Sturz mit dem Fahrrad (Freizeitunfall) Patient über 12 Jahre – Notfallbehandlung
Besonderheit Leistungszeit:	2. Behandlungstag: werktags 22:00 Uhr

Behandlungstag	EBM-Ziffer	Leistung	Punkte
1	01210	Notfallpauschale I	120
	02301	Kleinchirurgischer Eingriff II und/oder primäre Wundversorgung mittels Naht	133
	34210	Übersichtsaufnahmen des Schädels	103
	34233	Aufnahmen der Extremitäten	99
2	01216	Notfallkonsultationspauschale II	140
	01600	Ärztlicher Bericht	enthalten
Summe Punktwertrelationen			595
× Punktwert 0,10 € ergibt Honorarsumme			59,50 €

6.15 Abrechnung der Notfallbehandlung

EBM-Ziffer	Erläuterung
01210	Nach der Systematik des EBM können sowohl die an der Notfallversorgung unmittelbar teilnehmenden als auch nicht an der vertragsärztlichen Versorgung teilnehmende Ärzte, Institute und Krankenhäuser die Notfallpauschale in Ansatz bringen.
02301	Gemäß der Philosophie des EBM handelt es sich bei dieser Ziffer um eine Komplexziffer, die für folgende Leistungen in Ansatz gebracht werden kann: • primäre Wundversorgung bei Säuglingen, Kleinkindern und Kindern und/oder • primäre Wundversorgung mittels Naht und/oder Gewebekleber und/oder • Koagulation und/oder Kauterisation krankhafter Haut- und/oder Schleimhautveränderungen und/oder • operative Entfernung einer oder mehrerer Geschwülste an der Harnröhrenmündung und/oder • operative Entfernung eines unter der Oberfläche von Haut oder Schleimhaut gelegenen Fremdkörpers nach Aufsuchen durch Schnitt und/oder • Öffnung eines Körperkanalverschlusses an der Körperoberfläche oder Eröffnung eines Abszesses oder Exzision eines Furunkels und/oder • Verschiebeplastik zur Deckung eines Hautdefektes und/oder • Eröffnung eines subcutanen Panaritiums oder einer Paronychie. 02301 gehört in den Bereich der kleinen Chirurgie und beinhaltet somit die Anästhesie. Sie ist nur 1× pro Tag abrechenbar. Achtung: Bei Neugeborenen, Säuglingen, Kleinkindern und Kindern bis zum vollendeten 12. Lebensjahr kann diese Leistung in Form der Ziffer 31101 (dermatochirurgischer Eingriff der Kategorie A1) abgerechnet werden. In diesem Fall ist auch die anästhesiologische Leistung als eigene Leistung abrechenbar.
01216	Da der zweite Arzt-Patienten-Kontakt werktags um 22:00 Uhr erfolgt, ist die Notfallkonsultationspauschale II in Ansatz zu bringen.
34210 und 34233	Die Abrechenbarkeit der Röntgenziffern setzt deren Erbringung als Röntgen in zwei Ebenen voraus.
01601	Gemäß Anhang 1 zum EBM ist der individuelle Arztbrief ebenso wie der erstellte Befund in der Notfallpauschale enthalten und kann somit nicht abgerechnet werden (vgl. hierzu auch die Leistungslegende zu dieser Gebührenordnungsposition).

Notfalluntersuchung bei Brustschmerz

Leistung:	Notfalluntersuchung bei Brustschmerz
Besonderheit Leistungszeit:	Keine

Behandlungs-tag	EBM-Ziffer	Leistung	Punkte
1	01210	Notfallpauschale I	120
	33042	Abdominelle Sonographie	143
	34240	Übersichtsaufnahme der Brustorgane, eine Ebene	82
	01600	Ärztlicher Bericht	Enthalten
Summe Punktwertrelationen			345
× Punktwert 0,10 € ergibt Honorarsumme			34,50 €

Notfalluntersuchung bei Herz-Rhythmus-Störungen

Leistung:	Notfalluntersuchung bei Herz-Rhythmus-Störungen
Besonderheit Leistungszeit:	2. Behandlungstag: Sonntag 11:00 Uhr

Behandlungs-tag	EBM-Ziffer	Leistung	Punkte
1	01210	Notfallpauschale I	120
2	01216	Notfallkonsultationspauschale II	140
	01600	Ärztlicher Bericht	Enthalten
Summe Punktwertrelationen			260
× Punktwert 0,10 € ergibt Honorarsumme			26,00 €

Notfalluntersuchung bei Brustschmerz

Leistung:	Notfalluntersuchung bei Brustschmerz
Besonderheit Leistungszeit:	Keine

Behandlungs-tag	EBM-Ziffer	Leistung	Punkte
1	01210	Notfallpauschale I	120
	34320	CT-Untersuchung des Gesichtsschädels	650
	34330	CT-Untersuchung des Thorax	586
	01600	Ärztlicher Bericht	Enthalten

Summe Punktwertrelationen	1.356
× Punktwert 0,10 € ergibt Honorarsumme	135,60 €

7 Abrechnung ambulanter Operationen nach dem EBM

Mit Inkrafttreten des EBM im Jahr 2005 erfolgte eine Neudefinition und Neuformulierung der Abrechnung ambulanter Operationen. So wurde die klassische Definition zur Abgrenzung ambulanter Operationen »Eine ambulante Operation ist eine Leistung, die einen Zuschlag nach den Ziffern EBM 80 ff. erhält« aufgegeben. Ebenso wie bei der Definition ambulanter Operationen im Krankenhaus nach § 115b SGB V bestimmt sich der Begriff ambulante Operation nach der folgenden Formulierung:

> »Als ambulante oder belegärztliche Operation gelten ärztliche Leistungen mit chirurgisch-instrumenteller Eröffnung der Haut und/oder Schleimhaut oder der Wundverschluss von eröffneten Strukturen der Haut und/oder Schleimhaut mindestens in Oberflächenanästhesie sowie Leistungen entsprechend den OPS-301-Prozeduren des Anhangs 2 ggf. einschl. eingriffsbezogener Verbandleistungen. Punktionen mit Nadeln, Kanülen und Biopsienadeln, sowie Kürettagen der Haut und Shave-Biopsien der Haut fallen nicht unter die Definition eines operativen Eingriffs.« (vgl. Abschnitt 31.2.1 Nr. 1 EBM)

Der Leistungsumfang der Krankenhäuser, die sich zur Teilnahme am Vertrag gemäß § 115b SGB V erklärt haben, bestimmt sich nur mittelbar durch den Inhalt des EBM. Die hierfür einschlägigen Regelungen werden im Kapitel 8 (Ambulantes Operieren der Krankenhäuser nach § 115b SGB V) erörtert (▶ Kap. 8).

Wichtigste Neuerung innerhalb des EBM war die Festlegung der ambulanten Operationsleistung als diejenige Leistung, die entsprechend den OPS-301-Prozeduren in Anhang 2 zum EBM genannt ist.

Zudem erfolgte eine Zusammenführung der Leistungen in einem gesonderten Abschnitt 31.2, welcher fachgruppenspezifisch untergliedert wird, jedoch grundsätzlich allen Arztgruppen zugänglich ist:

Die Zuordnung der definierten Leistungskomplexe zu Unterabschnitten des Abschnitts 31.2 ist nicht gebietsspezifisch (vgl. Abschnitt 31.2.1 Nr. 7 EBM).

7.1 Voraussetzungen im Vorfeld der ambulanten Operation

Voraussetzung für die Berechnung der Leistungen des ambulanten Operierens ist die Erfüllung der notwendigen sachlichen und personellen Bedingungen und die

Meldung des Vertragsarztes gegenüber der Kassenärztlichen Vereinigung zur Teilnahme am Vertrag gemäß § 115b SGB V bzw. der Nachweis eines Vertrags zur Abrechnung belegärztlicher Leistungen mit der Kassenärztlichen Vereinigung im Einvernehmen mit den Verbänden der Krankenkassen (Belegarzt) (vgl. Abschnitt 31.2.1 Nr. 2 EBM).

Unter sachlichen und personellen Bedingungen versteht man insbesondere das Vorhandensein (und die Befähigung!) von

- Lagerungs- und Ruhemöglichkeiten,
- Reanimationsmöglichkeiten und
- Möglichkeiten zur Schockbehandlung.

Als weitere Voraussetzung für die Abrechnung legt Abschnitt 31.2.1 Nr. 9 fest, dass

»*die Leistungserbringung gemäß 2.1 der Allgemeinen Bestimmungen nur dann vollständig gegeben [ist], wenn bei der Berechnung die Angabe der OPS-301-Prozedur(en) in der gültigen Fassung erfolgt. Die Diagnosen sind nach dem ICD-10-Diagnoseschlüssel (ICD-10-GM) in der gültigen Fassung anzugeben.*«

7.2 Leistungsinhalte der ambulanten Operationen

Die Leistungen des Abschnitts 31.2 umfassen (vgl. Abschnitt 31.2.1 Nr. 5 EBM):

- sämtliche durch den Operateur erbrachten ärztlichen Leistungen,
- Untersuchungen am Operationstag,
- Verbände,
- ärztliche Abschlussuntersuchung(en),
- einen post-operativen Arzt-Patienten-Kontakt ab dem ersten Tag nach der Operation,
- Dokumentation(en) und Beratungen
- einschließlich des Abschlussberichtes an den weiterbehandelnden Vertragsarzt und Hausarzt.

7.3 Entlassung der Patienten nach Durchführung der ambulanten Operation

Der Operateur und/oder der ggf. beteiligte Anästhesist haben durch eine zu dokumentierende Abschlussuntersuchung sicherzustellen, dass der Patient ohne erkennbare Gefahr in die ambulante Weiterbehandlung und Betreuung entlassen werden kann. Die Weiterbehandlung erfolgt in Absprache zwischen dem Operateur, dem ggf. beteiligten Anästhesisten und dem weiterbetreuenden Arzt (vgl. Abschnitt 31.2.1 Nr. 6 EBM).

Fraglich ist, ob dies mit einem »Garantieversprechen« des Leistungserbringers gleichzusetzen ist.

Allerdings hat sich bereits im Jahr 2003 der Bundesgerichtshof (BGH) mit der Frage des Umfanges der ärztlichen Überwachungspflichten im Anschluss an eine ambulante Operation bzw. einen stationsersetzenden Eingriff befasst:

> Im entschiedenen Fall hatte der behandelnde Arzt eine Magenspiegelung bei einem Patienten durchgeführt. Sowohl der überweisende Hausarzt des Patienten als auch der später ambulant operierende Krankenhausarzt belehrten den Patienten über die mit der Magenspiegelung verbundenen Risiken und dass er im Anschluss an die Operation keinen PKW führen dürfe. Leider befolgte der Patient diese Anweisung nicht, verließ eigenmächtig das Krankenhaus, verunfallte und verstarb. Die Hinterbliebenen klagten gegen den ambulant operierenden Arzt und gewannen den Rechtsstreit.

Der BGH entschied zu Gunsten der Kläger und formulierte folgenden Leitsatz:

»Wird ein Patient bei einer ambulanten Behandlung so stark sediert, dass seine Tauglichkeit für den Straßenverkehr für einen längeren Zeitraum erheblich eingeschränkt ist, kann dies für den behandelnden Arzt die Verpflichtung begründen, durch geeignete Maßnahmen sicherzustellen, dass sich der Patient nach der durchgeführten Behandlung nicht unbemerkt entfernt.«

Befolgt man den Leitsatz des Gerichtes konsequent, kann die Auslegung des verwendeten Begriffes der »geeigneten Maßnahme« in der Praxis zu folgenden Konsequenzen führen:

- Der Patient muss nach einer ambulanten Operation in einem abgeschlossenen Raum untergebracht werden.
- Er muss in diesem Raum unter ständiger Beobachtung stehen.
- Falls erforderlich, muss der Patienten daran erinnert werden, das Krankenhaus nicht eigenmächtig verlassen zu dürfen.

Im Umkehrschluss genügt die postoperative Überwachung des Patienten in einem Krankenhausflur oder einer nicht abgeschlossenen Bettenstation vor der offiziellen Entlassung diesen Anforderungen nicht, selbst wenn der behandelnde Arzt den Patienten »im Blick« hat.

Ideal ist, wenn der behandelnde Arzt auch für die Zeit nach der Entlassung Vorsorgemaßnahmen trifft. Dies könnte beispielsweise die Sicherstellung eines gefahrenfreien Heimtransports des Patienten ausschließlich in die Obhut einer über die Risiken aufgeklärten Begleitperson oder die Verordnung eines Krankentransports im Sinne der entsprechenden Richtlinie sein.

7.4 Ermittlung der Abrechnungsziffern für ambulante Operationen

Zum 01.04.2005 erfolgte eine vollständige Überarbeitung der abrechnungsfähigen Leistungen, aber auch der Philosophie des Leistungskatalogs an sich. Während im bis dato geltenden System grundsätzlich jede Leistung, die mit einem Zuschlag EBM 80 ff. versehen war, als ambulante Operation mit nahezu jeder anderen Ziffer aus dem Bereich Anästhesie, Nachbetreuung und Überwachung kombiniert werden konnte, wurde diese Beziehung in Form des Katalogs der Eingriffe systematisch gekoppelt. Die Zuordnung der Eingriffe entsprechend der Operationenschlüssel nach § 301 SGB V (OPS) zu den Leistungskomplexen ist im Anhang 2 zum EBM aufgelistet. Neben den in der Präambel zu Anhang 2 sowie zu den einzelnen Unterabschnitten aufgelisteten Rahmenbedingungen gelten keine weiteren Regelungen. Berechnungsfähig sind allein die in Anhang 2 aufgeführten ambulanten und belegärztlichen Operationen.

Die in einigen Bundesländern bereits seit 1997 und 1998 zwischen Kassenärztlichen Vereinigungen und den Landesverbänden der Krankenkassen vereinbarten Strukturverträge zum ambulanten Operieren könnten bei dieser Umstrukturierung als Vorbild gegolten haben. Die Darstellung der einzelnen Prozessabschnitte erfolgt in Leistungskomplexen (Strukturverträge: Modulen), die in fester Beziehung zu einem Leistungskomplex desselben Prozesses stehen. Tabelle 7.1 verdeutlicht den schematischen Aufbau des Kapitels 31 (▶ Tab. 7.1).

Tab. 7.1: Schematischer Aufbau des Kapitels 31 des EBM

	Präoperativer Abschnitt	Operativer Abschnitt	Postoperativer Abschnitt	Nachbehandlung
Inhalt	Vorbereitung der OP	Operation und Anästhesie	Überwachung der OP	Postoperative Betreuung am 1.–21. Tag
Abschnitt	31.1	31.2	31.3	31.4
Handelnder	Hausarzt, Vertragsarzt, Anästhesist, Operateur	Operateur, Anästhesist	Operateur, Anästhesist	Operateur oder weiterbehandelnder Arzt

Die Ermittlung der relevanten Gebührenziffern erfolgt nach dem folgenden Schema:

- Festlegung der Operationenschlüssels
- Zuordnung der abrechnungsfähigen Leistungen aus dem Anhang 2 zum EBM mit dem Suchkriterium Operationenschlüssel.
- Übernahme der Operationsziffer, der Überwachungsziffer und der Narkoseziffer

- Auswahl der Nachbehandlungsziffer (Überweisung oder Eigenleistung des Operateurs) und Übernahme der jeweiligen Abrechnungsziffer

Abbildung 7.1 verdeutlicht den schematischen Ablauf, der an das DRG-Grouping im stationären Bereich erinnert (▶ Abb. 7.1).

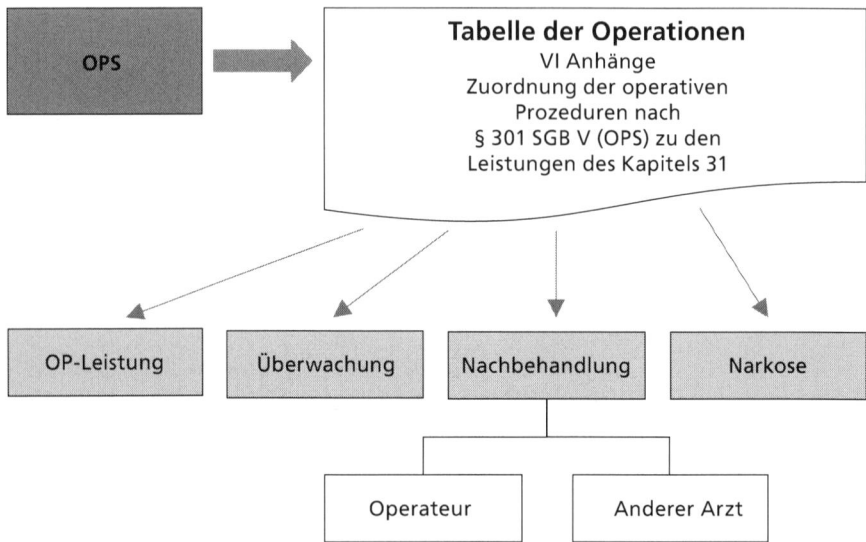

Abb. 7.1: Ermittlung der AOP-Vergütung nach Anhang 2 EBM (Kolb 2016, S. 115)

7.5 Aufbau des Operationskatalogs

Der Aufbau des Operationskatalogs folgt einem tabellarischen Schema und bildet die Ziffernkombinationen ab.

Im dargestellten Beispiel der Operation sind somit bei einem OPS 5-081.0 folgende Ziffern zur Abrechnung zu bringen:

OP-Leistung:	31321
Überwachung:	31502
Nachbehandlung:	31709 (durch den Operateur)
Narkose:	31821

In diesem Zusammenhang ist ausdrücklich darauf hinzuweisen, dass die Angabe des Operationenschlüssels nur dann vollständig und ausreichend ist, wenn dieser bis auf die letzte Stelle der Systematik angegeben wird.

Aufgrund der Zuordnung der abrechnungsfähigen Leistungen in Anhang 2 des EBM über den Operationenschlüssel führt die **unvollständige** Verschlüsselung der Leistungen zu einer **Nicht-Abrechenbarkeit** der Leistungen.

Erfolgt die Angabe des Operationenschlüssels zwar **vollständig,** aber nicht sorgfältig, kann auch dieser Sachverhalt zu **Abrechnungsproblemen** führen.

Am Beispiel des OPS 5-081 (Exzision von (erkranktem) Gewebe der Tränendrüse) soll dies verdeutlicht werden:

- Nach Anhang 2 zum EBM erfolgt die Vergütung einer *partiellen* Exzision nach der GOP 31231. Die Leistung ist mit OPS **5-081.0** zu kodieren.
- Die Vergütung der *kompletten* Exzision erfolgt nach der GOP 31322. Sie ist mit OPS **5-081.1** zu kodieren.
- Würde die Leistung hingegen mit OPS **5-081.x** verschlüsselt, ergäbe sich **weder** nach Anhang 2 des EBM **noch** nach dem Katalog der ambulanten Operationen und stationsersetzenden Eingriffe nach § 115b SGB V eine Abrechnungsmöglichkeit in o. g. Sinne.

Ebenfalls im Zusammenhang mit der Auswahl von Leistungen aus dem Katalog nach § 115b SGB V ist ergänzend zu berücksichtigen, ob eine Leistung einen diagnostischen oder einen therapeutischen Charakter besitzt, da sich dieser auch im jeweiligen Prozedurenschlüssel niederschlägt. Soll beispielsweise eine Herzkatheteruntersuchung durchgeführt werden, ist zwischen einer diagnostischen und einer therapeutischen Herzkatheteruntersuchung zu differenzieren.

Während die diagnostische Linksherz-Katheteruntersuchung als Leistung des AOP-Kataloges mit einem OPS aus 1-275.0 bis 1-275.5 zu kodieren und nach der GOP 34291 abzurechnen ist, ist die therapeutische Herzkatheteruntersuchung mit einem OPS aus 5-360.2 ff. zu kodieren, nach der GOP 34292 abzurechnen, aber kein Bestandteil des AOP-Kataloges nach § 115b SGB V.

7.6 Unterscheidung nach Eingriffskategorien

Zur Systematisierung der Eingriffe werden diese in Eingriffskategorien zusammengefasst und somit nicht als einzelne Leistung ausgewiesen, sondern lediglich mit Hilfe des Oberbegriffs der Kategorie.

Der OPS 5-081.0 mit der Bezeichnung »Exzision von (erkranktem) Gewebe der Tränendrüse: Partielle Exzision« ist die Ziffer 31321 mit der Bezeichnung »Extraocularer Eingriff der Kategorie U1« zugeordnet.

Die an dieser Stelle eingeführte Eingriffskategorie sortiert die Eingriffe nicht nur in eine bestimmte Gruppe (Extraoculare Eingriffe), sondern sie klassifiziert diese auch nach dem kalkulierten (!) Aufwand.

Der Buchstabe der Kategorie repräsentiert das Fachgebiet (hier: A = Dermatochirurgischer Eingriff), die darauffolgende Zahl bildet die kalkulierte Schnitt-Naht-Zeit-Gruppe (z. B. 1 = bis 15 Minuten kalkulierte Schnitt-Naht-Zeit) ab (▶ Tab. 7.1, ▶ Tab. 7.2).

Tab. 7.2: Eingriffskategorien nach dem EBM

OP-Kategorie	OP-Bereich
A	Dermatochirurgischer Eingriff
B	Eingriff an der Brustdrüse
C	Eingriff an einer Extremität
D	Eingriff an Knochen und/oder Gelenken
E	Arthroskopischer Eingriff
F	Visceralchirurgischer Eingriff
G	Endoskopischer visceralchirurgischer Eingriff
H	Proktologischer Eingriff
I	Kardiochirurgischer Eingriff
J	Thoraxchirurgischer Eingriff
K	Eingriff am Gefäßsystem
L	Einbau, Wechsel oder Entfernung eines Schrittmachersystems
M	Mund-Kiefer-Gesichtschirurgischer Eingriff
N	Eingriff der HNO-Chirurgie
O	Peripherer neurochirurgischer Eingriff
P	Zentraler neurochirurgischer Eingriff
PP	Stereotaktischer neurochirurgischer Eingriff
Q	Urologischer Eingriff
R	Endoskopischer urologischer Eingriff
RR	(Endoskopischer) urologischer Eingriff mit Bildwandler
S	Gynäkologischer Eingriff
T	Endoskopischer gynäkologischer Eingriff
U	Extraocularer Eingriff
V	Intraocularer Eingriff

Tab. 7.2: Eingriffskategorien nach dem EBM – Fortsetzung

OP-Kategorie	OP-Bereich
W	Laserchirurgischer Eingriff
X	Intraocularer Eingriff als Phakoemulsifikation

Der EBM gibt je operativem Eingriff eine definierte Dauer für den Eingriff vor. Von dieser Definition kann nicht abgewichen werden, egal ob ein Operateur die kalkulierte Zeit unterschreitet (weil er u. U. bei dem Eingriff erfahrener ist) oder überschreitet (weil es ihm u. U. noch an Erfahrung mangelt oder eine Komplikation entsteht). In jedem Fall ist die abrechnungsrelevante Dauer aus Anhang 2 zu nehmen.

Tab. 7.3: Schnitt-Naht-Zeit-Kategorien

Kalkulierte Schnitt-Naht-Zeit	Kategorie
Bis 15 Minuten	(1)
15 bis 30 Minuten	(2)
30 bis 45 Minuten	(3)
45 bis 60 Minuten	(4)
60 bis 90 Minuten	(5)
90 bis 120 Minuten	(6)
Mehr als 120 Minuten	(7)

7.7 Abrechnung von Simultaneingriffen

Simultaneingriffe sind dadurch gekennzeichnet, dass sie

- zur gleichen Zeit,
- am gleichen Ort und
- im gleichen Behandlungsfall

durchgeführt werden.

Typische Vertreter dieser parallelen Eingriffe sind bspw. eine Phimosenbehandlung bei gleichzeitiger Operation einer Hydrocele bei Kindern. Zur Verringerung des Anästhesie- und Operationsrisikos werden gerade Kinder »simultan«, also von zwei Operierenden, versorgt. In Bezug auf die Abrechnung gingen die Verfasser des

EBM davon aus, dass – sofern mehrere operative Prozeduren unter einer Diagnose und/oder einem gemeinsamen operativen Zugangsweg erfolgen – die Vergütung des am höchsten bewerteten Eingriffs erfolgt.

Für die Abgrenzung zu regulären Eingriffen wurde definiert, dass von einem Simultaneingriff zu sprechen ist, sofern eine zusätzliche, vom Haupteingriff unterschiedliche Diagnose vorliegt und ein gesonderter operativer Zugangsweg notwendig ist. In diesem Fall erfolgt die Vergütung der Überschreitung der kalkulatorischen Schnitt-Naht-Zeit des Haupteingriffs durch eine Zuschlagsposition. Die Überschreitung ist durch das OP- und/oder das Narkoseprotokoll nachzuweisen. Es sind somit drei Voraussetzungen zu erfüllen:

- zusätzliche, vom Haupteingriff unterschiedliche Diagnose,
- gesonderter operativer Zugangsweg und
- Nachweis der Überschreitung durch das OP- und/oder das Narkoseprotokoll.

> **Wichtig:** Von einer unterschiedlichen Diagnose ist auch zu sprechen, sofern Eingriffe an paarigen Organen vorgenommen werden oder ICD-Kodierungen mit unterschiedlicher Seitenangabe vorliegen.

Bezogen auf die Abrechnung von Hydrocele und Phimose bedeutet dies (▶ Abb. 7.2):

- Es erfolgt die Abrechnung der Hydrocele als Haupteingriff mit der GOP 31272 (Urologischer Eingriff der Kategorie Q2), da diese höher bewertet ist.
- Die Abrechnung des zweiten Eingriffs (Phimose) erfolgt nicht. Die GOP 31101 wird gestrichen.
- Anstatt der GOP 31101 erfolgt die Berechnung eines Simultanzuschlags. Nach der Struktur des EBM ist das die jeweils letzte Gebührenziffer einer Zifferngruppe (z. B. 31101–31107). Sie hat die Endziffer »8« (z. B. 31108).

Im Rahmen der Erstauflage des EBM2000Plus erfolgte die Zuweisung des Simultanzuschlags in der Weise, dass sich dieser an der Gebührenziffer des berechneten Haupteingriffs orientierte (z. B. Haupteingriff 31272, Simultanzuschlag 31278). Mit Interpretationsbeschluss Nr. 65 präzisierte der Arbeitsausschuss des Bewertungsausschusses in seiner 270. Sitzung die Berechnung von Zuschlagspositionen für die Erbringung von Simultaneingriffen:

> »Bei der Berechnung der Zuschlagspositionen für die Erbringung von Simultaneingriffen gemäß der Präambel 2.1 Nr. 3 des Anhangs 2 zum EBM ist – sofern die Teileingriffe unterschiedlichen Unterabschnitten des Kapitels 31.2. des EBM zugehören – die am höchsten bewertete Zuschlagsposition 31xx8, der für den Simultaneingriff relevanten Unterabschnitte in Anrechnung zu bringen.« (Arbeitsausschuss des Bewertungsausschusses, 270. Sitzung am 10.05.2005)

Anhand eines schematisierten Beispiels soll dieser Mechanismus erläutert werden (▶ Abb. 7.3).

Zur Abrechnung der simultanen Eingriffe erfolgt die Kombination des Eingriffs 1 (31272 mit 1.635 Punkten) und des Simultanzuschlags zu Eingriff 1 (31278 mit

7.7 Abrechnung von Simultaneingriffen

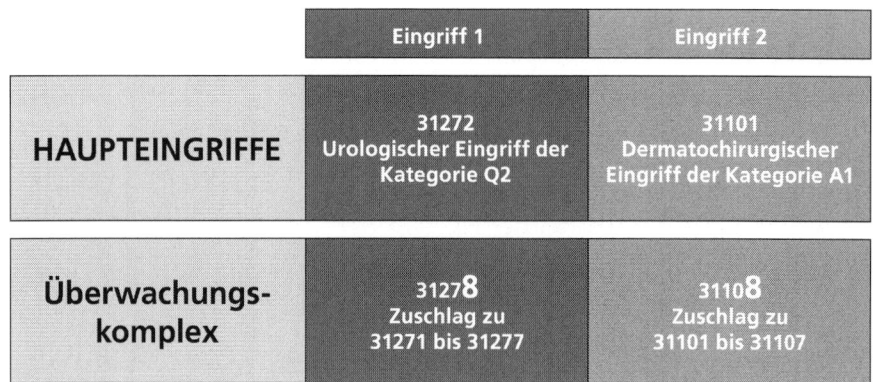

Abb. 7.2: Beispiel für Zuschlag bei Simultaneingriffen

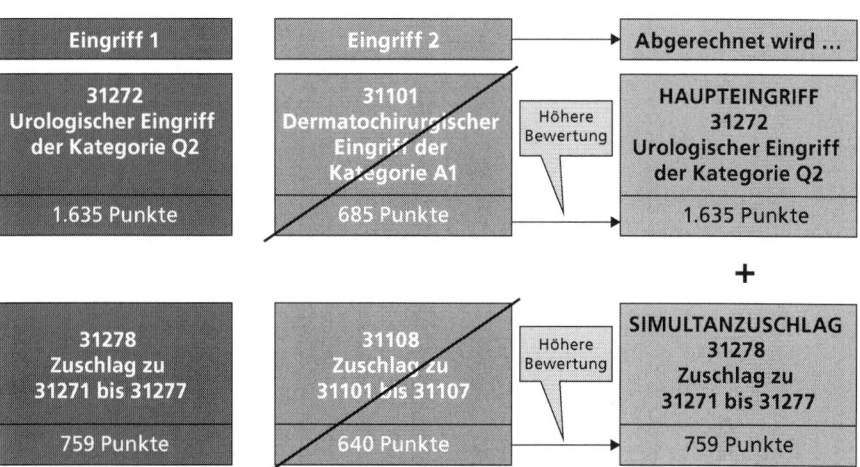

Abb. 7.3: Ermittlung des Simultanzuschlags

759 Punkten). Eingriff 2 erscheint somit weder in Form eines Haupteingriffs noch in Form eines Simultanzuschlags auf der Abrechnung.

Aufgrund einer anfänglichen unbeabsichtigten Bevorzugung verlängerter Operationszeiten erfuhr der Nachweis der Überschreitung der Schnitt-Naht-Zeit bei Simultaneingriffen ebenfalls eine Präzisierung.

Interpretationsbeschluss Nr. 66 änderte die Präambel 2.1 Nr. 3 des Anhangs 2 zum EBM:

> »*Maßgeblich für die Berechnung der Zuschlagspositionen für Simultaneingriffe nach der Präambel 2.1 Nr. 3 zum Anhang 2 zum EBM ist nicht die Überschreitung der kalkulatorischen Schnitt-Naht-Zeit der Kategorie des Haupteingriffs, sondern die Überschreitung der tatsächlichen Schnitt-Naht-Zeit des jeweiligen Haupteingriffs.*« (Arbeitsausschuss des Bewertungsausschusses, 270. Sitzung am 10.05.2005)

Beispiel

Kalkulierte Zeit des Haupteingriffs	30 min
Tatsächliche Zeit des Haupteingriffs	15 min
+ Tatsächliche Zeit des Simultaneingriffs	20 min
= Summe der tatsächlichen Eingriffszeiten	35 min

Die Überschreitung der tatsächlichen Zeit des Haupteingriffs beträgt 20 Minuten und der Simultanzuschlag ist abrechenbar!

Schließlich besteht auch für die Berechnung des Überwachungskomplexes eine Besonderheit:
Nach einem Simultaneingriff erfolgt die Abrechnung des relevanten höchstwertigsten Überwachungskomplexes. Somit wird auch an dieser Stelle die Abrechnung der höchstwertigen Gebührenziffer ermöglicht.

Besonderheit bei unterschiedlichen operativen Eingriffen durch zwei Operateure einer Gemeinschaftspraxis oder eines Medizinischen Versorgungszentrums

Für den Fall unterschiedlicher operativer Eingriffe durch zwei Operateure einer Gemeinschaftspraxis oder eines MVZ weicht der EBM von der Annahme ab, dass diese Eingriffe durch einen Operateur **zeitlich nacheinander** erbracht werden. Im Fall einer echten zeitgleichen Durchführung der Leistung werden Haupteingriff und Simultaneingriff gemäß der oben dargestellten Systematik vergütet. Allerdings kann die Anästhesieleistung dann **nur nach Maßgabe des Haupteingriffs** berechnet werden. Der Zuschlag für die Anästhesieleistung entfällt (vgl. Präambel zu Abschnitt 2.1. Nr. 13)!

Schließlich erfolgte auch bei der Zuweisung des Überwachungskomplexes eine Präzisierung. In seiner 102. Sitzung verabschiedete der Bewertungsausschuss die Ergänzung der Präambel zu Abschnitt 31.3.1. (lfd. Nr. 5):

»Nach einem Simultaneingriff erfolgt die Abrechnung des relevanten höchstwertigsten Überwachungskomplexes.«

Somit wird auch an dieser Stelle die Abrechnung der höchstwertigen Gebührenziffer ermöglicht. Aufgrund der systematischen Verbindung der Gebührenziffern in Anhang 2 zum EBM und der hiermit verbundenen automatisierten Zuweisung der Überwachungskomplexe ergibt sich das folgende analoge Beispiel (▶ Abb. 7.4).

Zur Abrechnung der simultanen Eingriffe erfolgt die Kombination des Eingriffs 1 (31272 mit 1.635 Punkten) und des Überwachungskomplexes zu Eingriff 1 (31503 mit 488 Punkten).

7.8 Eingriffe der kleinen Chirurgie

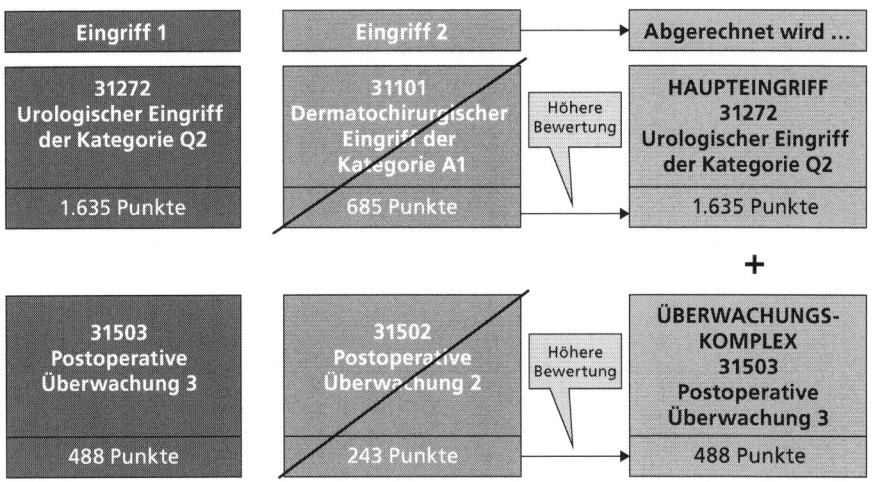

Abb. 7.4: Ermittlung des Überwachungskomplexes

Besonderheit paarige Organe und paarige Körperteile

Mit Abbildung der Simultaneingriffe entstand die Frage ihrer sachgerechten Vergütung an paarigen Organen (z. B. beide Ohren), da diese Eingriffe zwar simultan erbracht werden, jedoch unter Umständen die geforderten Voraussetzungen »zusätzliche, vom Haupteingriff unterschiedliche Diagnose« oder »gesonderter operativer Zugangsweg« nicht erfüllen.

Diese beidseitigen Eingriffe an paarigen Organen oder Körperteilen sind unter den o. g. Regelungen zu subsumieren, sofern die Seitenlokalisation nicht am OPS-Code benannt wird und gesondert bewertet ist. Sie werden in Anhang 2 in der Spalte »Seite« mit einem Doppelpfeil (↔) gekennzeichnet (vgl. Anhang 2 Abschnitt 2.1. Nr. 16).

7.8 Eingriffe der kleinen Chirurgie

Für das Gebiet der Kleinchirurgie wurde ein eigener Bereich definiert.

Bei den Leistungen der kleinen Chirurgie sind Lokalanästhesie oder Leitungsanästhesie fakultative Inhalte; d. h., sie können nicht zusätzlich abgerechnet werden!

Dies bedeutet jedoch nicht, dass im Bedarfsfall neben den Leistungen der kleinen Chirurgie nicht auch ergänzend Anästhesieleistungen in Ansatz gebracht werden können.

Für den Fall, dass die Behandlung von Patienten mit einem Alter von über 12 Jahren bei Leistungen der kleinen Chirurgie eine anästhesiologische Versorgung außerhalb einer Regional- oder Leitungsanästhesie erforderlich macht, kann diese erbracht und abgerechnet werden.

Der häufig missinterpretierte Einschluss von Anästhesien in die Leistungen der kleinen Chirurgie hat seine Grenzen an einer medizinisch notwendigen Versorgung des Patienten.

Der Abrechnungsausschluss dieser Leistungen bezieht sich lediglich auf eine parallele Abrechnung der Leistungen bei alleiniger Erbringung durch den Operateur.

Die Allgemeine Bestimmung zu 5.4 des EBM formuliert:

> »*Die Nebeneinanderberechnungsausschlüsse der Leistungen nach den Nrn. 02300 bis 02302 neben den Leistungen nach den Nrn. 05330 und 05331 sowie der Leistungen des Abschnitts 31.2 neben den Leistungen des Abschnitts 31.5.3 beziehen sich nur auf die Erbringung der operativen Leistungen und der Anästhesie durch denselben Arzt. Bei Erbringung der Leistung durch Ärzte verschiedener Fachgruppen findet dieser Ausschluss, auch in Gemeinschaftspraxen bzw. medizinischen Versorgungszentren von Anästhesiologen mit operativ tätigen Vertragsärzten, keine Anwendung.*«

Bei den Leistungen der kleinen Chirurgie müssen die Voraussetzungen gemäß § 115b SGB V nicht erfüllt sein. Auch existiert – im Gegensatz zum Kapitel der ambulanten Operationen und sonstigen stationsersetzenden Eingriffe – keine Berichtspflicht.

Eingriffe der Kleinchirurgie (Leistungen nach den Nrn. 02300 bis 02302, 06350 bis 06352, 09360 bis 09362, 15321 bis 15324, 26350 bis 26352) in Narkose bei Neugeborenen, Säuglingen, Kleinkindern und Kindern werden gebietsspezifisch in der Kategorie 1 berechnet.

Mit Blick auf die Leistungen der kleinen Chirurgie verdienen die Leistungen nach den Nrn. 02300 bis 02302 eine besondere Aufmerksamkeit. Sie stellen Behandlungskomplexe dar, die mehrere Eingriffe in sich vereinigen. Unterscheidungskriterien für die Zuordnung der Eingriffe sind (▶ Abb. 7.5):

- die Behandlungsdauer (z. B. 5 min. bei 02300),
- die Wundversorgung mittels Naht und
- die Erbringung einer Narkose.

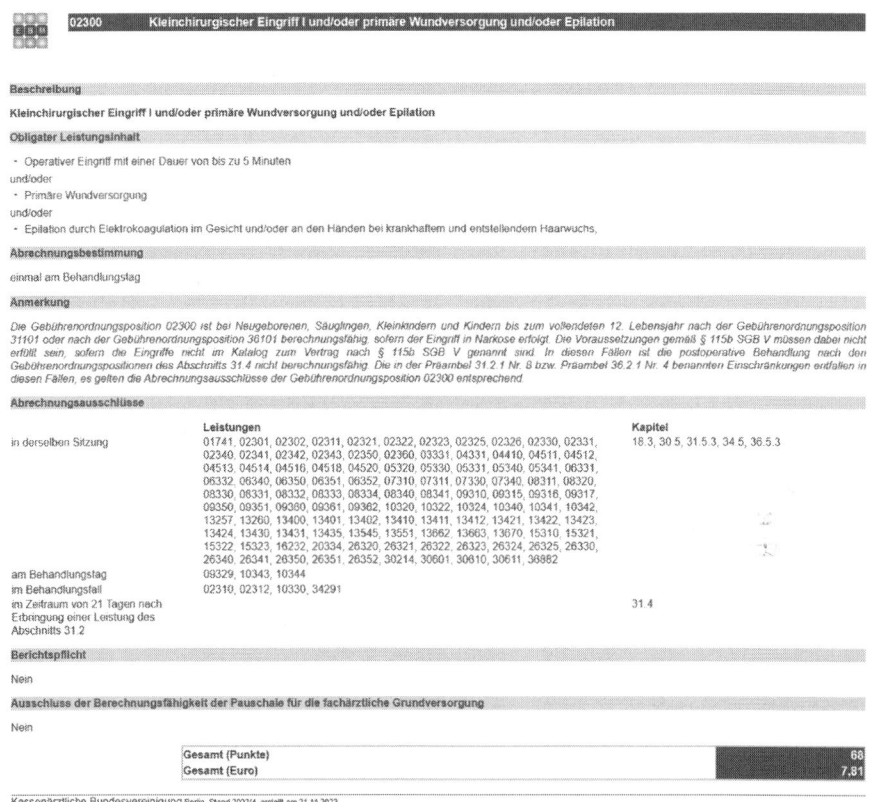

Abb. 7.5: 02300 Kleinchirurgischer Eingriff I (KBV 2024)

7.9 Differenzierung der Wundgröße

Da bei manchen Gebührenordnungsziffern die Notwendigkeit besteht, nach der Größe der Wunde zu unterscheiden, existiert eine ebensolche Regelung auch für den EBM (vgl. Abschnitt 4.3.7 EBM):

»*Die Verwendung der Begriffe klein/groß, kleinflächig/großflächig, lokal/radikal und ausgedehnt bei operativen Eingriffen entspricht den Definitionen nach dem vom Bundesinstitut für Arzneimittel und Medizinprodukte (BfArM) herausgegebenen Schlüssel für Operationen und sonstige Prozeduren gemäß § 295 Abs. 1 Satz 4 SGB V:*
Länge: kleiner/größer 3 cm,
Fläche: kleiner/größer 4 cm^2,
lokal: bis 4 cm^2 oder bis zu 1 cm^3,
radikal und ausgedehnt: größer 4 cm^2 oder größer 1 cm^3.
Nicht anzuwenden ist der Begriff »klein« bei Eingriffen am Kopf und an den Händen. Dort stattfindende Eingriffe sind immer »groß«.«

7.10 Abrechnung von Verbänden

Verbände dienen der Wundabdeckung und sind nicht berechnungsfähig, sofern die Wunde durch einen ärztlichen Eingriff entstanden ist. Sofern es sich nicht um Eingriffe des Kapitels 31 handelt, werden verbrauchte Verbandmaterialien in Form des Sprechstundenbedarfs erstattet.

7.11 AnästhesiologischeLeistungen

Die Abbildung der anästhesiologischen Leistungen erfolgt an zwei Stellen des EBM, die teilweise identische Leistungsinhalte beschreiben, jedoch abrechnungstechnisch zu unterscheiden sind:

- In einem eigenen Facharztkapitel des Bereichs IIIb (hier: Kapitel 05) werden anästhesiologische Grundleistungen und diagnostische und therapeutische Leistungen hinterlegt.
- Im Kapitel des ambulanten und belegärztlichen Operierens werden diejenigen Leistungen ausgewiesen, deren Erbringung in einem engen Zusammenhang mit der Operationsleistung stehen.

In Abschnitt 5.4 werden die Anästhesien und Analgesien aufgeführt, die im Zusammenhang mit der Geburtshilfe (Abschnitt 8.4) berechnet werden können:

05360	Periduralanästhesie im Zusammenhang mit der Erbringung einer Leistung nach den Nrn. 08411 bis 08416
05361	Dokumentierte Überwachung im Anschluss an die Leistung nach der Nummer 05360
05370	Anästhesie und/oder Narkose, bis zu einer Schnitt-Naht-Zeit von 15 Minuten
05371	Zuschlag zu der Leistung nach der Nr. 05370 bei Fortsetzung einer Anästhesie und/oder Narkose
05372	Beobachtung und Betreuung eines Patienten nach einem operativen oder diagnostischen Eingriff nach der Nummer 05370

Durch die Ergänzung der Präambel des Abschnitts 8.1 wird korrespondierend hierzu Fachärzten für Frauenheilkunde und Geburtshilfe die Berechnung der Gebührenpositionen 05360, 05361 und 05372 aus dem Abschnitt 5.4 ermöglicht.

Anästhesieleistungen des Kapitels 5

Die Leistungen des Kapitels 5 können prinzipiell nur von Fachärzten der Anästhesiologie erbracht und abgerechnet werden (vgl. Präambel zu Abschnitt 5.1 Nr. 1).

Darüber hinaus wird für die Abrechnung der Leistungen ein im Rahmen der Qualitätssicherung definiertes Narkosemanagement vorausgesetzt. Es beinhaltet die notwendigen fachlichen und personellen Bedingungen (wie z. B. EKG-Monitoring, Ausrüstung zur Reanimations- und Schockbehandlung, Lagerungs- und Ruhemöglichkeiten für die Überwachungszeit) sowie eine entsprechende fachspezifische Dokumentation (vgl. Präambel zu Abschnitt 5.1 Nr. 5).

Eine Abrechnung neben den Leistungen des Abschnitts 31.5. (Anästhesien im Zusammenhang mit der Erbringung von Leistungen des Abschnitts 31.2) ist grundsätzlich möglich.

Von Bedeutung sind insbesondere die in Tabelle 7.4 aufgeführten Anästhesieleistungen nach Kapitel 5 des EBM (▶ Tab. 7.4).

Tab. 7.4: Übersicht der Anästhesieleistungen nach Kapitel 5 des EBM

Gebührenziffer	Beschreibung
05210	Grundpauschale bis 5. Lebensjahr
05211	Grundpauschale 6.–59. Lebensjahr
05212	Grundpauschale ab 60. Lebensjahr
05310	Präanästhesiologische Untersuchung bei einer ambulanten oder belegärztlichen Operation des Abschnitts 31.2 bzw. 36.2
05330	Anästhesie und/oder Narkose, bis zu einer Schnitt-Naht-Zeit bzw. Eingriffszeit von 15 Minuten, zuzüglich der prä- und postanästhesiologischen Rüstzeiten
05331	Zuschlag zu der Leistung nach der Nr. 05330 bei Fortsetzung einer Anästhesie und/oder Narkose,
05341	Einleitung und Unterhaltung einer Analgesie und/oder Sedierung während eines operativen oder stationsersetzenden Eingriffs gemäß § 115b SGB V
05350	Beobachtung und Betreuung eines Patienten nach einem operativen oder diagnostischen Eingriff im Anschluss an die Leistung nach der Nr. 05330

Anästhesieleistungen des Abschnitts 31.5

Die Leistungen des Abschnitts 31.5 werden unterschieden nach:

- Leistungen, die der Operateur im Rahmen einer Operation selbst erbringen kann (Abschnitt 31.5.2), und

- Leistungen in Zusammenhang mit der Erbringung von Leistungen des Abschnitts 31.2 (Abschnitt 31.5.3)

Die Unterscheidung erfolgt nach dem Erbringer der Leistung.
Die Berechnung der Leistungen des Abschnitts 31.5.3 setzt voraus, dass ein anderer Arzt in diesem Zusammenhang eine Leistung des Abschnitts 31.2 erbringt und berechnet (vgl. Abschnitt 31.5.3 EBM).
Bei der Erbringung der Leistungen wird in der Regel eine der in Tabelle 7.5 aufgeführten Anästhesieleistungen in Ansatz gebracht (▶ Tab. 7.5).

Tab. 7.5: Übersicht der Anästhesieleistungen nach Abschnitt 31.5 des EBM

Gebührenziffer	Beschreibung
31821	Anästhesie und/oder Narkose 1
31822	Anästhesie oder Narkose 2
31823	Anästhesie oder Narkose 3
31824	Anästhesie oder Narkose 4
31825	Anästhesie oder Narkose 5
31826	Anästhesie oder Narkose 6
31827	Anästhesie oder Narkose 7
31828	Zuschlag zu den Anästhesieleistungen nach den Nrn. 31821 bis 31827

Die Gebührenziffern schließen die prä- und postanästhesiologischen Rüstzeiten ein und unterscheiden sich nicht in den genannten Verfahren:

- Plexusanästhesie
- Spinal- und/oder Periduralanästhesie
- Intravenöse regionale Anästhesie einer Extremität
- Kombinationsnarkose mit Maske, Larynxmaske und/oder endotrachealer Intubation

Eine besondere Rolle nimmt die Gebührenziffer **05310 (Präanästhesiologische Untersuchung bei einer ambulanten oder belegärztlichen Operation des Abschnitts 31.2)** ein. Sie ist in Kapitel 05 angesiedelt, dient jedoch der Vergütung der Überprüfung der Narkosefähigkeit und des Aufklärungsgesprächs vor ambulanten und belegärztlichen Operationen des Abschnitts 31.2. Ihr Standort innerhalb des EBM unterstreicht die Notwendigkeit der Leistungserbringung durch einen Anästhesisten. Sie kann daher nie vom Operateur selbst in Ansatz gebracht werden.

Kategorien der Anästhesieleistungen

Ebenso wie die Operationsleistungen werden auch die Ziffern der Anästhesieleistungen nach der Zugehörigkeit zu einer Kategorie unterschieden. Die Gebührenziffer 31821 vergütet die zeitlich und inhaltlich geringste Leistung, die Gebührenziffer 31827 die höchste. Für den Fall einer zeitlichen Überschreitung des Leistungsinhalts der Ziffer 31827 kann zusätzlich eine Zuschlagsposition 31828 in Ansatz gebracht werden. Sie findet auch bei Simultaneingriffen Anwendung.

Die systematische Verbindung der Operations- und der Anästhesieleistung in Anhang 2 zum EBM darf nicht zu der Annahme verleiten, dass die Anästhesieleistung in jedem Fall in Ansatz gebracht werden kann bzw. muss. Sofern bei einer Operationsleistung keine Anästhesie erbracht wird, besteht keine Abrechnungsmöglichkeit!

Erbringt der Operateur selbst die Anästhesie, kann bei Vorliegen der Leistungsinhalte eine Regionalanästhesie durch den Operateur (31800) oder – in der Augenheilkunde – eine retrobulbäre und/oder parabulbäre und/oder peribulbäre Anästhesie (31801) abgerechnet werden.

7.12 Information des Patienten

Nicht erst seit dem Inkrafttreten des Patientenrechtegesetzes besitzt die (permanente) Information des Patienten eine wesentliche Bedeutung. Insbesondere forensische (also haftungsrechtliche) Gründe zwingen die Leistungserbringer dazu, den Patienten möglichst umfassend und jederzeit zu informieren. Diese Information kann in drei Phasen eingeteilt werden:

- Informationen vor dem Tag der Leistungserbringung
  Hierzu zählen u.a. die Benennung abrechnungstechnischer Voraussetzungen (z.B. Vorlage einer Überweisung) oder bestimmte Verhaltensweisen vor der Leistungserbringung (z.B. Einnahme von Medikamenten).
- Informationen am Tag der Leistungserbringung
  Hierzu zählen insbesondere die Abfrage von Verhaltensweisen (z.B. tagesaktuelle Medikamenteneinnahme) oder der Hinweis auf ein pünktliches Erscheinen des Patienten.
- Informationen im Nachgang zur Leistungserbringung
  Hierzu zählen u.a. die Abholung des Patienten nach dem Eingriff, der Narkosehinweis, das Verhalten im Komplikationsfall oder die Nachsorge.

Es hat sich gezeigt, dass Krankenhäuser durch die Verwendung von Checklisten die hohen Risiken der Schlechtinformation des Patienten eingrenzen können. Kernelemente derartiger Checklisten können sein:

- Welche intra- und postoperativen Risiken können mit dem Eingriff einhergehen?
- Kann sich aus dem ambulanten Eingriff (intraoperativ) die Notwendigkeit zur stationären Weiterbehandlung ergeben?
- Welche höheren Risiken bringt das ambulante Operieren mit sich?
- Welche Auswirkungen können sich bei ambulanter Durchführung des Eingriffs auf die persönlichen Verhältnisse des Patienten bzw. seiner Angehörigen im heimischen Umfeld ergeben?
- Welche Bedingungen bestehen in fachlich-personeller, operativ-technischer und anästhesiologischer Hinsicht?
- Welche eingriffspezifischen Risiken der Methodenwahl (z. B. Gefäßverletzung, Darmperforation) bestehen?
- Welche therapeutischen Schritte können nach dem Eingriff folgen?

Seit jeher besitzt das Thema »Aufklärung vor der ambulanten Operation« eine hohe Komplexität. Dies betrifft das Arzt-Patienten-Verhältnis eines jeden Arztes, schließt also insbesondere auch die Aufklärung über anästhesiologische Risiken ein. § 630e Abs. 1 BGB bestimmt hierzu:

»Der Behandelnde ist verpflichtet, den Patienten über sämtliche für die Einwilligung wesentlichen Umstände aufzuklären. Dazu gehören insbesondere Art, Umfang, Durchführung, zu erwartende Folgen und Risiken der Maßnahme sowie ihre Notwendigkeit, Dringlichkeit, Eignung und Erfolgsaussichten im Hinblick auf die Diagnose oder die Therapie. Bei der Aufklärung ist auch auf Alternativen zur Maßnahme hinzuweisen, wenn mehrere medizinisch gleichermaßen indizierte und übliche Methoden zu wesentlich unterschiedlichen Belastungen, Risiken oder Heilungschancen führen können.«

Hierbei muss die Aufklärung bestimmten **Formerfordernissen** entsprechen. Dies sind im Einzelnen (§ 630e Abs. 2 BGB):

»Die Aufklärung muss

1. *mündlich durch den Behandelnden oder durch eine Person erfolgen, die über die zur Durchführung der Maßnahme notwendige Ausbildung verfügt; ergänzend kann auch auf Unterlagen Bezug genommen werden, die der Patient in Textform erhält,*
2. *so rechtzeitig erfolgen, dass der Patient seine Entscheidung über die Einwilligung wohlüberlegt treffen kann,*
3. *für den Patienten verständlich sein.*

Dem Patienten sind Abschriften von Unterlagen, die er im Zusammenhang mit der Aufklärung oder Einwilligung unterzeichnet hat, auszuhändigen.«

Zu den **Anforderungen** an die Aufklärung des Patienten existieren zahlreiche Entscheidungen, die in folgenden **Leitsätzen** zusammengefasst werden:

- Selbst bei schriftlicher und mündlicher Aufklärung muss diese laienverständlich und (möglichst) ohne Fremdworte sein (OLG Koblenz, Urteil vom 30.06.2014, Az. 5 U 483/14 – zitiert nach Bergmann/Wever, das Krankenhaus 5/2015, S. 458–461).
- Der Arzt muss nicht zu seltenen Risiken aufklären, aber es muss (immer) einen Hinweis auf generelle Risiken geben (OLG Karlsruhe, Urteil vom 09.04.2014,

Az. 7 U 124/12 – zitiert nach Bergmann/Wever, das Krankenhaus 5/2015, S. 458–461).
- Die Einwilligung zur Behandlung durch einen bestimmten Arzt impliziert nicht (automatisch) die Einwilligung zu einem anderen oder allen Ärzten. Aber: Aus der Einwilligung muss sich ergeben, dass der Patient einen ganz bestimmten Arzt will (OLG Hamm, Urteil vom 02.09.2014, Az. 26 U 30/13 – zitiert nach Bergmann/Wever, das Krankenhaus 5/2015, S. 458–461).

Streitbefangen ist häufig der **Beweis einer stattgefundenen Aufklärung**. Ebenso wie im stationären Bereich entwickelt sich die Praxis der ambulanten Tätigkeit hin zu einer ex-post nachweispflichtigen Dokumentation der Aufklärung. Dies ist insbesondere im Falle von strittigen Patientenschädigungen von großer Bedeutung. Schon im Jahr 2014 formulierte der BGH hierzu folgende Leitsätze (BGH, Urteil vom 28.01.2014, Az. VI ZR 143/13 – zitiert nach Bergmann/Wever, das Krankenhaus, 5/2015, S. 458–461).

- Die Beweispflicht für die ordnungsgemäße Aufklärung liegt beim Arzt.
- An die Beweisführung dürfen jedoch keine übertriebenen Anforderungen gestellt werden.
- Die Besonderheit der Behandlungssituation ist zu berücksichtigen.
- Ein unterschriebenes Aufklärungsformular o. ä. ist ein wesentliches Indiz, dass die Aufklärung stattgefunden hat. Hier ist ein Zeugenbeweis möglich.
- Der Arzt muss sich nicht an den konkreten Einzelfall erinnern. Es reicht vielmehr auch die Darlegung der routinemäßigen Aufklärungspraxis.

Insbesondere bei älteren oder durch Schmerzen stark beeindruckten Patienten kann die Frage der Einwilligungsfähigkeit entstehen. Im Falle eines Nicht-Vorliegens der Einwilligung hätte der behandelnde Arzt u. U. den Tatbestand der Körperverletzung erfüllt. Nach einer Entscheidung des Oberlandesgerichts Koblenz gilt jedoch eine grundsätzliche Einwilligungsfähigkeit bei Erwachsenen. Beruft sich der Patient auf das Nicht-Vorliegen dieser Einwilligungsfähigkeit, muss er das beweisen. Das Vorliegen von starken Schmerzen gefährdet diesen Grundsatz nach Ansicht des Gerichts nicht (OLG Koblenz Urteil vom 01.10.2014, Az. 5U 463/14 – zitiert nach Bergmann/Wever, das Krankenhaus, S. 458–461).

In den arbeitsteiligen Prozessen der Krankenhäuser erfolgt eine Aufklärung nicht selten durch einen Arzt, der später weder die operative noch die anästhesiologische Leistung erbringt. Zur Frage der **Haftung des aufklärenden Arztes** entschied der BGH, dass der nur aufklärende Arzt ebenfalls haftet. Dies tut er entweder, weil er die Aufklärung als Auftrag übernommen hat, oder, weil der Patient auf die Richtigkeit und Vollständigkeit der Aufklärung vertraut (BGH, Urteil vom 21.10.2014, Az. VI ZR 14/14 – zitiert nach Bergmann/Wever, das Krankenhaus, 5/2015 S. 458–461).

Nicht selten erfolgt eine Aufklärung durch einen noch nicht vollständig ausgebildeten Arzt (z. B. durch einen **Medizinstudenten**). Wenn man eine derartige Praxis auch grundsätzlich in Frage stellen muss, so entschied das Oberlandesgericht Karlsruhe, dass auch ein Medizinstudent im dritten Jahr aufklären kann, sofern das sein Ausbildungsstand erwarten lässt. Das OLG sah dies grundsätzlich als unproblematisch, sofern es sich um einen Routineeingriff handelt, der Studierende das wiederholt schon getan hat und jederzeit die Möglichkeit für eine Rücksprache mit dem Arzt besteht (OLG Karlsruhe, Urteil vom 29.01.2024, Az. 7 U 163/12 – zitiert nach Bergmann/Wever, das Krankenhaus, S. 458–461).

Sehr komplex ist die Frage, ob das Vorliegen einer Aufklärung unterstellt werden kann. Dies subsumiert die Rechtsprechung in dem Begriff der »**hypothetischen Aufklärung**«. Hierzu entschied das Oberlandesgericht Oldenburg, dass grundsätzlich von der Hypothese der Aufklärung ausgegangen werden kann. Es schränkte jedoch in der Weise ein, dass sich der Leistungserbringer im Falle eines Rechtsstreits hierauf auch ausdrücklich berufen müsse (OLG Oldenburg, Urteil vom 19.03.2014, Az. 5 U 1/12 – zitiert nach Bergmann/Wever, das Krankenhaus, 5/2015, S. 458–461).

Zum Nachweis der Aufklärung verwenden Leistungserbringer in der Regel ein **schriftliches Aufklärungsblatt**. Nach dessen Unterzeichnung durch den Patienten wird sodann unterstellt, man hätte den Anforderungen der Beweispflicht genüge getan. Doch dies ist nach Einschätzung zahlreicher Gerichte eine Fehleinschätzung (vgl. beispielhaft OLG München, Urteil vom 15.07.2009, Az. 1 U 1688/08). Ein schriftliches Aufklärungsblatt ist nicht ausreichend. Es enthält zwar u.U. einen Verweis auf das Risiko der Schädigung. Daraus kann jedoch der Patient (als Laie) nicht entnehmen, dass es zu einer dauerhaften Schädigung kommen kann.

Auch wenn es sich um selten eintretende Risiken handelt, muss der Arzt umfassend über die Folgen aufklären. Regelhaft wird diese Notwendigkeit mit den möglichen Folgen für den Patienten begründet, die erhebliche Beeinträchtigungen für das weitere Leben des Patienten haben können.

Von Relevanz ist auch der notwendige **Umfang der Aufklärung** durch den behandelnden Arzt.

In einer Entscheidung des Oberlandesgerichts Koblenz wies dieses darauf hin, dass ein Arzt die Untersuchungsrisiken nicht ungefragt näher erläutern muss, sofern der Patient einen entsprechenden Aufklärungsbogen unterschrieben hat. Nur für den Fall, dass es dem Arzt offensichtlich sei, der Patient haben den Inhalt des Papiers oder des Aufklärungsgesprächs ganz oder teilweise nicht verstanden, müsse er weitere Erläuterungen geben (OLG Koblenz, Urteil vom 12.06.2008, Az. 5 U 1630/07).

In der Praxis wird häufig von der sogenannten »24-Stunden-Frist« der Aufklärung gesprochen. Eine derartige Frist existiert jedoch nicht! Vielmehr liegt eine Entscheidung des Bundesgerichtshofs aus dem Jahr 1994 vor (BGH, Urteil vom 14.06.1994, Az.VI ZR 260/93):

> *»Bezüglich des Zeitpunktes der Aufklärung muss der Patient stets die Gelegenheit haben, zwischen der Aufklärung und dem Eingriff das Für und Wider der Operation, die Vor- und Nachteile ihrer stationären bzw. ambulanten Durchführung zu bedenken und sich im Anschluss daran innerlich frei dafür oder dagegen entscheiden.«*

Diese Entscheidung wurde von Seiten des BGH im Jahr 2022 erneut aufgegriffen (BGH, Urteil vom 20.12.2022, Az. VI ZR 375/21):

> *»Hiernach muss der Patient vor dem beabsichtigten Eingriff so rechtzeitig aufgeklärt werden, dass er durch hinreichende Abwägung der für und gegen den Eingriff sprechenden Gründe seine Entscheidungsfreiheit und damit sein Selbstbestimmungsrecht in angemessener Weise wahrnehmen*

kann. Die Bestimmung sieht keine vor der Einwilligung einzuhaltende »Sperrfrist« vor, deren Nichteinhaltung zur Unwirksamkeit der Einwilligung führen würde; sie enthält kein Erfordernis, wonach zwischen Aufklärung und Einwilligung ein bestimmter Zeitraum liegen müsste.«

Zudem ergänzte der BGH die bereits aus dem Jahr 1994 bekannte Aussage:

»Zu welchem konkreten Zeitpunkt ein Patient nach ordnungsgemäßer – insbesondere rechtzeitiger – Aufklärung seine Entscheidung über die Erteilung oder Versagung seiner Einwilligung trifft, ist seine Sache. Sieht er sich bereits nach dem Aufklärungsgespräch zu einer wohlüberlegten Entscheidung in der Lage, ist es sein gutes Recht, die Einwilligung sofort zu erteilen. Wünscht er dagegen noch eine Bedenkzeit, so kann von ihm grundsätzlich erwartet werden, dass er dies gegenüber dem Arzt zum Ausdruck bringt und von der Erteilung einer – etwa im Anschluss an das Gespräch erbetenen – Einwilligung zunächst absieht.«

7.13 Leistungen im Anschluss an die ambulante Operation

Damit die Erbringung einer definierten ambulanten Operation nicht dazu genutzt wird, den Patienten umfänglich im Sinne einer hausärztlichen Tätigkeit zu versorgen, formuliert der EBM eine Eingrenzung der nachfolgend möglichen Leistungen bzw. Gebührenordnungsziffern.

Im Anschluss an die ambulante Operation gilt ein eingeschränkter Leistungskatalog.

»In einem Zeitraum von drei Tagen, beginnend mit dem Operationstag, können vom Operateur neben der ambulanten Operation nur die Gebührenordnungspositionen 01220 bis 01222, 01320 und 01321, 01410 bis 01415, 01436, 01602, 01610 bis 01612, 01620 bis 01623, 01700, 01701, 01705 bis 01707, 01708, 01711 bis 01723, 01730 bis 01735, 01740 bis 01743, 01750, 01752 bis 01758, 01770 bis 01775, 01780 bis 01787, 01790 bis 01793, 01800, 01802 bis 01811, 01815, 01816, 01820 bis 01822, 01825 bis 01828 , 01830 bis 01833, 01835 bis 01839, 01840, 01850, 01915, 01950 bis 01952, 01955, 01956, 13421, 13423, 19310, 19312, 19315 und 19320, die Versicherten- und Grundpauschalen, die Gebührenordnungsposition 06225 unter Berücksichtigung der Regelungen der Präambel 6.1 Nr. 6, Gebührenordnungspositionen der Kapitel bzw. Abschnitte 30.12, 31.3, 31.4.3, 31.5.2, 32, 34 und 35 sowie die Gebührenordnungspositionen 01100 oder 01101 jeweils in Verbindung mit der Gebührenordnungsposition 01414 berechnet werden.« (Vgl. Abschnitt 31.2.1 EBM)

Abrechnung der postoperativen Behandlungskomplexe

Eine Besonderheit der Leistungen im Anschluss an die ambulante Operation stellen die postoperativen Behandlungskomplexe nach Abschnitt 31.4 EBM dar. Gemäß der Präambel zu den ambulanten und belegärztlichen Operationen (vgl. Abschnitt 31.2.1 Nr. 5 EBM) umfassen die Leistungen des Abschnitts 31.2 u. a. »einen postoperativen Arzt-Patienten-Kontakt ab dem 1. Tag nach der Operation.«

Hieraus folgt, dass der postoperative Behandlungskomplex erst am 2. Tag nach der Operation (besser: ab dem 2. Arzt-Patienten-Kontakt) in Ansatz gebracht werden kann. Sucht der Patient den behandelnden Arzt im Anschluss an die ambulante Operation nur noch ein einziges Mal in diesem Behandlungsfall auf, kann der postoperative Behandlungskomplex nicht berechnet werden.

Abrechnungsmöglichkeit postoperativer Behandlungskomplexe bei Simultaneingriffen

Im Falle einer simultanen Erbringung kleiner operativer Eingriffe bei Kindern entsteht die Frage, ob in diesen Fällen – entgegen der grundsätzlich nicht vorhandenen Abrechnungsmöglichkeit – die postoperativen Behandlungskomplexe des Abschnitts 31.4 in Ansatz gebracht werden können.

Nach den Anmerkungen zu den kleinen operativen Eingriffen (z. B. 02300) gilt, dass die Leistungen bei Neugeborenen, Säuglingen, Kleinkindern und Kindern bis zum vollendeten 12. Lebensjahr nach der jeweils kleinsten Operationskategorie (z. B. 31101) abgerechnet werden können, sofern der Eingriff in Narkose erfolgt.

In diesen Fällen ist die postoperative Behandlung nach den Leistungen des Abschnitts 31.4 nicht berechnungsfähig (vgl. beispielhaft hierzu Anmerkung zu 02300 – Satz 2).

Durch die Kombination von zwei Eingriffen kann jedoch der postoperative Behandlungsaufwand in erheblichem Maße steigen.

Es ist daher zu differenzieren, ob die simultanen Eingriffe originär kleine operative Eingriffe darstellen und lediglich durch die Erbringung für Neugeborenen, Säuglingen, Kleinkindern und Kindern bis zum vollendeten 12. Lebensjahr als Leistung des Abschnitts 31 abrechenbar sind, oder ob der Haupteingriff bereits originär dem Kapitel 31 zuzuordnen ist:

- Fall 1: Sofern der Haupteingriff dem Abschnitt 31.2. zuzuordnen ist, sind die Nachbehandlungskomplexe des Abschnitts 31.4 in Ansatz zu bringen.
- Fall 2: Sofern sowohl der Haupteingriff als auch der »Nebeneingriff« (Simultanzuschlag!) dem Bereich der kleinen operativen Eingriffe zuzuordnen sind, können die postoperativen Nachbehandlungskomplexe des Abschnitts 31.4 nicht in Ansatz gebracht werden, sehr wohl jedoch die Einzelleistungen.
- Fall 3: Sofern der Haupteingriff dem Bereich der kleinen operativen Eingriffe, der »Nebeneingriff« jedoch dem Kapitel 31 zuzuordnen ist, kann von einem Fehler in der Zuordnung des Haupt- und des Nebeneingriffes ausgegangen werden.

Abbildung 7.6 stellt das oben beschriebene Prüfschema dar (▶ Abb. 7.6).

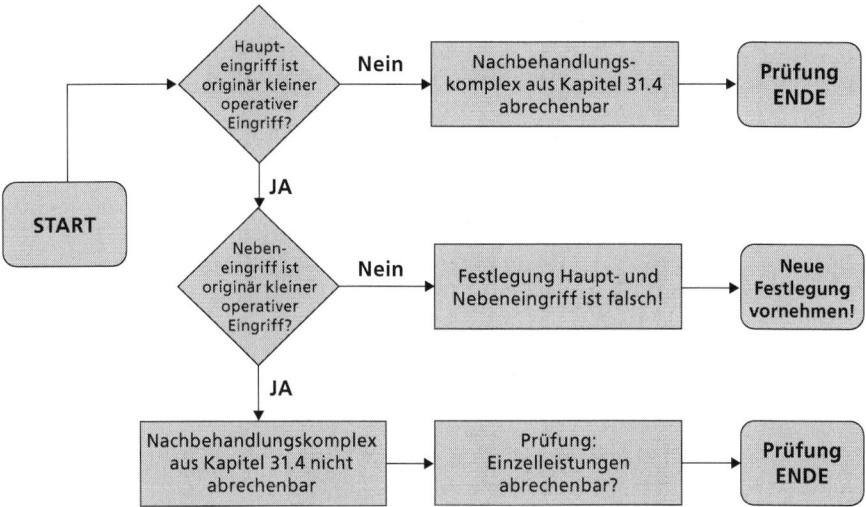

Abb. 7.6: Prüfschema zur Ermittlung des postoperativen Behandlungskomplexes (Kolb 2016, S. 135)

7.14 Abrechnungsbeispiele für das ambulante Operieren nach dem EBM

Bei der Abrechnung ambulanter Operationen kann grundsätzlich jede Ziffer des EBM in Ansatz gebracht werden. Im Allgemeinen werden jedoch die folgenden Leistungsbereiche angesprochen:

- Grundpauschalen
- Diagnostische Leistungen
- Ziffern für die Inanspruchnahme zu speziellen Zeiten
- Operationskomplexe
- Anästhesiekomplexe
- Komplexe für die postoperative Betreuung
- Komplexe für die Nachbetreuung
- Komplexe für Berichte und Briefe
- Laborleistungen
- Pauschalerstattungen (z. B. Porto)

Zu beachten sind die allgemeinen Regelungen des Abschnitts 31.2.1:

- Als ambulante Operation gelten ärztliche Leistungen mit chirurgisch-instrumenteller Eröffnung der Haut und/oder Schleimhaut oder der Wundverschluss von eröffneten Strukturen der Haut und/oder Schleimhaut mindestens in Oberflächenanästhesie sowie Leistungen entsprechend den OPS-301-Prozeduren des Anhangs 2, ggf. einschließlich eingriffsbezogener Verbandleistungen. Punktionen mit Nadeln, Kanülen und Biopsienadeln, sowie Kürettagen der Haut und Shave-Biopsien der Haut fallen nicht unter die Definition eines operativen Eingriffs.

- Voraussetzung für die Berechnung der Gebührenordnungspositionen des Abschnitts 31.2 ist, dass die notwendigen sachlichen und personellen Bedingungen erfüllt sind und sich der Vertragsarzt gegenüber der Kassenärztlichen Vereinigung zur Teilnahme am Vertrag gemäß § 115b SGB V erklärt hat.
- Der Leistungsumfang der Krankenhäuser, die sich zur Teilnahme am Vertrag gemäß § 115b SGB V erklärt haben, definiert sich nicht durch den Inhalt dieses Abschnitts, sondern durch den Vertrag nach § 115b SGB V.
- Der Operateur und der ggf. beteiligte Anästhesist sind verpflichtet, in jedem Einzelfall zu prüfen, ob Art und Schwere des beabsichtigten Eingriffs unter Berücksichtigung des Gesundheitszustandes des Patienten die ambulante Durchführung der Operation bzw. der Anästhesie nach den Regeln der ärztlichen Kunst mit den zur Verfügung stehenden Möglichkeiten erlauben und die erforderliche Aufklärung, Einverständniserklärung und Dokumentation erfolgt sind.
- Die Gebührenordnungspositionen des Abschnitts 31.2 umfassen sämtliche durch den Operateur erbrachten ärztlichen Leistungen, Untersuchungen am Operationstag, Verbände, ärztliche Abschlussuntersuchung(en), einen post-operativen Arzt-Patienten-Kontakt ab dem ersten Tag nach der Operation, Dokumentation(en) und Beratungen einschließlich des Abschlussberichtes an den weiterbehandelnden Vertragsarzt und Hausarzt. Gibt der Versicherte keinen Hausarzt an bzw. ist eine Genehmigung zur Information des Hausarztes gemäß § 73 Abs. 1b SGB V nicht erteilt, sind die Gebührenordnungspositionen des Abschnitts 31.2 auch ohne schriftliche Mitteilung an den Hausarzt berechnungsfähig.
- Der Operateur und/oder die ggf. beteiligte Anästhesist haben durch eine zu dokumentierende Abschlussuntersuchung sicherzustellen, dass der Patient ohne erkennbare Gefahr in die ambulante Weiterbehandlung und Betreuung entlassen werden kann. Die Weiterbehandlung erfolgt in Absprache zwischen dem Operateur, dem ggf. beteiligten Anästhesisten und dem weiterbetreuenden Arzt.
- Die Zuordnung der Eingriffe entsprechend des Operationenschlüssels nach § 295 SGB V (OPS) zu den Gebührenordnungspositionen ist im Anhang 2 aufgelistet. Es gelten zusätzlich die in der Präambel zu Anhang 2 sowie zu den einzelnen Unterabschnitten aufgelisteten Rahmenbedingungen. Die Zuordnung der definierten Gebührenordnungspositionen zu Unterabschnitten des Abschnitts 31.2 ist nicht gebietsspezifisch. Die Untergruppen sind nach Organsystem, OP-Ausstattung und Art des Eingriffs unterteilt. Sie können von allen Arztgruppen erbracht werden, die nach Weiterbildungsordnung und Zulassung dazu berechtigt sind. Nur die im Anhang 2 aufgeführten ambulanten Operationen sind berechnungsfähig. Eingriffe der Kleinchirurgie (Gebührenordnungspositionen 02300 bis 02302, 06350 bis 06352, 09351, 09360 bis 09362, 10340 bis 10342, 15321 bis 15324, 26350 bis 26352) in Narkose bei Neugeborenen, Säuglingen, Kleinkindern und Kindern werden gebietsspezifisch in der Kategorie 1 berechnet.

7.14 Abrechnungsbeispiele für das ambulante Operieren nach dem EBM

- In einem Zeitraum von drei Tagen, beginnend mit dem Operationstag, können in der Praxis (des Operateurs) neben der ambulanten Operation nur die Gebührenordnungspositionen 01102, 01220 bis 01222, 01320 bis 01323, 01410 bis 01415, 01431, 01436, 01442, 01444, 01450, 01500 bis 01503, 01522, 01546, 01549, 01602, 01610 bis 01613, 01615, 01620 bis 01624, 01626, 01640 bis 01642, 01647, 01648, 01650, 01670 bis 01672, 01681, 01682, 01699 bis 01703, 01705 bis 01707, 01709, 01711 bis 01723, 01731, 01732, 01734, 01735, 01737, 01740 bis 01743, 01747, 01748, 01750, 01752 bis 01758, 01760, 01761, 01764, 01765, 01770 bis 01775, 01780 bis 01787, 01793 bis 01796, 01800, 01802 bis 01811, 01815, 01816, 01820 bis 01828, 01830 bis 01833, 01840 bis 01842, 01850, 01915, 01920 bis 01922, 01949, 01950 bis 01953, 01955, 01956, 01960, 02314, 02325 bis 02328, 03008, 03010, 04008, 04010, 05227, 05228, 06227, 06228, 06362, 07227, 07228, 08227, 08228, 09227, 09228, 10227, 10228, 11228, 13227, 13228, 13297, 13298, 13347, 13348, 13397, 13398, 13421, 13423, 13497, 13498, 13547, 13548, 13597, 13598, 13647, 13648, 13697, 13698, 14217, 14218, 15228, 16218, 16228, 17228, 18227, 18228, 19310, 19312, 19315, 19320, 20227, 20228, 21227, 21228, 21236, 21237, 22219, 22228, 23228, 23229, 24228, 25228 bis 25230, 26227, 26228, 27227, 27228, 30701, 30705, 30706, 30740, 31600, 37400, 37700, 37701, 37704 bis 37706, 37710, 37711, 37714 und 37720, die Versicherten-, Grund- und Konsiliarpauschalen, die Gebührenordnungsposition 06225 unter Berücksichtigung der Regelungen der Präambel 6.1 Nr. 6, Gebührenordnungspositionen der Kapitel bzw. Abschnitte 30.1.3, 30.3.2, 30.8, 30.12, 31.3, 31.4.3, 31.5.2, 31.5.3, 32, 34, 35, 37.5 und 40 sowie die Gebührenordnungspositionen 01100 oder 01101 jeweils in Verbindung mit der Gebührenordnungsposition 01414 berechnet werden.
- Die Leistungserbringung ist für Leistungen der Abschnitte 31.2.2 bis 31.2.14 sowie 31.2.20 gemäß 2.1 der Allgemeinen Bestimmungen nur dann vollständig gegeben, wenn bei der Berechnung die Angabe der OPS-Prozedur(en) in der gültigen Fassung erfolgt. Die Diagnosen sind nach dem ICD-10-Diagnoseschlüssel (ICD-10-GM) in der gültigen Fassung anzugeben.

Gemeinsamkeiten der nachfolgenden Abrechnungsbeispiele:

- Die Grundpauschalen sind je beteiligtem Arzt abrechenbar. Im Vergleich zu früheren Versionen des EBM beinhalten sie bereits zahlreiche Einzelleistungen, wie beispielsweise den Arztbrief nach 01600 sowie weitere Arzt-Patienten-Kontakte.
- In den Leistungen des Kapitels 31 ist **ein** postoperativer Arzt-Patienten-Kontakt ab dem ersten Tag nach der Operation enthalten.
- Auf die Abrechenbarkeit der Leistungen des Laborkapitels wird verwiesen, auf die musterhafte Darstellung jedoch zu Gunsten der Übersichtlichkeit verzichtet.
- Leistungslegenden des EBM werden nur in ihren wesentlichen Inhalten wiedergegeben. Es erfolgt keine durchgehende Wiedergabe sämtlicher Leistungslegenden.

Arthroskopische Refixation und Plastik am Kapselbandapparat des Kniegelenkes

Leistung:	Arthroskopische Refixation und Plastik am Kapselbandapparat des Kniegelenkes: Knöcherne Refixation eines Kreuzbandes
OPS:	5-813.2
Diagnose:	Meniskusriss, akut
ICD-10:	S83.2

a) Abrechnung des Operateurs

Behand-lungstag	EBM-Ziffer	Leistung	Punktwertre-lation/Erlös
1	07211	Grundpauschale 6.–59. Lebensjahr	231
	31146	Endoskopischer Gelenkeingriff (Arthroskopie) der Kategorie E6	6.934
	31506	Postoperative Überwachung 6	1.388
	31800	Regionalanästhesie durch den Operateur	385
2		Kein Kontakt	
3	31621	Postoperative Behandlung Chirurgie II/4b	356
		Summe Punktwertrelationen	9.294
		× Punktwert 0,10 € ergibt Honorarsumme aus Punktwertrelationen	929,40 €
	40754	Kostenpauschale für Sachkosten bei endoskopischen Gelenkeingriffen	333,00 €
	40110	Kostenpauschale für die Versendung bzw. den Transport eines Briefes und/oder von schriftlichen Unterlagen	0,86 €
		= Honorarsumme	1.263,26 €

EBM-Ziffer	Erläuterung
07211	Dies ist die fachgruppenspezifische Grundpauschale für die Chirurgie. Die Abrechnung der anästhesiologischen Grundpauschale entfällt, da die Leistung in Regionalanästhesie durch den Operateur selbst erfolgt.
31146	Der Eingriff ist der Kategorie 6 zugeordnet. Die kalkulierte Dauer liegt somit bei 120 Minuten. Enthalten ist ein postoperativer Patienten-Kontakt ab dem ersten Tag nach der Operation.
31506	Analog zur Eingriffskategorie wird auch die postoperative Überwachung der Kategorie 6 zugeordnet. Enthalten sind die Infusionstherapie, die Schmerztherapie und ein EKG-Monitoring. Die Leistung ist nicht kombinierbar mit der allgemeinen Ziffer 05350 für Beobachtung und Betreuung.

7.14 Abrechnungsbeispiele für das ambulante Operieren nach dem EBM

EBM-Ziffer	Erläuterung
31800	Die Komplexziffer besteht aus folgenden obligaten Inhalten: • Intravenöse regionale Anästhesie an einer Extremität (Blockade nach Bier) und/oder • Anästhesie des Plexus brachialis und/oder • ichiofemorale Blockade (Blockade des Nervus ischiadicus und 3-in-1-Block), • Überwachung und Dokumentation der Vitalparameter, • Pulsoxymetrie, • EKG-Monitoring, • i.v.-Zugang. Als fakultative Inhalte sind enthalten: • das Legen einer Blutleere, • die Infusion, • die Verabreichung von Analgetika/Sedativa. Diese Leistung kann allein vom Operateur ohne Beteiligung eines Anästhesisten erbracht werden.
2. Behandlungstag ohne Berechnung	Der Ausweis dieses Arzt-Patienten-Kontaktes erfolgt lediglich aus didaktischen Gründen. Die Grund- bzw. Versichertenpauschalen enthalten alle weiteren Arzt-Patienten-Kontakte im Behandlungsfall.
31621	Die postoperative Behandlung durch den Operateur beinhaltet • die Wundbehandlung, • den Drainagewechsel bzw. deren Entfernung und • die Einleitung und Kontrolle einer medikamentösen Therapie. Sie ist nur einmal im Zeitraum von 21 Tagen nach dem operativen Eingriff abrechenbar. Gemäß Präambel zu Abschnitt 31.2.1 EBM enthalten die postoperativen Behandlungskomplexe einen postoperativen Arzt-Patienten-Kontakt ab dem ersten Tag nach der Operation. Die Abrechenbarkeit dieser Ziffer setzt also einen zweimaligen Arzt-Patienten-Kontakt nach dem Operationstag voraus.
40754	Die Kostenpauschale für die Sachkosten in Zusammenhang mit der Durchführung endoskopischer Gelenkeingriffe (Arthroskopien) vergütet den Aufwand für Kleinartikel und Spülungen. Hiervon zu unterscheiden sind die Kosten für Implantate bei rekonstruktiven Bandersatzoperationen bis zu einer Höhe von € 25,56. Diese Implantatkosten sind bereits in den Leistungen nach den Nrn. 31141-31147 enthalten (vgl. Interpretationsbeschluss des Arbeitsausschusses des Bewertungsausschusses Nr. 56 vom 18.03.2005).
40110	Gemäß Einleitung zu Abschnitt 1.8 sind die Kosten für den Transport von Briefen abrechenbar, auch wenn der eigentliche Brief (01601) bereits Leistungsinhalt der ambulanten Operation ist.

7 Abrechnung ambulanter Operationen nach dem EBM

Therapeutische Kürettage

Leistung:	Therapeutische Kürettage [Abrasio uteri]: Ohne lokale Medikamentenapplikation
OPS:	5-690.0
Diagnose:	Ärztlich eingeleiteter Abort
ICD-10:	O04.5

a) Abrechnung des Operateurs

Behand-lungstag	EBM-Ziffer	Leistung	Punktwertre-lation/Erlös
1	08211	Grundpauschale 6.–59. Lebensjahr	147
2	31301	Gynäkologischer Eingriff der Kategorie S1	840
	31502	Postoperative Überwachung 2	243
3		Kein Kontakt	
4	31696	Postoperative Behandlung Gynäkologie IX/1b	102
		Summe Punktwertrelationen	1.332
		× Punktwert 0,10 € ergibt Honorarsumme	133,20 €
	40110	Kostenpauschale für die Versendung bzw. den Transport eines Briefes und/oder von schriftlichen Unterlagen	0,86 €
		= Honorarsumme	134,06 €

b) Abrechnung des Anästhesisten

Behand-lungstag	EBM-Ziffer	Leistung	Punktwertre-lation/Erlös
1	05211	Grundpauschale 6.–59. Lebensjahr	90
	05310	Präanästhesiologische Untersuchung	132
2	31821	Anästhesie oder Kurznarkose 1	997
		Summe Punktwertrelationen	1.219
		× Punktwert 0,10 € ergibt Honorarsumme	121,90 €

EBM-Ziffer	Erläuterung
08211	Dies ist die fachärztliche Grundpauschale für den Gynäkologen.
31696	Die Gebührenziffer wird durch den Operateur abgerechnet.
3. Behandlungstag ohne Berechnung	Der Ausweis dieses Arzt-Patienten-Kontaktes erfolgt lediglich aus didaktischen Gründen. Die Grund- bzw. Versichertenpauschalen enthalten alle weiteren Arzt-Patienten-Kontakte im Behandlungsfall.
05211	Dies ist die fachärztliche Grundpauschale für den Anästhesisten.

7.14 Abrechnungsbeispiele für das ambulante Operieren nach dem EBM

EBM-Ziffer	Erläuterung
05310	Diese Gebührenordnungsposition dient den vorbereitenden Tätigkeiten des Anästhesisten. Als Leistung des Kapitels 05 ist sie nur dieser Facharztgruppe zugänglich. Die präanästhesiologische Untersuchung bei einer ambulanten oder belegärztlichen Operation des Abschnitts 31.2 ist einmal im Behandlungsfall abrechenbar. Obligate Leistungsinhalte sind: • Überprüfung der Narkosefähigkeit des Patienten, • Aufklärungsgespräch mit Dokumentation. Fakultative Leistungsinhalte sind: • Auswertung ggf. vorhandener Befunde, • In mehreren Sitzungen.

Arthroskopische Gelenkrevision

Leistung:	**Arthroskopische Gelenkrevision: Gelenkspülung mit Drainage, aseptisch: Kniegelenk**
OPS:	**5-810.0h**
Diagnose:	**Primäre Gonarthrose, beidseitig**
ICD-10:	**M17.0**
Anmerkung:	**Postoperative Behandlung durch einen anderen Arzt (nicht: Operateur)**

a) Abrechnung des Operateurs

Behandlungstag	EBM-Ziffer	Leistung	Punktwertrelation/Erlös
1	07211	Grundpauschale 6.–59. Lebensjahr	231
2	31142	Endoskopischer Gelenkeingriff (Arthroskopie) der Kategorie E2	2.193
	31503	Postoperative Überwachung 3	488
3		Kein Kontakt	
4	31614	Postoperative Behandlung Chirurgie II/1a	0
		Summe Punktwertrelationen	2.912
		x Punktwert 0,10 € ergibt Honorarsumme	291,20 €
	40750	Kostenpauschale für Sachkosten bei endoskopischen Gelenkeingriffen	122,00 €
	40110	Kostenpauschale für die Versendung bzw. den Transport eines Briefes und/oder von schriftlichen Unterlagen	0,86 €
		= Honorarsumme	414,06 €

b) Abrechnung des Anästhesisten

Behand-lungstag	EBM-Ziffer	Leistung	Punktwertre-lation/Erlös
1	05211	Grundpauschale 6.–59. Lebensjahr	90
	05310	Präanästhesiologische Untersuchung	132
2	31822	Anästhesie oder Kurznarkose 2	1.346
		Summe Punktwertrelationen	1.568
		× Punktwert 0,10 € ergibt Honorarsumme	156,80 €

EBM-Ziffer	Erläuterung
31614	Die Gebührenziffer wird durch den Arzt abgerechnet, an den der Operateur eine Überweisung gerichtet hatte. Sie erscheint nur aus Demonstrationszwecken auf diesem Abrechnungsbeispiel.

Arthroskopische Refixation und Plastik am Kapselbandapparat

Leistung:	Arthroskopische Refixation und Plastik am Kapselbandapparat des Schultergelenkes: Erweiterung des subakromialen Raumes
OPS:	**5-814.3**
Diagnose:	**Posttraumatische Arthrose, Schultergelenk**
ICD-10:	**M19.11**

a) Abrechnung des Operateurs

Behand-lungstag	EBM-Ziffer	Leistung	Punktwertre-lation/Erlös
1	07211	Grundpauschale 6.–59. Lebensjahr	231
2	31145	Endoskopischer Gelenkeingriff (Arthroskopie) der Kategorie E5	5.434
	31505	Postoperative Überwachung 5	977
3		Kein Kontakt	
4	31619	Postoperative Behandlung Chirurgie II/3b	293
		Summe Punktwertrelationen	6.935
		× Punktwert 0,10 € ergibt Honorarsumme	693,50 €
	40754	Kostenpauschale für Sachkosten bei endoskopischen Gelenkeingriffen	333,00 €
	40110	Kostenpauschale für die Versendung bzw. den Transport eines Briefes und/oder von schriftlichen Unterlagen	0,86 €
		= Honorarsumme	**1.027,36 €**

7.14 Abrechnungsbeispiele für das ambulante Operieren nach dem EBM

b) Abrechnung des Anästhesisten

Behand-lungstag	EBM-Ziffer	Leistung	Punktwertre-lation/Erlös
1	05211	Grundpauschale 6.–59. Lebensjahr	90
	05310	Präanästhesiologische Untersuchung	132
2	31825	Anästhesie oder Narkose 5	2.744
		Summe Punktwertrelationen	2.966
		× Punktwert 0,10 € ergibt Honorarsumme	296,60 €

Arthroskopische Refixation und Plastik am Kapselbandapparat des Kniegelenkes

Leistung:	Arthroskopische Refixation und Plastik am Kapselbandapparat des Kniegelenkes: Knöcherne Refixation eines Kreuzbandes
OPS:	5-813.2
Diagnose:	Meniskusriss, akut
ICD-10:	S83.2

a) Abrechnung des Operateurs

Behand-lungstag	EBM-Ziffer	Leistung	Punktwertre-lation/Erlös
1	07211	Grundpauschale 6.–59. Lebensjahr	231
2	31146	Endoskopischer Gelenkeingriff (Arthroskopie) der Kategorie E6	6.934
3	31506	Postoperative Überwachung 6	1.388
4	31621	Postoperative Behandlung Chirurgie II/4b	356
		Summe Punktwertrelationen	8.909
		× Punktwert 0,10 € ergibt Honorarsumme	890,90 €
	40754	Kostenpauschale für Sachkosten bei endoskopischen Gelenkeingriffen	333,00 €
	40110	Kostenpauschale für die Versendung bzw. den Transport eines Briefes und/oder von schriftlichen Unterlagen	0,86
		= Honorarsumme	1.224,76 €

b) Abrechnung des Anästhesisten

Behand-lungstag	EBM-Ziffer	Leistung	Punktwertre-lation/Erlös
1	05211	Grundpauschale 6.–59. Lebensjahr	90
	05310	Präanästhesiologische Untersuchung	132

2	31826	Anästhesie oder Narkose 6	3.300
		Summe Punktwertrelationen	3.522
		× Punktwert 0,10 € ergibt Honorarsumme	352,20 €

Arthroskopische Refixation und Plastik am Kapselbandapparat des Schultergelenkes

Leistung:	Arthroskopische Refixation und Plastik am Kapselbandapparat des Schultergelenkes: Sonstige Rekonstruktion der Rotatorenmanschette
OPS:	5-814.4
Diagnose:	Arthrose, Schultergelenk
ICD-10:	M19.91

a) Abrechnung des Operateurs

Behandlungstag	EBM-Ziffer	Leistung	Punktwertrelation/Erlös
1	07211	Grundpauschale 6.–59. Lebensjahr	231
2	31147	Endoskopischer Gelenkeingriff (Arthroskopie) der Kategorie E7	7.926
	31148	Zuschlag zu den Leistungen nach den Nrn. 31141 bis 31147	811
	31507	Postoperative Überwachung 7	1.838
3		Kein Kontakt	
4	31621	Postoperative Behandlung Chirurgie II/4b	356
		Summe Punktwertrelationen	11.162
		× Punktwert 0,10 € ergibt Honorarsumme	1.116,20 €
	40754	Kostenpauschale für Sachkosten bei endoskopischen Gelenkeingriffen	333,00 €
	40110	Kostenpauschale für die Versendung bzw. den Transport eines Briefes und/oder von schriftlichen Unterlagen	0,86 €
		= Honorarsumme	1.450,06 €

b) Abrechnung des Anästhesisten

Behandlungstag	EBM-Ziffer	Leistung	Punktwertrelation/Erlös
1	05211	Grundpauschale 6.–59. Lebensjahr	90
	05310	Präanästhesiologische Untersuchung	132
2	31827	Anästhesie oder Narkose 7	3.443
	31828	Zuschlag zu den Anästhesieleistungen nach den Nrn. 31821 bis 31827	349

7.14 Abrechnungsbeispiele für das ambulante Operieren nach dem EBM

Summe Punktwertrelationen	4.014
× Punktwert 0,10 € ergibt Honorarsumme	401,40 €

EBM-Ziffer	Erläuterung
31148	Der Zuschlag kann ergänzend zu den Leistungen nach den Nrn. 31141 bis 31146 bei Simultaneingriffen sowie zu der Leistung nach Nr. 31147 in Ansatz gebracht werden. Er soll dem speziellen operativen Mehraufwand je weitere (vollendete!) 15 Minuten Schnitt-Naht-Zeit Rechnung tragen. Abrechnungsvoraussetzung ist der Nachweis der Schnitt-Naht-Zeit über das Anästhesieprotokoll oder den OP-Bericht.
31828	Der Zuschlag kann zu den Leistungen nach den Nrn. 31821 bis 31826 bei Simultaneingriffen sowie zu der Leistung nach der Nr. 31827 in Ansatz gebracht werden. Er soll dem speziellen anästhesiologischen Mehraufwand bei Fortsetzung einer Anästhesie und/oder Narkose für jeweils weitere (vollendete!) 15 Minuten Schnitt-Naht-Zeit Rechnung tragen. Abrechnungsvoraussetzung ist der Nachweis der Schnitt-Naht-Zeit durch das OP- und/oder Narkoseprotokoll.

Neurolyse und Dekompression eines Nerven

Leistung:	Neurolyse und Dekompression eines Nerven: Nerven Hand: Offen chirurgisch
OPS:	**5-056.40**
Diagnose:	**Karpaltunnel-Syndrom**
ICD-10:	**G56.0**

a) Abrechnung des Operateurs

Behandlungstag	EBM-Ziffer	Leistung	Punktwertrelation/Erlös
1	07211	Grundpauschale 6.–59. Lebensjahr	231
2	31242	Peripherer neurochirurgischer Eingriff der Kategorie O2	1.424
	31503	Postoperative Überwachung 3	488
3		Kein Kontakt	
4	31615	Postoperative Behandlung Chirurgie II/1b	109
		Summe Punktwertrelationen	2.252
		× Punktwert 0,10 € ergibt Honorarsumme	225,20 €
	40110	Kostenpauschale für die Versendung bzw. den Transport eines Briefes und/oder von schriftlichen Unterlagen	0,86 €

135

7 Abrechnung ambulanter Operationen nach dem EBM

		= Honorarsumme	226,06 €
b) Abrechnung des Anästhesisten			
Behandlungstag	EBM-Ziffer	Leistung	Punktwertrelation/Erlös
1	05211	Grundpauschale 6.–59. Lebensjahr	90
	05310	Präanästhesiologische Untersuchung	132
2	31822	Anästhesie oder Kurznarkose 2	1.346
		Summe Punktwertrelationen	1.568
		× Punktwert 0,10 € ergibt Honorarsumme	156,80 €

Entfernung von Osteosynthesematerial

Leistung:	Entfernung von Osteosynthesematerial: Draht: Ulna distal
OPS:	5-787.09
Diagnose:	(Zustand nach) Fraktur des proximalen Endes der Ulna
ICD-10:	S52.0-

a) Abrechnung des Operateurs

Behandlungstag	EBM-Ziffer	Leistung	Punktwertrelation/Erlös
1	07211	Grundpauschale 6.–59. Lebensjahr	231
2	31131	Eingriff an Knochen und Gelenken der Kategorie D1	1.088
	31502	Postoperative Überwachung 2	243
3		Kein Kontakt	
4	31615	Postoperative Behandlung Chirurgie II/1b	109
		Summe Punktwertrelationen	1.671
		× Punktwert 0,10 € ergibt Honorarsumme	167,10 €
	40110	Kostenpauschale für die Versendung bzw. den Transport eines Briefes und/oder von schriftlichen Unterlagen	0,86 €
		= Honorarsumme	167,96 €

b) Abrechnung des Anästhesisten

Behandlungstag	EBM-Ziffer	Leistung	Punktwertrelation/Erlös
1	05211	Grundpauschale 6.–59. Lebensjahr	90
	05310	Präanästhesiologische Untersuchung	132
2	31821	Anästhesie oder Kurznarkose 1	997

7.14 Abrechnungsbeispiele für das ambulante Operieren nach dem EBM

Summe Punktwertrelationen	1.219
× Punktwert 0,10 € ergibt Honorarsumme	121,90 €

Entfernung einer Hydrocele und Plastische Operation der Vorhaut (Simultaneingriff: ein Operateur)

Leistung:	Entfernung einer Hydrocele und Plastische Operation der Vorhaut
OPS:	5-611 Hydrocele; 5-640.2 Phimose
Diagnose:	Hydrocele rechts, Vorhautverklebung, Frenulum breve
ICD-10:	N43.3; N47
Anmerkung:	Simultaneingriff: ein Operateur

a) Abrechnung des Operateurs

Behand-lungstag	EBM-Ziffer	Leistung	Punktwertre-lation/Erlös
1	26210	Grundpauschale bis 5. Lebensjahr	163
2	~~31101~~	~~Dermatochirurgischer Eingriff der Kategorie A1~~	0
	~~31108~~	~~Zuschlag zu den Leistungen nach den Nrn. 31101 bis 31107~~	0
	31272	Urologischer Eingriff der Kategorie Q2	1.635
	31278	Zuschlag zu den Leistungen nach den Nrn. 31271 bis 31277	759
	31503	Postoperative Überwachung 3	488
	~~31502~~	~~Postoperative Überwachung 2~~	0
3		Kein Kontakt	
4	31609	Postoperative Behandlung Chirurgie I/2b	178
		Summe Punktwertrelationen	3.223
		× Punktwert 0,10 € ergibt Honorarsumme	322,30 €
	40110	Kostenpauschale für die Versendung bzw. den Transport eines Briefes und/oder von schriftlichen Unterlagen	0,86 €
		= Honorarsumme	**323,16 €**

b) Abrechnung des Anästhesisten

Behand-lungstag	EBM-Ziffer	Leistung	Punktwertre-lation/Erlös
1	05211	Grundpauschale bis 5. Lebensjahr	90
	05310	Präanästhesiologische Untersuchung	132
2	31822	Anästhesie oder Narkose 2	1.346

31828	Zuschlag zu den Anästhesieleistungen nach den Nrn. 31821 bis 31827	349
	Summe Punktwertrelationen	1.917
	× Punktwert 0,10 € ergibt Honorarsumme	191,70 €

EBM-Ziffer	Erläuterung
Streichung 31101	Aufgrund des Simultaneingriffs erfolgt die Streichung dieser Ziffer zu Gunsten der höherbewerteten Ziffer 31272
Streichung 31108	Aufgrund des Simultaneingriffs erfolgt die Streichung dieser Ziffer zu Gunsten des höherwertigen Zuschlags 31278 (vgl. hierzu Interpretationsbeschluss Nr. 65).
Streichung 31502	Berechnet wird der sich aus beiden Eingriffen ergebende höher bewertete postoperative Überwachungskomplex. In diesem konkreten Beispiel ist somit einmal die Ziffer 31502 zu streichen, da sie sowohl dem Eingriff nach 31272 als auch dem Eingriff nach 31102 zuzuordnen wäre (vgl. hierzu Beschluss des Bewertungsausschusses zur Ergänzung der Präambel zu Abschnitt 31.1.3 lfd. Nr. 5).
31828	Aufgrund des Simultaneingriffs erhält der Anästhesist einen Zuschlag zu den Leistungen nach den Nrn. 31821 bis 31826.

Adenotomie und Parazentese (Kind) – Simultaneingriff: ein Operateur

Leistung:	Adenotomie und Parazentese (Kind)
OPS:	Adenotomie 5-285.0; Parazentese 5-200.4
Diagnose:	Chronische Mandelentzündung; chronische Mittelohrentzündung
ICD-10:	J35.0; H66.9
Anmerkung:	Simultaneingriff: ein Operateur

a) Abrechnung des Operateurs

Behand-lungstag	EBM-Ziffer	Leistung	Punktwertrelation/Erlös
1	09210	Grundpauschale bis 5. Lebensjahr	250
	31231	Eingriff der HNO-Chirurgie der Kategorie N1	930
	~~31231~~	~~Eingriff der HNO-Chirurgie der Kategorie N1~~	0
	31238	Zuschlag zu den Leistungen nach den Nrn. 31231 bis 31237	644
	~~31238~~	~~Zuschlag zu den Leistungen nach den Nrn. 31231 bis 31237~~	0

7.14 Abrechnungsbeispiele für das ambulante Operieren nach dem EBM

	31502	Postoperative Überwachung 2	243
	~~31502~~	~~Postoperative Überwachung 2~~	0
2		Kein Kontakt	0
3	31657	Postoperative Behandlung Hals-Nasen-Ohren VI/1b	86
		Summe Punktwertrelationen	2.153
		× Punktwert 0,10 € ergibt Honorarsumme	215,30 €
	40110	Kostenpauschale für die Versendung bzw. den Transport eines Briefes und/oder von schriftlichen Unterlagen	0,86 €
		= Honorarsumme	216,16 €

b) Abrechnung des Anästhesisten

Behand-lungstag	EBM-Ziffer	Leistung	Punktwertre-lation/Erlös
1	05211	Grundpauschale bis 5. Lebensjahr	90
	05310	Präanästhesiologische Untersuchung	132
2	31821	Anästhesie oder Narkose 1	997
	31828	Zuschlag zu den Anästhesieleistungen nach den Nrn. 31821 bis 31827	349
		Summe Punktwertrelationen	1.568
		× Punktwert 0,10 € ergibt Honorarsumme	156,80 €

EBM-Ziffer	Erläuterung
Streichung 31231	Die Abrechnung der Parazentese wäre eigentlich als kleiner operativer Eingriff im Hals-Nasen-Ohren-Mund-Bereich II und/oder als primäre Wundversorgung im Hals-Nasen-Ohren-Mund-Bereich mit der Gebührenziffer 09361 abzurechnen. Gemäß der Anmerkung zu dieser Ziffer kann diese jedoch bei Neugeborenen, Säuglingen, Kleinkindern und Kindern bis zum vollendeten 12. Lebensjahr nach der Leistung Nr. 31231 berechnet werden, sofern der Eingriff in Narkose erfolgt. Der Ansatz einer zweiten Nr. 31231 ist jedoch aufgrund des Mechanismus Simultaneingriff nicht ansatzfähig, da beide Eingriffe nach derselben Ziffer abzurechnen sind und sich somit die Frage nach dem höherwertigen Eingriff nicht stellt!
Streichung 31238	Da beide Eingriffe mit derselben Abrechnungsziffer in Ansatz gebracht werden, erfolgt auch die Streichung eines Simultanzuschlags nach 31238.
Streichung 31502	Da beide Eingriffe mit derselben Abrechnungsziffer in Ansatz gebracht werden, erfolgt auch die Streichung eines postoperativen Überwachungskomplexes nach 31502.

Adenotomie und Parazentese (Kind) – Simultaneingriff: zwei Operateure einer Gemeinschaftspraxis

Leistung:	Adenotomie und Parazentese (Kind)
OPS:	Adenotomie 5-285.0; Parazentese 5-200.4
Diagnose:	Chronische Mandelentzündung; chronische Mittelohrentzündung
ICD-10:	J35.0; H66.9
Anmerkung:	Simultaneingriff: zwei Operateure einer Gemeinschaftspraxis

a) Abrechnung des Operateurs

Behandlungstag	EBM-Ziffer	Leistung	Punktwertrelation/Erlös
1	09210	Grundpauschale bis 5. Lebensjahr	250
	09210	Grundpauschale bis 5. Lebensjahr	250
	31231	Eingriff der HNO-Chirurgie der Kategorie N1	930
	~~31231~~	~~Eingriff der HNO-Chirurgie der Kategorie N1~~	0
	31238	Zuschlag zu den Leistungen nach den Nrn. 31231 bis 31237	644
	~~31238~~	~~Zuschlag zu den Leistungen nach den Nrn. 31231 bis 31237~~	0
	31502	Postoperative Überwachung 2	243
	~~31502~~	~~Postoperative Überwachung 2~~	0
2		Kein Kontakt	0
3	31657	Postoperative Behandlung Hals-Nasen-Ohren VI/1b	86
		Summe Punktwertrelationen	2.403
		× Punktwert 0,10 € ergibt Honorarsumme	240,30 €
	40110	Kostenpauschale für die Versendung bzw. den Transport eines Briefes und/oder von schriftlichen Unterlagen	0,86 €
		= Honorarsumme	241,16 €

b) Abrechnung des Anästhesisten

Behandlungstag	EBM-Ziffer	Leistung	Punktwertrelation/Erlös
1	05210	Grundpauschale bis 5. Lebensjahr	100
	05310	Präanästhesiologische Untersuchung	132
2	31821	Anästhesie oder Narkose 1	997
		Summe Punktwertrelationen	1.229
		× Punktwert 0,10 € ergibt Honorarsumme	122,90 €

7.14 Abrechnungsbeispiele für das ambulante Operieren nach dem EBM

EBM-Ziffer	Erläuterung
Doppelter Ansatz der Gebührenordnungsziffer 09210	Im vorliegenden Beispiel wird die Abrechnung eines Simultaneingriffs durch zwei Operateure einer Gemeinschaftspraxis dargestellt. Beide Ärzte können ihre Grundpauschale in Ansatz bringen.
Nichtansatz 09215	Gemäß Präambel zu Abschnitt 31.2 Nr. 5 enthält die Operationsziffer einen postoperativen Arzt-Patienten-Kontakt ab dem ersten Tag nach der Operation. Somit besteht für keinen der beiden Operateure eine Abrechnungsmöglichkeit des Konsultationskomplexes am ersten postoperativen Tag.
Nichtansatz 31828	Erfolgen unterschiedliche operative Eingriffe gleichzeitig durch zwei Operateure einer Gemeinschaftspraxis bzw. eines Medizinischen Versorgungszentrums, kann die Anästhesieleistung in diesem Fall nur entsprechend dem Haupteingriff berechnet werden (vgl. Präambel zu Anhang 2 Nr. 13).

Arthroskopische Gelenkrevision

Leistung:	Arthroskopische Gelenkrevision: Gelenkspülung mit Drainage, aseptisch: Humeroglenoidalgelenk
OPS:	5-810.00
Diagnose:	Primäre Arthrose sonstiger Gelenke – Schultergelenk
ICD-10:	M19.01

a) Abrechnung des Operateurs

Behandlungstag	EBM-Ziffer	Leistung	Punktwertrelation/Erlös
1	18212	Grundpauschale ab 60. Lebensjahr	222
2	31142	Endoskopischer Gelenkeingriff (Arthroskopie) der Kategorie E2	2193
3	31503	Postoperative Überwachung 3	488
4	31615	Postoperative Behandlung Chirurgie II/1b	109
		Summe Punktwertrelationen	3.012
		× Punktwert 0,10 € ergibt Honorarsumme	301,20 €
	40750	Kostenpauschale für Sachkosten bei endoskopischen Gelenkeingriffen	122,00 €
	40110	Kostenpauschale für die Versendung bzw. den Transport eines Briefes und/oder von schriftlichen Unterlagen	0,86 €
		= Honorarsumme	424,06 €

b) Abrechnung des Anästhesisten

Behand-lungstag	EBM-Ziffer	Leistung	Punktwertre-lation/Erlös
1	05212	Grundpauschale ab 60. Lebensjahr	105
	05310	Präanästhesiologische Untersuchung	132
2	31822	Anästhesie oder Narkose 2	1.346
		Summe Punktwertrelationen	1.583
		× Punktwert 0,10 € ergibt Honorarsumme	158,30 €

Entfernung einer Hydrocele und Plastische Operation der Vorhaut

Leistung:	Entfernung einer Hydrocele und Plastische Operation der Vorhaut
OPS:	5-611 Hydrocele; 5-640.2 Phimose
Diagnose:	Hydrocele rechts, Vorhautverklebung, Frenulum breve
ICD-10:	N43.3; N47
Anmerkung:	Simultaneingriff: ein Operateur

a) Abrechnung des Operateurs

Behand-lungstag	EBM-Ziffer	Leistung	Punktwertre-lation/Erlös
1	26210	Grundpauschale bis 5. Lebensjahr	163
2	~~31102~~	~~Dermatochirurgischer Eingriff der Kategorie A2~~	0
	~~31108~~	~~Zuschlag zu den Leistungen nach den Nrn. 31101 bis 31107~~	0
	31272	Urologischer Eingriff der Kategorie Q2	1.635
	31278	Zuschlag zu den Leistungen nach den Nrn. 31271 bis 31277	759
	31503	Postoperative Überwachung 3	488
	~~31503~~	~~Postoperative Überwachung 3~~	0
3		Kein Kontakt	
4	31609	Postoperative Behandlung Chirurgie I/2b	178
		Summe Punktwertrelationen	3.223
		× Punktwert 0,10 € ergibt Honorarsumme	322,30 €
	40110	Kostenpauschale für die Versendung bzw. den Transport eines Briefes und/oder von schriftlichen Unterlagen	0,86 €
		= Honorarsumme	323,16 €

7.14 Abrechnungsbeispiele für das ambulante Operieren nach dem EBM

b) Abrechnung des Anästhesisten

Behandlungstag	EBM-Ziffer	Leistung	Punktwertrelation/Erlös
1	05211	Grundpauschale bis 5. Lebensjahr	90
	05310	Präanästhesiologische Untersuchung	132
2	31822	Anästhesie oder Narkose 2	1.346
	31828	Zuschlag zu den Anästhesieleistungen nach den Nrn. 31821 bis 31827	349
		Summe Punktwertrelationen	1.917
		× Punktwert 0,10 € ergibt Honorarsumme	191,70 €

8 Das ambulante Operieren nach § 115b SGB V

8.1 Vorbemerkung

Der im Jahr 1993 neu in das SGB V eingeführte § 115b regelt die grundsätzliche Zulassung des Krankenhauses zum ambulanten Operieren. Im Unterschied zu ambulanten Operationen des Vertragsarztes ist diese Behandlungsform dadurch gekennzeichnet, dass keine persönliche, sondern eine institutionelle Ermächtigung des Leistungserbringers, also des Krankenhauses, erfolgt. Konkretisiert wird diese im Vertrag nach § 115b Abs. 1 SGB V (im Folgenden: AOP-Vertrag), der in seiner aktuellen Fassung auf den 18.12.2023 datiert. Ergänzt wird dieser Vertrag in seiner aktuellen Fassung durch 3 Anlagen: den Katalog der ambulanten Operationen und stationsersetzenden Eingriffe (Anlage 1), die Kontextfaktoren (Anlage 2) sowie neu zum 01.01.2024 die Frakturzuschläge (Anlage 3).

8.2 Der Zeitraum vor der Leistungserbringung

8.2.1 Voraussetzungen für die Abrechnung

Für die Abrechnung ambulanter Operationen bestehen folgende Voraussetzungen:

1. Anmeldung des Krankenhauses nach dem vorgesehenen formalen Verfahren
2. Erfüllung der personellen (Facharztstandard) Voraussetzungen
3. Erfüllung der sachlichen Voraussetzungen
4. Prüfungspflicht des Arztes im Einzelfall, ob eine ambulante Operabilität gegeben ist
5. Sonderregelung des § 9 Abs. 2 AOP-Vertrages

Zu 1. Anmeldung des Krankenhauses nach dem vorgesehenen formalen Verfahren

Mit Einführung des ambulanten Operierens in das SGB V betrat der Gesetzgeber Neuland bei der Zulassung der ambulanten Leistungserbringer. Es besteht ein grundsätzlicher und freier Zugang des Krankenhauses zum ambulanten Operieren nach § 115b SGB V. Eine persönliche, vom Zulassungsausschuss einer Kassenärztlichen Vereinigung auszusprechende Zulassung oder Ermächtigung ist nicht vorgesehen. Das Krankenhaus muss in den Bereichen, in denen es ambulante Operationen und stationsersetzende Eingriffe erbringen will (Leistungen nach dem Katalog), lediglich auch stationäre Krankenhausbehandlung im Sinne des Sozialgesetzbuchs erbringen. Im Rahmen dieses vereinfachten Zulassungsverfahrens sind die Leistungsbereiche zu benennen, in denen das Krankenhaus Leistungen des ambulanten Operierens erbringen möchte. Hierzu weist es in einer Mitteilung an die Landesverbände der Krankenkassen, die Verbände der Ersatzkassen, die Kassenärztliche Vereinigung und den Zulassungsausschuss die einzelnen Leistungen mit deren Leistungsziffer aus. Sehr zu bedauern ist an dieser Stelle die nicht erfolgte Nennung der Krankenhausgesellschaften als Interessenvertretung der Krankenhäuser.

Vorsicht ist geboten bei der Ausformulierung der Mitteilung: Der sog. Zulassungsausschuss erhält in seiner Funktion als Empfänger der Mitteilung auch die Anträge auf Erteilung bzw. Verlängerung der (persönlichen) Ermächtigung der Krankenhausärzte. Die Mitteilung kann jederzeit ergänzt, zurückgenommen oder eingeschränkt werden.

Seit Inkrafttreten des Vertrages zum ambulanten Operieren nach § 115b SGB V i.d.F. vom 18.03.2005 ist es nicht mehr erforderlich, die Anästhesieleistungen als Leistungen gegenüber dem genannten Verteiler zu benennen.

Mit Abgabe der Mitteilung ist das Krankenhaus zur Erbringung der Leistung ermächtigt. Sie hat gemäß § 1 Abs. 1 und 2 AOP-Vertrag in maschinenlesbarer Form zu erfolgen. Ein zwischen den Partnern der Selbstverwaltung konsentiertes Excelformular kann bei der AOK heruntergeladen werden (https://www.aok.de/gp/verwaltung/ambulante-versorgung/ambulantes-operieren).

Versäumt es das Krankenhaus, sich form- und fristgerecht zum ambulanten Operieren nach § 115b SGB V anzumelden, so ist es nach einer Feststellung des Bundessozialgerichts (BSG, Urteil vom 04.03.2004, Az. B 3 KR 4/03 R) auch nicht zum ambulanten Operieren nach § 115b SGB V zugelassen. Folgerichtig steht ihm in diesem Fall kein Anspruch auf die vertragliche Vergütung zu. Allerdings legte das BSG weiter fest, dass dem Krankenhaus ein Bereicherungsanspruch analog § 812 Abs. 1 Satz 1 Nr. 1 BGB in gleicher Höhe zustehe. Die Krankenkasse hätte bei einer Leistungserbringung durch ein nach § 115b SGB V zugelassenes Krankenhaus Kosten in gleicher Höhe erstatten müssen (§ 818 Abs. 2 BGB). Insofern erhält das Krankenhaus seine Vergütung, allerdings kann der Weg dorthin etwas umständlicher sein.

Zu beachten ist, dass die Feststellung des BSG den Krankenhausträger nicht dazu verleiten sollte, generell auf eine Anmeldung zum ambulanten Operieren zu verzichten. Mit Hilfe des ergangenen Urteils kann mit hoher Wahrscheinlichkeit nur für jeden Einzelfall separat ein Vergütungsanspruch des Krankenhausträgers durchgesetzt werden. Ein flächendeckender Verzicht auf das geforderte Anmeldeverfahren bedeutete, einen Fehlschluss aus der Entscheidung zu ziehen.

Besonderheit Kataraktoperationen

Seit 2007 besteht eine Besonderheit bei der Erbringung und Abrechnung von Kataraktoperationen mit Sonderlinsen.

Gemäß Beschluss des Bewertungsausschusses sind intraoculare Eingriffe mit Implantation einer Sonderlinse ab dem 01.01.2007 nur noch mit Zustimmung der zuständigen Krankenkasse berechnungsfähig.

Die Präambel zu Anhang 2 des EBM (hier: 2.1 Nr. 17) bestimmt hierzu:

> »*Intraoculare Eingriffe, deren Kategorie mit einem »A« gekennzeichnet ist, sind nur dann berechnungsfähig, wenn eine medizinische Begründung zur Implantation einer Sonderform der Intraocularlinse und eine Genehmigung der zuständigen Krankenkasse vorliegt.*«

Die Zustimmung hat vor dem Eingriff im Sinne der juristischen Einwilligung zu erfolgen. Hiervon betroffene Leistungen sind in der Kategorienspalte in Anhang 2 zum EBM mit dem Buchstaben »A« gekennzeichnet.

Sonderlinsen in diesem Sinne sind Linsen mit einer Sonderform (z. B. multifokal, torisch, akkomodativ):

- **Multifokale** Linsen ermöglichen das gleichzeitig scharfe Sehen unterschiedlicher Objekte in unterschiedlicher Entfernung. Man nennt sie daher auch Mehrstärkenlinsen.
- **Torische** Linsen sind z. B. zylindrisch oder tonnenförmig. Sie werden beim Krankheitsbild Hornhautverkrümmung verwendet.
- **Akkomodative** Linsen sollen die Wiederherstellung der Anpassungsfähigkeit des Auges (lat. Akkomodation) ermöglichen.

Im Rahmen des AOP-Kataloges nach § 115b SGB V erstreckt sich diese Bestimmung auf diejenigen OPS-Kodes, welche mit den Endbuchstaben »e«, »f« und »g« (z. B. 5-144.2e, 5-144.2f, 5-144.2g) die Einführung einer Hinterkammerlinse (intraocular) beschreiben. Diese sind im Einzelnen in Tabelle 8.1 dargestellt (▶ Tab. 8.1).

Tab. 8.1: Augenheilkundliche Eingriffe nach § 115b SGB V (Auszug aus dem AOP-Katalog 2024) mit besonderer Kennzeichnung

OPS	Seite	Bezeichnung OPS	Kategorie	Ambulante Operation
5-144.2e	↔	Extrakapsuläre Extraktion der Linse [ECCE]: Linsenkernexpression und/oder -Aspiration über sklero-kornealen Zugang: Mit Einführung einer kapselfixierten Hinterkammerlinse, Sonderform der Intraokularlinse	V2A	31332
5-144.2f	↔	Extrakapsuläre Extraktion der Linse [ECCE]: Linsenkernexpression und/oder -Aspiration über sklero-kornealen Zugang: Mit Einführung einer sulkusfixierten Hinterkammerlinse, Sonderform der Intraokularlinse	V2A	31332

Tab. 8.1: Augenheilkundliche Eingriffe nach § 115b SGB V (Auszug aus dem AOP-Katalog 2024) mit besonderer Kennzeichnung – Fortsetzung

OPS	Seite	Bezeichnung OPS	Kategorie	Ambulante Operation
5-144.2g	↔	Extrakapsuläre Extraktion der Linse [ECCE]: Linsenkernexpression und/oder -Aspiration über sklero-kornealen Zugang: Mit Einführung einer sklerafixierten Hinterkammerlinse, Sonderform der Intraokularlinse	V2A	31332
5-144.4e	↔	Extrakapsuläre Extraktion der Linse [ECCE]: Linsenkernexpression und/oder -Aspiration über kornealen Zugang: Mit Einführung einer kapselfixierten Hinterkammerlinse, Sonderform der Intraokularlinse	V2A	31332
5-144.4f	↔	Extrakapsuläre Extraktion der Linse [ECCE]: Linsenkernexpression und/oder -Aspiration über kornealen Zugang: Mit Einführung einer sulkusfixierten Hinterkammerlinse, Sonderform der Intraokularlinse	V2A	31332
5-144.4g	↔	Extrakapsuläre Extraktion der Linse [ECCE]: Linsenkernexpression und/oder -Aspiration über kornealen Zugang: Mit Einführung einer sklerafixierten Hinterkammerlinse, Sonderform der Intraokularlinse	V2A	31332
5-146.0e	↔	(Sekundäre) Einführung und Wechsel einer alloplastischen Linse: Sekundäre Einführung bei aphakem Auge: Mit Einführung einer kapselfixierten Hinterkammerlinse, Sonderform der Intraokularlinse	V2A	31332
5-146.0f	↔	(Sekundäre) Einführung und Wechsel einer alloplastischen Linse: Sekundäre Einführung bei aphakem Auge: Mit Einführung einer sulkusfixierten Hinterkammerlinse, Sonderform der Intraokularlinse	V2A	31332
5-146.2e	↔	(Sekundäre) Einführung und Wechsel einer alloplastischen Linse: Wechsel: Mit Einführung einer kapselfixierten Hinterkammerlinse, Sonderform der Intraokularlinse	V3A	31333
5-146.2f	↔	(Sekundäre) Einführung und Wechsel einer alloplastischen Linse: Wechsel: Mit Einführung einer sulkusfixierten Hinterkammerlinse, Sonderform der Intraokularlinse	V3A	31333
5-146.2g	↔	(Sekundäre) Einführung und Wechsel einer alloplastischen Linse: Wechsel: Mit Einführung einer sklerafixierten Hinterkammerlinse, Sonderform der Intraokularlinse	V3A	31333
5-144.3e	↔	Extrakapsuläre Extraktion der Linse [ECCE]: Linsenkernverflüssigung [Phakoemulsifikati-	X2A	31351

Tab. 8.1: Augenheilkundliche Eingriffe nach § 115b SGB V (Auszug aus dem AOP-Katalog 2024) mit besonderer Kennzeichnung – Fortsetzung

OPS	Seite	Bezeichnung OPS	Kategorie	Ambulante Operation
		on] über sklero-kornealen Zugang: Mit Einführung einer kapselfixierten Hinterkammerlinse, Sonderform der Intraokularlinse		
5-144.3f	↔	Extrakapsuläre Extraktion der Linse [ECCE]: Linsenkernverflüssigung [Phakoemulsifikation] über sklero-kornealen Zugang: Mit Einführung einer sulkusfixierten Hinterkammerlinse, Sonderform der Intraokularlinse	X2A	31351
5-144.3g	↔	Extrakapsuläre Extraktion der Linse [ECCE]: Linsenkernverflüssigung [Phakoemulsifikation] über sklero-kornealen Zugang: Mit Einführung einer sklerafixierten Hinterkammerlinse, Sonderform der Intraokularlinse	X2A	31351

Mit Wirkung zum 01.04.2023 hat der Bewertungsausschuss eine Ergänzung der Präambel zu Anhang 2 des EBM vorgenommen. Es wurde eine neue Nr. 18 eingefügt. Sie lautet:

> »Bei intraocularen Eingriffen, deren Kategorie mit einem »A« gekennzeichnet ist und für die keine medizinische Indikation für die Implantation einer Sonderform der Intraocularlinse vorliegt, sind auch dann die Gebührenordnungspositionen der Abschnitte 31.2 oder 36.2 berechnungsfähig, wenn die Implantation über das Maß des Notwendigen hinausgeht, weil Patienten gemäß § 33 Abs. 9 SGB V eine Sonderform der Intraocularlinse wählen. Die Eingriffe werden mit einem »I« gekennzeichnet. Mehrkosten für ärztliche Leistungen und Sachmittel in Zusammenhang mit diesen Eingriffen sind durch den Versicherten selbst zu tragen.«

Der Bewertungsausschuss hat hier eine Anpassung an die Rechtslage vorgenommen. Seit dem GKV-Versorgungsstrukturgesetz von 2012 sieht der § 33 Abs. 9 SGB V vor, dass die Kosten für Sonderformen der Intraocularlinsen ohne medizinische Indikation gesplittet werden. Die Kosten für den Eingriff einer Standardlinse tragen die Krankenkassen. Die darüber hinausgehenden Kosten für eine Sonderlinse trägt der Patient selbst. Das betrifft sowohl die Sachkosten als auch den Mehraufwand für sämtliche ärztliche Leistungen. In diesen Fällen ist weder eine medizinische Begründung erforderlich noch eine Genehmigung seitens der Krankenkassen.

Für intraoculare Eingriffe, deren Kategorie mit einem »A« gekennzeichnet sind, hängt die Art der Abrechnung seit 2023 davon ab, ob eine medizinische Indikation vorliegt oder nicht (▶ Abb. 8.1).

Zu 2. Erfüllung der personellen (Facharztstandard) Voraussetzungen

Der Facharztstandard stellt eine Mindestvoraussetzung für die Leistungserbringung dar. Dies bedeutet: Existiert kein Facharzt, ist die Leistung nicht erbringbar. Nach

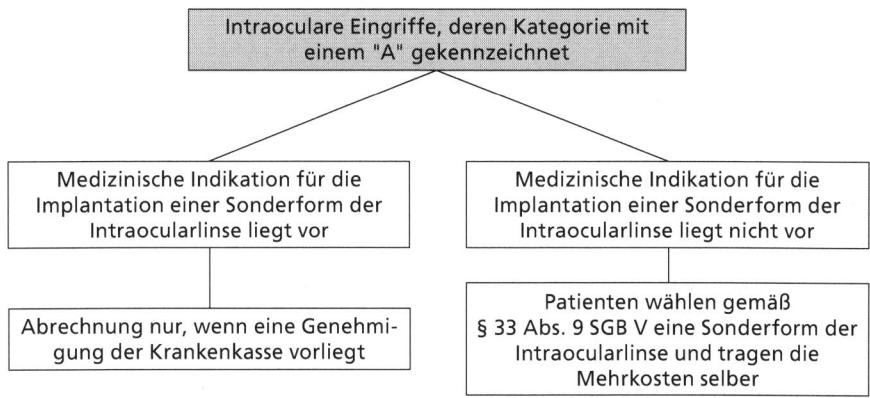

Abb. 8.1: Abhängigkeit der Abrechnung intraocularer Eingriffe von der Indikation

§ 12 des Vertrages ist unter einer Leistungserbringung nach Facharztstandard zu verstehen:

- Der Facharzt erbringt die Leistung persönlich.
- Die Leistungserbringung erfolgt unter Assistenz eines Facharztes.
- Die Leistungserbringung erfolgt unter unmittelbarer Aufsicht und Weisung eines Facharztes mit der Möglichkeit des unverzüglichen Eingriffs

Diese Bestimmung des AOP-Vertrages wurde mit der Überarbeitung des Vertrages zum 01.06.2012 sogar noch erweitert auf Leistungserbringer im vertragsärztlichen Bereich.

Nach § 12 AOP-Vertrag trägt das Krankenhaus ausdrücklich auch die Verantwortung für die Einhaltung des Facharztstandards, sofern es im Sinne des § 9 Abs. 6 AOP-Vertrag (Fassung vom 18.12.2023) die Leistungen nach § 3 auf »Grundlage einer vertraglichen Zusammenarbeit des Krankenhauses mit niedergelassenen Vertragsärzten ambulant im Krankenhaus« erbringt.

Zu 3. Erfüllung der sachlichen Voraussetzungen

Die Erfüllung der sachlichen Voraussetzungen wurde bereits in Kapitel 6 erörtert (▶ Kap. 6).

Eine Sonderrolle spielen die Regelungen zur Qualitätssicherung für das ambulante Operieren.

Mit der Meldung der vom Krankenhaus zu erbringenden Eingriffe werden über das oben erwähnte konsentierte Excel-Formular auch Grunddaten des Krankenhauses übermittelt. Hierzu zählt auch folgende Bestätigung: »Die Anforderungen der Qualitätssicherungsvereinbarung nach § 115b SGB V werden erfüllt.«

Die Quellen für die Qualitätssicherung des ambulanten Operierens nach § 115b SGB V sind in Abbildung 8.3 dargestellt (▶ Abb. 8.2).

Zunächst zu den Teilen QS-Vereinbarung:

8 Das ambulante Operieren nach § 115b SGB V

```
┌─────────────────────────────────────────┐
│   Quellen der Qualitätssicherung für das │
│   Ambulante Operieren gemäß § 115b SGB V │
└─────────────────────────────────────────┘

┌──────────────────────────┐    ┌──────────────────────────┐
│ Teile der QS-Vereinbarung│    │    § 13 AOP-Vertrag      │
│   gemäß § 115b SGB V     │    └──────────────────────────┘
└──────────────────────────┘
                                ┌──────────────────────────┐
                                │ Qualitätssicherungsverein-│
                                │  barungen gemäß § 135 SGB V│
                                └──────────────────────────┘

                                ┌──────────────────────────┐
                                │ Richtlinien und Beschlüsse│
                                │ Gemeinsamer Bundesausschuss│
                                └──────────────────────────┘
```

Abb. 8.2: Quellen der Qualitätssicherung

Die Vertragsparteien schlossen 2006 eine »Vereinbarung von Qualitätssicherungsmaßnahmen bei ambulanten Operationen und stationsersetzenden Eingriffen einschließlich der notwendigen Anästhesien gemäß § 115b Abs. 1 Satz 1 Nr. 3 SGB V« (Qualitätssicherungsvereinbarung gemäß § 115b SGB V). Durch das »Gesetz zur Stärkung des Wettbewerbs in der gesetzlichen Krankenversicherung« (GKV WSG) vom 26.03.2007 entfiel aber die Möglichkeit zum Abschluss eines dreiseitigen Vertrags. Seitdem hat der G-BA die Kompetenz zur Regelung von Qualitätssicherungsmaßnahmen beim ambulanten Operieren. Darauf wird gleich noch zurückgekommen.

Die drei Vertragsparteien haben 2011 eine »Gemeinsame Erklärung zur Qualitätssicherung beim ambulanten Operieren« vereinbart. Ziel war es, gleiche Rahmenbedingungen für das ambulante Operieren in den Vertragsarztpraxen und den Krankenhäusern herzustellen.

In dieser Erklärung heißt es: »...die Vertragspartner erklären hiermit gemeinsam, dass die Strukturqualitätsanforderungen der Qualitätssicherungsvereinbarung vom 01.10.2006 (dort §§ 3 bis 7) so lange weiterhin zur Anwendung kommen sollen, bis der G-BA für diesen Bereich Regelungen getroffen hat.« Da der G-BA bis Ende 2023 für diesen Bereich keine Regelung getroffen hat, gelten die Regelungen der Gemeinsamen Erklärung bis zum jetzigen Zeitpunkt fort.

Da die Deutsche Krankenhausgesellschaft (DKG) nur der Fortdauer der §§ 3 bis 6 der ehemaligen Qualitätssicherungsvereinbarung zugestimmt hat, gelten diese Regelungen für die Krankenhäuser, die ambulantes Operieren gemäß § 115b SGB V durchführen. Die Regelungen betreffen im Einzelnen:

- § 3 Fachliche Befähigung
- § 4 Organisatorische Voraussetzungen
- § 5 Hygienische Voraussetzungen
- § 6 Räumliche und apparativ-technische Voraussetzungen

Bei den organisatorischen Voraussetzungen ist u.a. Folgendes geregelt:

> »Ist bei Eingriffen gemäß § 115b SGB V ärztliche Assistenz erforderlich, so hat der Arzt sicherzustellen, dass hinzugezogene Assistenten über die bei jedem individuellen Eingriff erforderliche Erfahrung und den medizinischen Kenntnisstand verfügen.
>
> Falls keine ärztliche Assistenz bei Eingriffen nach § 115b SGB V erforderlich ist, muss mindestens ein qualifizierter Mitarbeiter mit abgeschlossener Ausbildung in einem nichtärztlichen Heilberuf oder im Beruf als Medizinische Fachangestellte als unmittelbare Assistenz anwesend sein.«

Über diese Regelungen zur Qualitätssicherung hinaus ist § 13 des AOP-Vertrages relevant.

Nach § 13 des AOP-Vertrages sind bei »*Leistungen des Katalogs nach § 115b SGB V, für die Qualitätssicherungsmaßnahmen im Rahmen der vertragsärztlichen Versorgung nach § 135 SGB V existieren, [...] auch unter den gleichen Maßgaben im stationären Bereich zu erbringen. Richtlinien und Beschlüsse des Gemeinsamen Bundesausschusses nach § 92 Abs. 1 Satz 2 Nr. 13 SGB V und nach § 137 Abs. 1 Satz 1 SGB V sind zu berücksichtigen.*«

Allerdings gelten nur die Regelungen, die sich auch auf Leistungen des AOP-Kataloges beziehen. Exemplarisch seien an dieser Stelle einige Regelungen des vertragsärztlichen Bereichs genannt:

- Arthroskopie-Vereinbarung
- Qualitätssicherungsvereinbarung zur interventionellen Radiologie
- Vereinbarung zur invasiven Kardiologie
- Kernspintomographie-Vereinbarung
- Qualitätssicherungsvereinbarung zur Koloskopie
- Qualitätssicherungsmaßnahmen zur kurativen Mammographie
- Qualitätssicherungsvereinbarung zur MR-Angiografie
- Qualitätssicherungsvereinbarung zur phototherapeutischen Keratektomie (PTK)
- Photodynamische Therapie am Augenhintergrund
- Vereinbarung zur Strahlendiagnostik und -therapie

Diese Vereinbarungen sollten für die Abrechnungspraxis unbedingt herangezogen werden. Für die Abrechnung einzelner EBM-Ziffern ist die Kenntnis der Qualitätssicherungsvereinbarungen erforderlich. So heißt es beispielsweise in der GOP 01520 »Zusatzpauschale für Beobachtung nach diagnostischer Koronarangiografie« in der Leistungsbeschreibung: »Zusatzpauschale für Beobachtung und Betreuung eines Kranken, entsprechend den Inhalten der Vereinbarung zur invasiven Kardiologie gemäß § 135 Abs. 2 SGB V zur Ausführung und Abrechnung invasiver kardiologischer Leistungen«. Will man also diese Beobachtungsziffer korrekt abrechnen, dann muss der Inhalt der genannten Qualitätssicherungsvereinbarung bekannt sein. So ergeben sich beispielsweise aus § 6 dieser Vereinbarung Dokumentationspflichten, die einzuhalten sind.

Darüber hinaus spielen gemäß § 13 AOP-Vertrag die Richtlinien und Beschlüsse des G-BA nach § 92 Abs. 1 Satz 2 Nr. 13 SGB V und nach § 137 Abs. 1 Satz 1 SGB V für die Qualitätssicherung eine Rolle. Hier ist die »Richtlinie zur datengestützten einrichtungsübergreifenden Qualitätssicherung (DeQS-RL)« zu nennen. Die beiden Verfahren sind die »Perkutane Koronarintervention (PCI) und Koronarangiographie« und die »Vermeidung nosokomialer Infektionen – postoperative Wundinfektionen (QS WI)«. Im EBM finden sich mit den GOP 34201, 40306 und 01650 Leistungen, die einen direkten Bezug zu dieser Richtlinie aufweisen.

Zu 4. Prüfungspflicht des Arztes im Einzelfall, ob eine ambulante Operabilität gegeben ist.

Ebenso wie die Erbringung ambulanter Operationen nach dem EBM sieht auch das ambulante Operieren nach § 115b SGB V in jedem Einzelfall eine Prüfungspflicht des Arztes zur ambulanten Operationsfähigkeit des Patienten vor. Es besteht an keiner Stelle des SGB V oder der einzelnen Vertragselemente ein Automatismus, dass Leistungen, die im Katalog ambulanter Operationen und sonstiger stationsersetzender Eingriffe aufgeführt sind, immer ambulant zu erbringen sind. Eine derartige Festlegung trifft auch der Katalog der ambulanten Operationen und stationsersetzenden Eingriffe nach § 115b SGB V nicht! Das wird auch ausdrücklich vom BSG bestätigt. In seinem Urteil vom 21.03.2013 (Az. B 3 KR 28/12 R) heißt es: »Entscheidend ist vielmehr, dass die Aufnahme in den Katalog des § 115b Abs. 1 S. 1 Nr. 1 SGB V prinzipiell die Möglichkeit ihrer Erbringung im ambulanten Rahmen eröffnet und deshalb die Erforderlichkeit der stationären Versorgung der besonderen Begründung bedarf.« Die Einzelfallprüfung des Arztes hat unter Einschätzung von Art und Schwere und nach Berücksichtigung des Umfeldes und des Nachsorgebedarfs bzw. der Nachsorgemöglichkeiten zu erfolgen (vgl. § 2 Abs. 2 AOP-Vertrag). Aus Beweisgründen sollte diese Entscheidung in jedem Fall dokumentiert werden. Das ist umso wichtiger, falls eine Entscheidung für eine stationäre Leistungserbringung erfolgt. In dem gerade zitierten Urteil des BSG findet sich nämlich die Pflicht des Krankenhauses (»Mitwirkungspflicht«), den Krankenkassen den Grund für das Abweichen vom Standardvorgehen »ambulant vor stationär« mitzuteilen.

Zu 5. Sonderregelung des § 9 Abs. 2 AOP-Vertrages

Durch den AOP-Vertrag **in der Fassung vom 21.12.2022 wurde folgende Sonderregelung für das ambulante Operieren eingefügt:**

> *»Sieht dieser Vertrag abweichende Regelungen zur Vergütung der Leistungen von Vertragsärzten und Krankenhäusern vor, gehen diese Absatz 1 bzw. den EBM-Bestimmungen vor.«*

Mit dieser Regelung können alle Abrechnungsregeln des EBM, die von den Abrechnungsregeln des AOP-Vertrages normiert werden, ausgehebelt werden. Dazu ist lediglich erforderlich, dass im AOP-Vertrag eine gesonderte Regelung zur Abrechnung von Leistungen besteht. Gerade im Zusammenhang mit der noch zu besprechenden Regelung in der Präambel des Abschnitts 31.2.1 Nr. 8 EBM könnte es hier Schwierigkeiten mit den Krankenkassen bei der Abrechnung von Leistungen geben. So gibt diese Präambel eine Positivliste von abzurechnenden Leistungen am OP-Tag vor. Durch § 5 AOP-Vertrag sind dagegen alle intraoperativen Leistungen, die erbracht oder veranlasst werden und die in einem unmittelbaren zeitlichen und medizinischen Zusammenhang mit der Leistung stehen, abrechnungsfähig. Der AOP-Vertrag erlaubt mehr, als der EBM zulässt.

8.2.2 Der Zugang des Patienten

Grundsätzlich ist der Zugang des Patienten zum ambulanten Operieren ohne eine Verordnung von Krankenhausbehandlung nach § 39 SGB V möglich. Ziel dieser Bestimmung ist die Vermeidung der Gatekeeper-Funktion des Vertragsarztes und die freie Teilnahme des Krankenhauses an der ambulanten Versorgung durch ausgesuchte ambulante Operationen.

Im Gegensatz zur Mit-/Weiterbehandlung im vertragsärztlichen Bereich bestehen für den Zugang des Patienten zu ambulanten Leistungen nach § 115b SGB V drei mögliche Zugangswege:

- Die klassische Überweisung des Vertragsarztes
  Der erstbehandelnde Arzt stellt eine Überweisung zum ambulant operierenden Krankenhaus aus.
- Der direkte Zugang des Patienten zum ambulant operierenden Krankenhaus
  Diese Zugangsmöglichkeit entspringt dem Vertrag zum ambulanten Operieren nach § 115b SGB V. Erfolgt der Zugang direkt, hat der Patient neben seinem Versicherungsnachweis (Versichertenkarte) einen amtlichen Lichtbildausweis vorzulegen.
- Der Zugang mittels Einweisung (= Verordnung von Krankenhausbehandlung)
  Der Krankenhausarzt hat den Patienten bei jeder Einweisung auf seine stationäre Behandlungsbedürftigkeit zu untersuchen (vgl. BSG, Urteil vom 17.09.2013, Az. B 1 KR 21/12R). Kommt der Arzt zu dem Urteil, dass eine ambulante Durchführung ausreichend ist, kann der Patient ambulant behandelt werden – auch im Rahmen einer ambulanten Operation gemäß § 115b SGB V.

Besonderheit: Konsultationspauschale (GOP 01436)

Seit 01.01.2008 sind sowohl der Leistungsinhalt als auch das Verhältnis der sog. Konsultationspauschale (GOP 01436) zur – ebenfalls seit diesem Datum geltenden – Grundpauschale festgelegt:

GOP	01436
Beschreibung	Konsultationspauschale
Obligater Leistungsinhalt	• Persönlicher Arzt-Patienten-Kontakt, • Diagnostik und/oder Behandlung einer/von Erkrankung(en) eines Patienten im Rahmen einer Überweisung zur Durchführung von Auftragsleistungen (Indikations- oder Definitionsauftrag gemäß § 24 Abs. 7 Nr. 1 Bundesmantelvertrag-Ärzte (BMV-Ä) bzw. § 27 Abs. 7 Nr. 1 Arzt-/Ersatzkassenvertrag (EKV)) an nicht ausschließlich auf Überweisung tätige Ärzte gemäß § 13 Abs. 4 BMV-Ä bzw. § 7 Abs. 4 EKV und/oder • Diagnostik einer/von Erkrankungen eines Patienten im Rahmen einer Überweisung zur Konsiliaruntersuchung, Mitbehandlung

GOP	01436
Beschreibung	Konsultationspauschale
	oder Weiterbehandlung gemäß § 24 Abs. 7 Nrn. 2, 3 oder 4 Bundesmantelvertrag-Ärzte (BMV-Ä) bzw. § 27 Abs. 7 Nrn. 2, 3 oder 4 Arzt-/Ersatzkassenvertrag (EKV) zur Erbringung von Leistungen entsprechend den Gebührenordnungspositionen des Abschnitts 31.1, ggf. in mehreren Sitzungen
	und/oder
	• Diagnostik und/oder Behandlung einer/von Erkrankung(en) eines Patienten im Rahmen einer Überweisung zur Konsiliaruntersuchung, Mitbehandlung oder Weiterbehandlung gemäß § 24 Abs. 7 Nrn. 2, 3 oder 4 Bundesmantelvertrag-Ärzte (BMV-Ä) bzw. § 27 Abs. 7 Nrn. 2, 3 oder 4 Arzt-/Ersatzkassenvertrag (EKV) innerhalb derselben Arztgruppe gemäß § 24 Abs. 4 BMV-Ä, bzw. § 27 Abs. 4 EKV zur Durchführung von Leistungen entsprechend der Gebührenordnungspositionen der Abschnitte 31.2 und/oder 31.5, ggf. in mehreren Sitzungen
	und/oder
	• Diagnostik und/oder Behandlung einer/von Erkrankung(en) eines Patienten im Rahmen einer Überweisung zur Konsiliaruntersuchung, Mitbehandlung oder Weiterbehandlung gemäß § 24 Abs. 7 Nrn. 2, 3 oder 4 Bundesmantelvertrag-Ärzte (BMV-Ä) bzw. § 27 Abs. 7 Nrn. 2, 3 oder 4 Arzt-/Ersatzkassenvertrag (EKV) innerhalb derselben Arztgruppe gemäß § 24 Abs. 4 BMV-Ä, bzw. § 27 Abs. 4 EKV zur Durchführung von Leistungen entsprechend den Gebührenordnungspositionen des Abschnitts 31.4
Anmerkung	Die Gebührenordnungsposition 01436 kann nicht neben Versicherten-, Grund- und/oder Konsiliarpauschalen berechnet werden. Neben der Gebührenordnungsposition 01436 ist für die Berechnung der jeweiligen arztgruppenspezifischen Versicherten-, Grund- und/oder Konsiliarpauschale in demselben Behandlungsfall mindestens ein weiterer persönlicher Arzt-Patienten-Kontakt notwendig.

Der Ansatz der Konsultationspauschale nach der GOP 01436 setzt einen persönlichen Arzt-Patienten-Kontakt voraus.

Ihre Aufgabe besteht darin, eine sachgerechte Vergütung der Beauftragung eines Vertragsarztes durch einen zweiten Vertragsarzt sicherzustellen. Bezogen auf das Gesamtbudget der zuständigen Kassenärztlichen Vereinigung soll hierdurch eine Doppelvergütung der »Overhead-Leistungen« vermieden werden. Der beauftragte (zweite) Arzt erhält lediglich eine »kleine Kontaktpauschale« zur Honorierung der allein für den Auftrag anfallenden Begleitleistungen.

Im Falle ambulanter Operationen ergeben sich aus der Leistungslegende folgende mögliche Fallkonstellationen:

- Überweisung zur Durchführung von Auftragsleistungen
- Überweisung zur Erbringung von Leistungen entsprechend den GOP der Abschnitte 31.2 und/oder 31.5

Überweisung zur Durchführung von Auftragsleistungen

Auftragsleistungen setzen eine eindeutige Relation zwischen Auftraggeber und Auftragnehmer voraus. Der überweisende Arzt bestimmt, was der ausführende Arzt zu machen hat, und die Handlungsfreiheit des ausführenden Arztes wird eingeschränkt.

Eine solche Einschränkung existiert bei AOP-Leistungen nach § 115b SGB V weder grundsätzlich noch im Speziellen. Allerdings hat das BSG in seinem Urteil vom 01.07.2014 (Az. B 1 KR 1/13) entschieden, dass es auch bei AOP-Leistungen Auftragsleistungen geben könne. Begründet wurde dies wie folgt: »Ob eine Auftragsüberweisung oder eine Überweisung zur Mit- oder Weiterbehandlung vorliegt, richtet sich nach dem Inhalt der Überweisung auf dem genutzten Vordruck.« Diese rein formalistische Betrachtung hat zur Konsequenz, dass es auch bei AOP-Leistungen nach § 115b SGB V Überweisungen zur Durchführung von Auftragsleistungen gibt, sodass die Konsultationspauschale anzuwenden ist.

Bei einer Überweisung zur Durchführung einer Auftragsleistung ist zwingend auf dem Überweisungsformular entweder eine Indikationsangabe mit Empfehlung der Methode (Indikationsauftrag) oder eine Definition der Leistungen nach Art und Umfang (Definitionsauftrag) vom überweisenden Arzt anzugeben. Fehlen diese, so hat das Krankenhaus entsprechend § 24 Abs. 7 BMV-Ä eine Rücksprache mit dem beauftragenden Arzt vorzunehmen. Davon sollten die Krankenhäuser ausgiebig Gebrauch machen – allein schon, um sich rechtlich abzusichern bei ihrer Leistungserbringung.

In diesem Zusammenhang stellt sich die grundsätzliche Frage, ob fachfremde Ärzte eine Verordnung zur Durchführung von Auftragsleistungen überhaupt ausstellen können. Es besteht eine berufsrechtliche Verpflichtung zur grundsätzlichen Beschränkung auf das jeweilige Gebiet. Ob diese überschritten wird, wenn einem zu beauftragenden fachfremden Arzt eine Empfehlung der Methode oder eine Definition der Leistung nach Art und Umfang vorgegeben wird?

Überweisung zur Erbringung von Leistungen entsprechend den GOP des Abschnitts 31.2 und/oder 31.5

Die Konsultationspauschale nach GOP 01436 zur Durchführung einer Auftragsleistung kann nur von Fachärzten abgerechnet werden, die weder Ärzte für Laboratoriumsmedizin noch Mikrobiologen, Nuklearmediziner, Pathologen, Radiologen, Strahlentherapeuten oder Transfusionsmediziner sind.

Zudem werden nicht alle ambulanten Operationen nach § 115b SGB V überhaupt von der Gültigkeit der GOP 01436 erfasst. Betroffen sind ausschließlich die Leistungen aus Abschnitt 31.2 EBM bzw. aus Abschnitt 1 des AOP-Kataloges.

Darüber hinaus entsteht die Notwendigkeit zum Ansatz der GOP 01436 erst in Zusammenhang mit einer Überweisung zur Konsiliaruntersuchung, Mitbehandlung oder Weiterbehandlung. Kommt der Patient ohne Überweisung eines anderen Arztes (Einweisung oder direkter Zugang), ist die Prüfung zum Ansatz der GOP 01436 nicht relevant.

Ansatz der Konsultationspauschale neben einer Grundpauschale

Von Bedeutung ist die Anmerkung zu GOP 01436:

> »Neben der Gebührenordnungsposition 01436 ist für die Berechnung der jeweiligen arztgruppenspezifischen Versicherten-, Grund- und/oder Konsiliarpauschale demselben Behandlungsfall mindestens ein weiterer persönlicher Arzt-Patienten-Kontakt notwendig.«

Es ist somit klargestellt, dass die Konsultationspauschale nicht in jedem Fall eine Grundpauschale ersetzt. Kommt der Patient mindestens zweimal im Behandlungsfall (weiterer persönlicher Arzt-Patienten-Kontakt), kann eine Grundpauschale neben der Konsultationspauschale in Ansatz gebracht werden. In diesem Zusammenhang ist die Definition des persönlichen Arzt-Patienten-Kontaktes wichtig. Aus der Allgemeinen Bestimmung 4.3.1 EBM ergibt sich, dass ein persönlicher Arzt-Patienten-Kontakt die räumliche und zeitgleiche Anwesenheit von Arzt und Patient und die direkte Interaktion derselben voraussetzt. Eine direkte Interaktion dient hierbei diagnostischen und/oder therapeutischen Zwecken. Es dürfte selbsterklärend sein, dass eine direkte Interaktion mit sedierten oder narkotisierten Patienten nicht möglich ist.

Von Krankenkassenseite wird häufig behauptet, dass mit dem Urteil des BSG vom 31.05.2016 (Az. B 1 KR 39/15 R) die Abrechnung einer Grundpauschale bei fachgleicher Überweisung zur Mit- und Weiterbehandlung nicht möglich sei. Das ist nicht zutreffend. Das BSG hat in seinem Urteil vom 28.03.2017 (Az. B1 KR 66/16 B) Folgendes geschrieben: »*In der letztgenannten Entscheidung (BSG vom 31.05.2016, Az. B 1 KR 39/15 R) hat der erkennende Senat einen Anspruch auf die Grundpauschale nur verneint, weil dort zwar am Tag vor der Operation, nicht aber am Operationstag selbst eine direkte Interaktion zwischen Arzt und der Patientin stattgefunden hatte.*« Insofern bestätigt das BSG die Auffassung, dass die Grundpauschale neben der Konsultationspauschale dann abrechnungsfähig ist, wenn ein zweiter persönlicher Arzt-Patienten-Kontakt im Behandlungsfall erfolgt.

8.3 Allgemeine Tatbestände, bei deren Vorliegen die stationäre Durchführung von Leistungen erforderlich sein kann

Das Sozialrecht normiert in § 39 SGB V den Vorrang der ambulanten vor der stationären Behandlung. Durch wiederholte Entscheidungen des Bundessozialgerichtes gilt das auch im Verhältnis zwischen ambulanten und stationären Eingriffen.

Das hat zur Konsequenz, dass es einer Begründung bedarf, weshalb ein Eingriff, der im AOP-Katalog enthalten ist, nicht als ambulante Operation, sondern als stationäre Operation durchgeführt wird.

Im AOP-Vertrag ist deshalb eine Regelung enthalten, die die allgemeinen Tatbestände benennt, bei deren Vorliegen eine stationäre Durchführung von Leistungen begründet ist. Im AOP-Vertrag, der bis zum 31.12.2022 galt, waren diese Allgemeinen Tatbestände die sogenannten G-AEP-Kriterien (»Appropriateness Evaluation Protocol« mit dem Präfix »G« für german). Mit dem ab dem 01.01.2023 geltenden Vertrag wurden diese Kriterien im Wesentlichen ersetzt durch die sogenannten »Kontextfaktoren« in § 8 Abs. 1 AOP-Vertrag. Allerdings wird das Kontextfaktorenmodell ergänzt um medizinische und soziale Gründe (§ 8 Abs. 3 AOP-Vertrag), die ebenfalls eine stationäre Leistungserbringung begründen können.

Damit liegen im derzeitigen AOP-Vertrag verschiedene Gründe vor, die eine stationäre Durchführung des eigentlichen ambulanten Eingriffs begründen können (▶ Abb. 8.3).

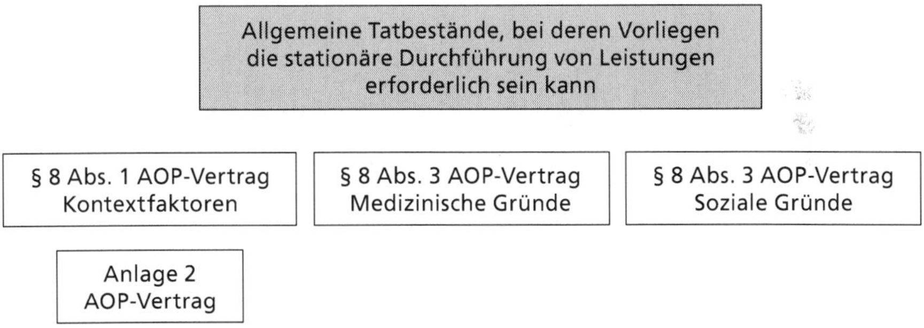

Abb. 8.3: Allgemeine Tatbestände, die eine stationäre Leistungsdurchführung begründen können

Die ursprüngliche Idee der Kontextfaktoren stammt aus dem »Gutachten nach § 115b Abs. 1a SGB V« des IGES Instituts. Die Vertragsparteien haben in dem ab dem 01.01.2023 gültigen AOP-Vertrag allerdings nur einige wenige der in dem Gutachten formulierten Kontextfaktoren aufgenommen. Durch den Vertrag zum 01.01.2024 wurden nur wenige Ergänzungen der Kontextfaktoren vorgenommen. Grundsätzliche Änderungen fanden nicht statt.

Die Anlage 2 des AOP-Vertrages stellt eine Excel-Datei dar, die 8 Tabellenblätter enthält. Die beiden wirkmächtigsten und umfangreichsten Tabellenblätter sind

»K6 2024 ICD nicht ambulant« und »K2 2024 OPS stationär«. Das Vorliegen einer Diagnose aus der Liste »K6 2024 ICD nicht ambulant« begründet ohne Weiteres eine stationäre Durchführung einer Leistung, die im AOP-Katalog enthalten ist. Wenn neben einem Eingriff aus dem AOP-Katalog ein weiterer Eingriff aus der Liste »K2 2024 OPS stationär« erbracht wird, stellt auch das eine ausreichende Begründung für die stationäre Durchführung dar.

Neben den Kontextfaktoren gibt es noch zwei weitere Faktoren, die eine stationäre Leistungserbringung begründen können. Die exakte Formulierung in § 8 Abs. 3 AOP-Vertrag lautet:

> »Liegen abweichend von den in Anlage 2 genannten Kontextfaktoren medizinische Gründe oder soziale Gründe vor, die dazu führen, dass die Versorgung des Patienten in der Häuslichkeit nicht sichergestellt werden kann und dadurch der medizinische Behandlungserfolg gefährdet ist, so sind diese Gründe bei einer stationären Durchführung der Leistung nach Anlage 1 fallindividuell darzustellen.«

Diese beiden Faktoren unterscheiden sich lediglich in der Formulierung von den Gründen, die auch schon vor 2023 eine stationäre Durchführung begründen konnten.

Verschiedentlich wurde angezweifelt, ob soziale Gründe ein Argument für die stationäre Leistungserbringung darstellen können. Dazu hat das BSG in seinem Beschluss vom 25.09.2007 (Az. GS 1/06) wie folgt Stellung genommen: »*Der allein auf die konkrete Behandlung bezogene Zweck bildet auch die Rechtfertigung dafür, dass außermedizinische Gesichtspunkte wie die Lebensumstände und die häusliche Situation des Versicherten etwa bei der Entscheidung zu berücksichtigen sind, ob ein chirurgischer Eingriff im konkreten Fall ambulant durchgeführt werden kann oder ob ausnahmsweise eine stationäre Aufnahme erfolgen muss, weil eine ausreichende Überwachung und Nachbetreuung des Patienten in seiner häuslichen Umgebung nicht gewährleistet ist.*«

Insofern ist höchstrichterlich entschieden, dass soziale Gründe als Begründung für eine stationäre Durchführung stehen können. Das Krankenhaus ist allerdings aus den schon genannten Mitwirkungspflichten dazu verpflichtet, diese Gründe zu dokumentieren und den Krankenkassen zur Verfügung zu stellen.

Die vertragliche Verpflichtung zur Prüfung der Lebensumstände des Patienten ergibt sich schon aus § 2 Abs. 2 Satz 3 AOP-Vertrag: »*Zugleich muss sich der verantwortliche Arzt vergewissern und dafür Sorge tragen, dass der Patient nach Entlassung aus der unmittelbaren Betreuung des behandelnden Arztes auch im häuslichen Bereich sowohl ärztlich als gegebenenfalls auch pflegerisch angemessen versorgt wird. Die Entscheidung ist zu dokumentieren.*«

Die Frage ist allerdings, wie weit die Prüfungspflichten des Krankenhauses zu gehen haben. Hierzu liegt ein Urteil des Sozialgerichtes Hannover vom 06.07.2020 vor (Az. S 69 KR 2198/16), welches klarstellt, dass die Prüfungspflichten des Krankenhauses nicht unbegrenzt sind: »*Liegt eine ausdrückliche Bestätigung des Patienten über fehlende postoperative Versorgungsmöglichkeiten vor, würde es nach Auffassung der Kammer die an ein Krankenhaus zu stellenden Anforderungen überspannen, müsste dieses jeden aufkommenden Zweifel an der – schriftlich bestätigten – fehlenden Versorgungsmöglichkeit des Patienten erforschen und überprüfen.*«

8.4 Schweregraddifferenzierung

Durch die Anpassung des § 115b SGB V im Jahr 2020 wurde folgender Passus neu in den § 115b Abs. 1 SGB V aufgenommen:

> *»Die Vergütung nach Satz 1 Nummer 2 ist nach dem Schweregrad der Fälle zu differenzieren und erfolgt auf betriebswirtschaftlicher Grundlage, ausgehend vom einheitlichen Bewertungsmaßstab für ärztliche Leistungen unter ergänzender Berücksichtigung der nichtärztlichen Leistungen, der Sachkosten sowie der spezifischen Investitionsbedingungen.«*

Die Umsetzung dieser Vorgabe war einer der schwierigsten und konflikträchtigsten Punkte in den Verhandlungen über einen neuen AOP-Vertrag. Die Vertragsparteien haben sich letztlich Ende 2022 auf die folgende Regelung in § 10 Abs. 1 AOP-Vertrag geeinigt:

> *»Die Vergütung gemäß § 9 Abs. 1 und 2 für die Leistungen des Krankenhauses und der Vertragsärzte nach Anlage 1 wird insoweit nach Schweregraden differenziert, dass Reoperationen, soweit sie nicht bereits über eigenständige OPS-Schlüssel abgebildet und spezifisch bewertet sind, mit einem Vergütungsaufschlag versehen werden.«*

Als Reoperation wird entsprechend der Definition in § 10 Abs. 2 AOP-Vertrag verstanden:

- die Wiedereröffnung eines Operationsgebietes zur Behandlung einer Komplikation,
- die Durchführung einer Rezidivtherapie oder
- die Durchführung einer anderen Operation in diesem Operationsgebiet.

Eine gesonderte betriebswirtschaftliche Kalkulation der betroffenen Eingriffe erfolgte nicht.

Durch den AOP-Vertrag in der Fassung vom 18.12.2023 wurden als weiteres Kriterium für eine Schweregraddifferenzierung die operative Versorgung von Frakturen sowie die geschlossenen Repositionen von Frakturen ohne Osteosynthesen eingeführt. In der neuen Anlage 3 sind die OPS-Kodes aufgelistet, für die diese Regelung gilt. Bei der Durchführung einer dieser Eingriffe erfolgt ein Zuschlag in Höhe von 20 % auf die Vergütung der entsprechenden Leistung.

Die Regelungen zur Schweregraddifferenzierung sind zunächst auf das Jahr 2024 begrenzt.

8.5 Die Abrechnung der Leistungen

Bereits § 115b SGB V legt die Voraussetzung einer einheitlichen Vergütung für Krankenhäuser und Vertragsärzte fest. Vertraglich ist die gleiche Vergütung von Vertragsärzten und Krankenhäusern in § 9 Abs. 1 AOP-Vertrag geregelt.

Die Abrechnung der ambulanten Operationen nach § 115b SGB V folgt den Regeln des EBM. Abrechnungsausschlüsse und Besonderheiten einzelner Abrechnungsziffern werden übernommen. Unterschiede existieren

- im Aufbau des Katalogs,
- in der Ermittlung der Vergütung,
- bei der Abrechnung von Implantaten,
- bei der Abrechnung des sog. Sprechstundenbedarfs,
- bei der Erbringung und Abrechnung präoperativer Leistungen und
- bei der Erbringung und Abrechnung postoperativer Leistungen.

8.5.1 Der Aufbau des Katalogs

Die grundsätzliche Geltung des EBM für die Krankenhäuser findet ihre Grenzen in der Nutzung der operativen Leistungen des Anhangs 2. Den Krankenhäusern steht lediglich ein Ausschnitt an Leistungen zur Verfügung. Die abschließende Aufzählung der Leistungen in Form eines AOP-Katalogs gibt das Leistungsspektrum sehr exakt vor. Leistungen, die nicht enthalten sind, können grundsätzlich auch nicht über diese Rechtsgrundlage abgerechnet werden.

Der Katalog gliedert sich in drei Abschnitte:

Abschnitt 1

Abschnitt 1 beinhaltet ambulant durchführbare Operationen und sonstige stationsersetzende Eingriffe gem. § 115b SGB V, die in Anhang 2 zu Kapitel 31 des EBM enthalten sind. Es gilt die Leistungsbeschreibung des OPS, die auf die zu verwendende Gebührenziffer verweist (vgl. Systematik der ambulanten Operationen des EBM).

Abschnitt 2

Abschnitt 2 beinhaltet ambulant durchführbare Operationen und sonstige stationsersetzende Eingriffe gem. § 115b SGB V, die im EBM außerhalb des Anhanges 2 zu Kapitel 31 aufgeführt sind. Im Gegensatz zu Abschnitt 1 erfolgt hier der Ausweis der jeweiligen OPS-Ziffer und der zugeordneten EBM-Position. Es gilt die Leistungsbeschreibung des OPS.

Abschnitt 3

Abschnitt 3 enthält ambulant durchführbare Operationen und sonstige stationsersetzende Leistungen gem. § 115b SGB V ohne OPS-Zuordnung. Es erfolgt allein der Ausweis der EBM-Ziffern. Für die Operationen und Eingriffe gelten die Leistungsbeschreibungen des EBM.

Die noch bis zum Ende des Jahres 2022 erfolgte Differenzierung nach den Kategorien 1 und 2 entfällt seit dem AOP-Katalog 2023.

In Zusammenhang mit der Auswahl von Leistungen aus dem Katalog nach § 115b SGB V ist zu berücksichtigen, ob eine Leistung einen diagnostischen oder einen therapeutischen Charakter besitzt, da sich dieser auch im jeweiligen Prozedurenschlüssel niederschlägt. Soll beispielsweise eine Herzkatheteruntersuchung durchgeführt werden, ist zu differenzieren nach einer diagnostischen und einer therapeutischen Herzkatheteruntersuchung. Während die **diagnostische** Herzkatheteruntersuchung als Leistung des AOP-Kataloges mit einem Prozedurenschlüssel zwischen 1-272.0 und 1-275.5 zu kodieren und nach der Gebührenordnungsposition 34291 abzurechnen ist, ist die **therapeutische** Herzkatheteruntersuchung mit einem Prozedurenschlüssel 5-360.2 ff. zu kodieren, nach der Gebührenordnungsposition 34292 abzurechnen, aber kein Bestandteil des AOP-Kataloges nach § 115b SGB V.

In Abschnitt 2 des AOP-Kataloges für das Jahr 2024 ergibt sich eine Neuerung, die aus einer Änderung des OPS-Textes resultiert. In einigen OPS-Ziffern, die auch im Abschnitt 2 des AOP-Kataloges enthalten sind, findet sich die Formulierung: »mit Steuerung durch bildgebende Verfahren«. Eine Präzisierung, welche bildgebenden Verfahren gemeint sind, erfolgt nicht. Daher wurden in Abschnitt 2 des AOP-Kataloges 2024 verschiedene Abrechnungsvarianten aufgenommen, die unterschiedliche bildgebende Verfahren berücksichtigen. In den Abrechnungsbeispielen werden einige dieser Abrechnungsvarianten erläutert.

8.5.2 Die Ermittlung der Vergütung

In ihrer Grundform folgt die Ermittlung der Vergütung einem fünfgliedrigen Schema:

1. Schritt:	Ermittlung der Gebührenziffern auf Basis des Katalogs der ambulanten Operationen nach § 115b SGB V.
2. Schritt:	Ermittlung des Honorarvolumens aus Punktwertrelationen als Multiplikation der Punktwertrelation je Ziffer und dem jeweils gültigen Punktwert für das ambulante Operieren.
3. Schritt:	Ermittlung des Honorarvolumens aus eventuell erbrachten Laborleistungen, die weitestgehend mit festen Punktwerten (also mit Eurobeträgen) notiert sind.
4. Schritt:	Ermittlung der Honorarzwischensumme aus dem Honorarvolumen aus Punktwertrelationen und dem Honorarvolumen aus Laborleistungen.
5. Schritt:	Pauschaler Zuschlag im Sinne der Sprechstundenbedarfsregelung des Vertragsärztlichen Bereichs auf die gesamte Honorarzwischensumme in Höhe von 7 % der Honorarsumme (§ 11 Abs. 3). Dieser pauschale Zuschlag erfolgt auf diejenigen Leistungen, die nicht mit den ärztlichen Leistungen, nicht mit den vertraglich vereinbarten Sachkostenpauschalen des Kapitels 40 des EBM und nicht mit den Vereinbarungen gem. Abs. 4 bis 7 des Vertrages abgegolten sind.

Ergänzend können Sachkosten, sofern deren Betrag im Einzelfall 6,25 € überschreitet, berechnet werden. Dies sind im Einzelnen:

- im Körper verbleibende Implantate in Summe,
- Röntgenkontrastmittel,
- Nahtmaterial,
- diagnostische und interventionelle Katheter einschließlich Führungsdraht, Gefäßschleuse, Einführungsbesteck und Verschlusssysteme im Zusammenhang mit angiologisch-diagnostischen und -therapeutischen, gefäßchirurgischen phlebologischen Leistungen,
- diagnostische und interventionelle Katheter einschließlich Führungsdraht im Zusammenhang mit gastroskopischen Leistungen (inkl. Leistungen an den Gallenwegen),
- Trokare, Endoclips und Einmalapplikatoren für Clips im Zusammenhang laparoskopischen Leistungen,
- Narkosegase, Sauerstoff,
- diagnostische und interventionelle Katheter (ausgenommen Transferkatheter) einschließlich Führungsdraht im Zusammenhang mit Leistungen zur In-Vitro-Fertilisation abzüglich des Patienteneigenanteils,
- Iris-Retraktoren, Kapselspannringe, Injektionshalterungen im Zusammenhang mit ophthalmochirurgischen Leistungen,
- Ophthalmica (Viskoelastika, Perfluordecaline, Silikonöl, C3F8-Gas) bei ophthalmochirurgischen Leistungen,
- Schienen, Kompressionsstrümpfe (nicht Anti-Thrombosestrümpfe),
- diagnostische und interventionelle Katheter einschließlich Führungsdraht, Ureterschleusen (Führungshülsen) im Zusammenhang mit urologischen Leistungen.

Neu aufgenommen wurde für den AOP-Vertrag in der Fassung vom 01.01.2024 der letzte Punkt.

Die Erstattungsfähigkeit nach dieser Regelung beginnt erst oberhalb des Betrags von 6,25 €. Dem Krankenhaus verbleibt somit ein Eigenanteil in dieser Höhe!

Der Begriff des Nahtmaterials umfasst nicht nur das Nahtmaterial im engeren Sinne (also Fäden), sondern beispielsweise auch Nahtanker, um Nähte überhaupt ansetzen zu können.

Mehrfache Berücksichtigung des Eigenbehalts

Denkbar sind in diesem Zusammenhang Sachverhalte, in denen neben dem eigentlichen Implantat weitere Materialien eingesetzt werden. Hier wurde vereinzelt die Frage thematisiert, ob bei Zuordnung der weiteren Materialien zu einer anderen Materialgruppe (z. B. Röntgenkontrastmittel) der vom ambulant operierenden Krankenhaus zu tragende Eigenanteil in Höhe von 6,25 € je Materialgruppe zu berücksichtigen ist. Dies kann bei Ansprache aller Materialgruppen zu der Konstellation führen, dass das Krankenhaus den Eigenanteil in mehrfacher Höhe zu tragen hat.

§ 11 Abs. 5 des Vertrages stellt klar, dass sich die gewählte Formulierung »im Einzelfall« nicht auf den Einzelfall der Patientenbehandlung, sondern auf den Einzelfall der jeweiligen Materialgruppe bezieht (Formulierung: je Spiegelstrich).

Beispiel

Implantatkosten	250,00 €
Kosten Röntgenkontrastmittel	150,00 €
Kosten Narkosegase	10,00 €
Summe der Kosten nach § 11 Abs. 3	410,00 €
abzüglich Eigenanteil (3 × 6,25 €)	18,75 €
Ergibt (Rechnungsbetrag gegenüber Sozialleistungsträger)	391,25 €

Berechnung der Kostenpauschalen nach Kapitel 40 EBM

§ 9 Abs. 3 bestimmt die grundsätzliche Abrechenbarkeit des pauschalen Honorarzuschlages in Höhe von 7 %. Für den Fall der Berechnung einer Kostenpauschale nach Absatz 4 (Kapitel 40 EBM) »*ist die entsprechende ärztliche Leistung des EBM für die Berechnung der Zuschlagshöhe aus der Honorarsumme auszuklammern*« (vgl. § 11 Abs. 3 letzter Satz AOP-Vertrag).

Nicht definiert ist die Bedeutung des Begriffes »**entsprechende ärztliche Leistung des EBM**«.

Aufgrund der starken inhaltlichen Bindung eines Sachkostenzuschlages an die eigentliche Operationsleistung kann der Begriff der »entsprechenden ärztlichen Leistung des EBM« nur die Operationsziffer im engeren Sinne umschreiben und sich nicht auf sämtliche Abrechnungsziffern des jeweiligen Operationstages beziehen.

Die derzeitige Fassung des AOP-Vertrages präzisiert die Abrechnung der Kostenpauschalen nach den Kapiteln des EBM.

§ 11 Abs. 3 AOP-Vertrag spricht nun ausdrücklich **von leistungsbezogenen Kostenpauschalen,** die nach § 11 Abs. 4 AOP-Vertrag **nicht** in die Honorarsumme zur Ermittlung des pauschalen Zuschlags einzurechnen sind.

Der Begriff der »leistungsbezogenen Kostenpauschalen« ist innerhalb des EBM eindeutig definiert und erstreckt sich allein auf die Leistungen der Abschnitte 40.6 bis 40.16.

Leistungen der Abschnitte 40.1 bis 40.5 und 40.18 sind somit nicht aus der Honorarsumme auszuklammern und demzufolge bei der Ermittlung des pauschalen Sachkostenzuschlags zu berücksichtigen!

Verschiedentlich wird von den Krankenkassen behauptet, dass grundsätzlich neben der Sachkostenpauschale von 7 % keine Kostenpauschalen abrechnungsfähig seien. Das trifft nicht zu. In der mit dem Spitzenverband Bund der Krankenkassen vereinbarten Datenübermittlung nach § 301 Abs. 3 SGB V steht in der Anlage 5,

Rechnungssatz Ambulantes Operieren, ein Abrechnungsbeispiel, welches sowohl eine Kostenpauschale des Kapitels 40 als auch die Sachkostenpauschale von 7 % beinhaltet. Insofern wurde die gleichzeitige Abrechnung von beiden Sachkostenbestandteilen auch von den Krankenkassen akzeptiert.

Nachweis der Sachkosten

In der Frage des Nachweises der Sachkosten erfolgt unter § 11 Abs. 6 AOP-Vertrag eine Klarstellung: Nachzuweisen sind die tatsächlichen Kosten. Das Krankenhaus ist verpflichtet, die tatsächlich realisierten Preise in Rechnung zu stellen und gegebenenfalls die vom Hersteller bzw. vom Lieferanten gewährte Rückvergütung wie insbesondere Preisnachlässe, Rabatte und andere geldwerte Vorteile mit Ausnahme von Barzahlungsrabatten bis zu 3 % weiterzugeben.

Nach § 11 Abs. 6 Satz 2 hat das Krankenhaus die rechnungsbegründenden Unterlagen in Form der Originalrechnungen für die Dauer von fünf Jahren aufzubewahren.

Fraglich bleibt jedoch in allen Fällen eines Nachweisbegehrens die Vereinbarkeit mit der Datenübermittlungspflicht nach § 301 SGB V, da diese nur noch in Ausnahmefällen eine Übermittlung papiergebundener Daten erlaubt.

Erhebung des pauschalen Zuschlags auf Leistungen des Kapitels 32

In Zusammenhang mit der Erhebung des pauschalen Zuschlags in Höhe von 7 % entsteht häufig die Frage, ob dieser auch auf Positionen des Kapitels 32 (Laboratoriumsmedizin, Molekulargenetik und Molekularpathologie) zu erheben ist. Mit Verweis auf die Umstellung des EBM zum 01.07.1999 und der Einführung sogenannter fester Punktwerte für die Leistungen der damaligen Kapitel OI bis OIII wird behauptet, dass die Bewertungen der Gebührenziffern des Laborkapitels mit festen Eurobeträgen bereits pauschale Materialkostenzuschläge enthielten und somit der Zuschlag nach § 11 Abs. 3 des Vertrages nicht mehr erhoben werden dürfte.

Die Vertragsparteien auf Bundesebene hatten jedoch bereits in der Fassung des Vertrags zum ambulanten Operieren nach § 115b SGB V vom 01.01.2004 (und ebenfalls in der Vorversion!) und der damit seinerzeit verbundenen Vereinbarung zu den regelungsbedürftigen Tatbeständen (hier: § 5) festgelegt, dass der pauschale Zuschlag auf die gesamte Honorarsumme zu erheben ist. Diese »gesamte Honorarsumme« beinhaltet auch die Honoraranteile für Laborleistungen des heutigen Kapitels 32. Dies wird aber nach wie vor von den Krankenkassen bestritten, sodass ein Einbezug der Laborleistungen in den pauschalen Zuschlag von ihnen abgelehnt und Rechnungen der Krankenhäuser zurückgewiesen werden.

8.5.3 Die präoperativen Leistungen

Zur Vorbereitung der ambulanten Operation ist es vorgesehen, dass die Krankenhäuser derartige Leistungen grundsätzlich selbst erbringen oder zu deren Erbringung an andere Leistungserbringer überweisen können (vgl. § 4 AOP-Vertrag).

Sofern der Patient mit einer Überweisung kommt, gilt zunächst, dass der überweisende Arzt dem Krankenhaus bedeutsame Unterlagen zur Verfügung zu stellen hat. Operateur bzw. Anästhesist müssen diese Unterlagen berücksichtigen. Hier liegt eine Bringschuld des überweisenden Arztes und keine Holschuld des Krankenhauses vor. Forderungen von Krankenkassen, Krankenhäuser mögen die erstellten Unterlagen beim überweisenden Arzt anfordern, sind zurückzuweisen. Dafür liegt keine Rechtsgrundlage vor.

Bereits durchgeführte Untersuchungen des überweisenden Arztes dürfen nur in medizinisch begründeten Fällen von den Sozialleistungsträgern erneut vergütet werden. Sie sind bei der Abrechnung zu kennzeichnen.

Im Zusammenhang mit den präoperativen Leistungen sind zwei Probleme erwähnenswert. Es handelt sich zum einen um die Erbringung von präoperativen Laboruntersuchungen, zum anderen um den Zeitpunkt der präoperativen Untersuchungen.

Gemäß § 4 Abs. 3 AOP-Vertrag ist der durchführende Krankenhausarzt/Anästhesist berechtigt, gegebenenfalls zusätzlich erforderliche, auf das eigene Fachgebiet bezogene diagnostische Leistungen im Krankenhaus durchführen zu lassen. Das BSG hat in seinem Urteil vom 31.05.2016 (Az. B 1 KR 39/15 R) diese Regelung im Zusammenhang mit präoperativen Laboruntersuchungen (eng) ausgelegt. Demnach darf der durchführende Krankenhausarzt/Anästhesist nur solche Laboruntersuchungen durchführen lassen, die sein Fachgebiet betreffen. Die Prüfung des eigenen Fachgebietes wurde auf die Weiterbildungsordnung und die sie ergänzenden Richtlinien bezogen. Die Weiterbildungsinhalte dürfen nicht nur lediglich Kenntnisse, Erfahrungen und Fertigkeiten in der Indikationsstellung, sachgerechten Probengewinnung und -behandlung für Laboruntersuchungen umfassen, sondern auch die Durchführung der Laboruntersuchungen selbst. Ist das nicht der Fall, dann zählen die veranlassten Laboruntersuchungen nicht zum Fachgebiet des Krankenhausarztes und dürfen folglich nicht abgerechnet werden. Verschiedentlich wird diese enge Auslegung von den Krankenkassen als Argument verwendet, um präoperative Laboruntersuchungen nicht anzuerkennen und die Abrechnung zu verweigern.

Ob präoperative Untersuchungen überhaupt abgerechnet werden dürfen, hängt auch vom Zeitpunkt der Untersuchung ab. Das Problem ergibt sich aus der Präambel des Abschnitts 31.2.1 Nr. 8. Dort heißt es:

»In einem Zeitraum von drei Tagen, beginnend mit dem Operationstag, können in der Praxis (des Operateurs) neben der ambulanten Operation nur die Gebührenordnungspositionen 01102, 01220 bis 01222, 01320 bis 01323, 01410 bis 01415, 01431, 01436, 01442, 01444, 01546, 01549, 01450, 01602, 01610 bis 01613, 01615, 01620 bis 01624, 01626, 01640 bis 01642, 01647, 01648, 01650, 01670 bis 01672, 01699 bis 01703, 01705 bis 01707, 01709, 01711 bis 01723, 01731, 01732, 01734, 01735, 01737, 01740 bis 01743, 01744, 01747, 01748, 01750, 01752 bis 01758, 01760, 01761, 01764, 01765, 01770 bis 01775, 01780 bis 01787, 01793 bis 01796, 01800, 01802 bis 01811, 01815, 01816, 01820 bis 01828, 01830 bis 01833, 01840 bis 01842,

01850, 01915, 01920 bis 01922, 01949, 01950 bis 01953, 01955, 01956, 01960, 02314, 02325 bis 02328, 03008, 03010, 04008, 04010, 05227, 05228, 06227, 06228, 06362, 07227, 07228, 08227, 08228, 09227, 09228, 10227, 10228, 11228, 13227, 13228, 13297, 13298, 13347, 13348, 13397, 13398, 13421, 13423, 13497, 13498, 13547,13548, 13597, 13598, 13647, 13648, 13697, 13698, 14217, 14218, 15228, 16218, 16228, 17228, 18227, 18228, 19310, 19312, 19315, 19320, 20227, 20228, 21227, 21228, 21236, 21237, 22219, 22228, 23228, 23229, 24228, 25228 bis 25230, 26227, 26228, 27227, 27228, 30701, 30705, 30706, 30740, 31600, 37400, 37700, 37701, 37704 bis 37706, 37710, 37711, 37714 und 37720, die Versicherten-, Grund- und Konsiliarpauschalen, die Gebührenordnungsposition 06225 unter Berücksichtigung der Regelungen der Präambel 6.1 Nr. 6, Gebührenordnungspositionen der Kapitel bzw. Abschnitte 30.1.3, 30.3.2, 30.8, 30.12, 31.3, 31.4.3, 31.5.2, 31.5.3, 32, 34, 35, 37.5 und 40 sowie die Gebührenordnungspositionen 01100 oder 01101 jeweils in Verbindung mit der Gebührenordnungsposition 01414 berechnet werden.«

Diese abschließende Liste von abrechnungsfähigen Gebührenordnungspositionen führt zu einer Einschränkung der präoperativen, aber auch der intraoperativen und postoperativen Leistungen, die abrechnungsfähig sind. Dazu zählen beispielsweise die Sonographien des Kapitels 33, aber auch die präanästhesiologische Untersuchung gemäß der GOP 05310.

Diagnostische Leistungen zur Vorbereitung auf eine stationäre Behandlung

Eine Besonderheit stellt die Erbringung diagnostischer Leistungen dar, die der Vorbereitung der stationären Behandlung dienen und innerhalb der 5-Tage-Frist nach § 115a SGB V (vorstationäre Leistungen) erbracht werden. Sie sind – aus verständlichen Gründen – nicht als ambulante Operation abrechenbar.

Benötigt der behandelnde Krankenhausarzt zusätzliche diagnostische Leistungen, die das eigene Fachgebiet umfassen, darf der ambulant operierende Arzt diese durchführen lassen, wenn das Krankenhaus die hierfür erforderlichen Einrichtungen hat (vgl. § 4 Abs. 3 AOP-Vertrag).

Kann der Krankenhausarzt die notwendigen Leistungen nicht selbst erbringen, hat dieser zu überweisen an

- einen niedergelassenen Vertragsarzt dieses Fachgebietes,
- einen ermächtigten Krankenhausarzt,
- eine ermächtigte ärztlich geleitete Einrichtung oder
- eine zugelassene Einrichtung.

Portimplantation als Vorleistung zur stationären Behandlung

Bei den Portimplantationen im Zusammenhang mit einem stationären Aufenthalt muss unterschieden werden, ob die Portimplantation vor oder nach dem stationären Aufenthalt erfolgt ist. Es geht hier um die (abrechnungstechnische) Frage, ob es sich bei der Portimplantation nicht um eine ambulante Operation, sondern um eine vor- oder nachstationäre Behandlungen gemäß § 115a SGB V handelt.

Dazu sind in den letzten 10 Jahren Urteile vom Bundessozialgericht und von zwei Landessozialgerichten gefällt worden.

Mit einer Portimplantation im Vorfeld eines stationären Aufenthaltes befassen sich die Urteile des Landessozialgerichts Rheinland-Pfalz vom 30.04.2014 (Az. L 5 KR 181/13) und des Landessozialgerichts Baden-Württemberg vom 03.11.2020 (Az. L 11 KR 2819/19). In den zugrunde liegenden Fällen wurde von Krankenhäusern eine Portimplantation als ambulante Operation abgerechnet. Die Krankenkassen verweigerten die Zahlung mit der Begründung, es handele sich nicht um eine ambulante Operation, sondern um eine vorstationäre Behandlung, die im Zusammenhang mit der dann erfolgten stationären Behandlung über die abgerechnete DRG vergütet sei. Die beiden Landessozialgerichte folgten dieser Auffassung der Krankenkassen nicht. Begründet wurde dies damit, dass eine zwingende Voraussetzung einer vorstationären Behandlung gemäß § 115a SGB V eine Einweisung sei. In den in Rede stehenden Fällen lag aber keine Einweisung vor, sodass eine vorstationäre Behandlung nicht abrechnungsfähig gewesen sei.

Anders sieht es bei einer Portimplantation im Nachgang zu einem stationären Aufenthalt aus. Das BSG hat am 19.04.2016 (Az. B 1 KR 23/15 R) entschieden, dass eine innerhalb von 14 Tagen nach Beendigung der stationären Krankenhausbehandlung durchgeführte Portimplantation zur Durchführung einer Chemotherapie den Behandlungserfolg der vorherigen operativen Entfernung (eines Tumors) sichere. Damit falle die Portimplantation unter die Definition einer nachstationären Behandlung gemäß § 115a SGB V. Eine Abrechnung als ambulante Operation sei demnach nicht möglich. Die nachstationäre Behandlung sei über die DRG für die stationäre Krankenhausbehandlung abgegolten.

Offen in diesem Zusammenhang bleibt, ob eine ambulante Behandlung, die nicht innerhalb der Frist von 14 Tagen nach dem stationären Aufenthalt erfolgt, separat abgerechnet werden kann. Insbesondere dann, wenn die Frist auf patientenbezogene Gründe zurückzuführen ist.

Kombination von vorstationären Leistungen (§ 115a SGB V) und ambulanten Operationen (§ 115b SGB V)

Mit Inkrafttreten des Gesundheitsstrukturgesetzes zum 01.01.1993 implementierte der Gesetzgeber nicht allein das ambulante Operieren nach § 115b SGB V, sondern auch die Erbringung vorstationärer und nachstationärer Leistungen nach § 115a SGB V. Die Ziele der vorstationären Leistungen liegen zum einen in der Vorbereitung der vollstationären Behandlung, zum anderen in der Prüfung der vollstationären Behandlungsnotwendigkeit. Nach § 39 Abs. 1 SGB V ist das Krankenhaus hierzu sogar verpflichtet.

Weder das SGB V noch der Vertrag zum ambulanten Operieren nach § 115b SGB V versagen dem Krankenhaus, vor der Abrechnung einer ambulanten Operation auch eine vorstationäre Leistung in Ansatz zu bringen. Mit dem Urteil des BSG vom 17.11.2015 (Az. B 1 KR 30/14 R) ist das höchstrichterlich normiert. In dem Urteil heißt es u. a.:

- Eine vorstationäre Behandlung ist zwar im Falle einer stationären Behandlung neben der zu vergütenden Fallpauschale nicht gesondert berechenbar (§ 8 Abs. 2 S. 3 Nr. 4 KHEntgG).
- Eine entsprechende gesetzliche Ausschlussregelung gibt es für den Vergütungsanspruch wegen vorstationärer Behandlung bei nachfolgender ambulanter Operation aber nicht.
- Auch andere hier in Betracht kommende (normen)vertragliche Regelungen, insbesondere die des § 4 AOP-Vertrag oder eines Vertrages nach § 115b Abs. 1 i. V. m. Abs. 2 S. 1 Nr. 4 SGB V, passen nicht dazu. Dies läge nach dem Regelungssystem auch fern: Ergibt die vorstationäre Untersuchung des Krankenhauses, dass ambulante Behandlung ausreicht, fehlt ein den Fallpauschalen vergleichbarer Kompensationsmechanismus.

Insofern kann beispielsweise nach einer vorstationären Behandlung, bei der der Krankenhausarzt zu dem Schluss gekommen ist, dass eine vollstationäre Behandlung nicht erforderlich und eine ambulante Operation ausreichend sei, eine ambulante Operation durchgeführt werden. Abgerechnet werden können dann neben der vorstationären Behandlung auch die ambulante Operation. Es muss nur darauf geachtet werden, dass die diagnostischen Leistungen nicht doppelt abgerechnet werden.

Einmünden von vorstationären Leistungen nach § 115a SGB V in eine vollstationäre Leistung

Auch die im SGB V genannte Frist von 3 innerhalb von 5 Tagen vor der stationären Aufnahme ist irrelevant, da sich diese auf den Zeitraum vor einer vollstationären Leistung bezieht und nicht auf eine dann durchzuführende ambulante Operation nach § 115b SGB V (vgl. Landessozialgericht des Saarlandes vom 14. 12. 2011, Az. L 2 KR 122/09).

Im vorliegenden Sachverhalt hatte ein Vertragsarzt Krankenhausbehandlung im klagenden Krankenhaus verordnet. Das Krankenhaus führte zunächst eine vorstationäre Leistung zur Abklärung der Erforderlichkeit eines stationären Eingriffs durch. In diesem Rahmen erfolgte die Anamnese, das Aufklärungsgespräch und wurden Laborleistungen erbracht. Die Prüfung des Krankenhauses ergab, dass keine stationäre Krankenhausbehandlungsbedürftigkeit bestand. Stattdessen führte es eine ambulante Gastroskopie durch.

Im Anschluss an die Rechnungsstellung lehnte der zuständige Sozialleistungsträger die Zahlung der Vergütung für die vorstationäre Behandlung ab und begründete dies damit, dass die Untersuchung mit der Vergütung der ambulanten Operation bereits abgegolten sei.

Das Landessozialgericht sprach jedoch dem Krankenhaus den Vergütungsanspruch zu und begründete dies folgendermaßen:

1. Irrelevant ist sowohl die Abgrenzung zwischen ambulantem und stationärem Sektor als auch, ob die vorstationär erbrachte Leistung auch ambulant von Ärzten im niedergelassenen Bereich hätte erbracht werden können.
2. Irrelevant ist, die Nutzungsmöglichkeit krankenhausspezifischer Strukturen vorauszusetzen, da »… derartige Behandlungsmaßnahmen in der Regel sogar auch außerhalb des Krankenhauses durchführbar sind …«
3. Entscheidend ist allein, ob die Erforderlichkeit einer vollstationären Krankenhausbehandlung zu klären oder diese vorzubereiten war.

In zwei weiteren Entscheidungen des BSG relativiert dieses jedoch die vorhergehenden Einschätzungen und stellt heraus, dass der Grundsatz »ambulant vor stationär« auch in Bezug auf vorstationäre Leistungen bestehe (BSG, Urteile vom 17.09.2013, Az. B 1 KR 21/12 R und B 1 KR 67/12 R).

In den Leitsätzen zu vorgenannten Entscheidungen stellt es heraus, dass auch vorstationäre Leistungen erforderlich sein müssen. Ist eine ausreichende vertragsärztliche Versorgung gegeben, mangelt es an dieser »Erforderlichkeit«. Dem Krankenhaus komme insofern eine Prüfungspflicht zur Erforderlichkeit der vorstationären Behandlung zu.

Maßgeblich sei der zum Behandlungszeitpunkt verfügbare Wissens- und Kenntnisstand des Krankenhausarztes. Hierbei müssten ihm die Unterlagen des Vertragsarztes jedoch vorliegen. Eine spätere Erkenntnis zu Gunsten ambulanter Behandlungsmöglichkeit geht nicht zu Lasten des Krankenhauses.

In letzter Konsequenz bedeutet das für die Krankenhäuser:
Falls der Vertragsarzt keine oder nur eine unzureichende Diagnostik durchgeführt hat, sind Patienten im Zweifel abzuweisen!
Hat der Vertragsarzt den Patienten jedoch mit konkreten Fragen an das Krankenhaus verwiesen, sind vorstationäre Leistungen zulässig, selbst wenn sich im Nachhinein herausstellt, dass die (vorstationären) Leistungen auch ambulant hätten erbracht werden können.

Nach Ansicht des BSG ist es unerheblich, ob sich an die vorstationäre Leistung eine vollstationäre Behandlung anschließt. Für die Abrechnungsmöglichkeit ist allein entscheidend, ob die notwendige vertragsärztliche Diagnostik durch den Vertragsarzt ausgeschöpft wurde.

Im Endergebnis widerspricht das BSG somit nicht der o. g. Entscheidung des LSG Saarland. Allerdings stellt es höhere Anforderungen an die Entscheidungsfindung zur Erbringung einer vorstationären Leistung.

8.5.4 Die intraoperativen Leistungen

Aufgrund der sehr eng gefassten Definition der abrechnungsfähigen Leistungen als diejenigen Leistungen, die auch im Katalog nach § 115b SGB V genannt sind, bestand ein Dissens bei der Betrachtung intraoperativer Leistungen (also während der Operation). § 5 des Vertrages stellt hierzu klar, dass Leistungen, die nicht explizit im Rahmen des AOP-Katalogs genannt sind, dennoch abgerechnet werden können. Voraussetzung für deren Abrechenbarkeit ist ein unmittelbarer zeitlicher und medizinischer Zusammenhang mit dem Eingriff. Hierunter fallen bspw. Laboruntersuchungen, histologische und pathologische Leistungen. Erfreulicherweise und dem Umstand des permanenten medizinischen Fortschritts Rechnung tragend, wurde diese Aufzählung als nicht abschließend deklariert.

> »Für intraoperative Leistungen findet die Einschränkung gemäß Präambel zu Kapitel 31 Unterabschnitt 2 laufende Nr. 8 keine Anwendung, da der Vertrag zum Ambulanten Operieren – wie seine Vorgängerversion auch schon – ausdrücklich klarstellt, dass sämtliche Leistungen, die in Zusammenhang mit der ambulanten Operation stehen, auch erbracht und abgerechnet werden können.« (Vgl. § 5 AOP-Vertrag)

Das wird noch einmal bestätigt durch den § 9 Abs. 2 AOP-Vertrag, wonach abweichende Vergütungsregelungen des Vertrages Vorrang vor den EBM-Bestimmungen haben.

8.5.5 Förderung der Ambulantisierung

Mit Wirkung zum 01.01.2023 wurde der EBM ergänzt um Zuschläge in Abschnitt 31.2.20. Hierbei geht es um die Förderung ausgewählter ambulanter Operationen. Etwa 500 OPS-Kodes in Anhang 2 EBM und in Abschnitt 1 AOP-Katalog sind davon betroffen.

Voraussetzung für die Abrechnung der Zuschläge ist lediglich, dass einer der genannten OPS-Kodes erbracht wird. Die Vergütung der Eingriffe steigt damit zwischen 16 und 42 %. Die Zuschläge sind bei der Rechnungsstellung anzusetzen.

8.5.6 Die postoperativen Leistungen

Ebenso wie die präoperativen Leistungen sind auch postoperative Leistungen zur Festigung des Behandlungserfolgs erbringbar und abrechenbar. Diese sind nicht dem Haus- bzw. Facharzt des vertragsärztlichen Bereichs vorbehalten. Sie können auch von fachlich verantwortlichen Krankenhausärzten erbracht werden, sofern diese der Sicherung bzw. Festigung des Behandlungserfolges dienen (vgl. § 6 AOP-Vertrag). Der lange Zeit für Krankenhäuser gültige Abschlag auf die postoperativen Behandlungskomplexe ist mit dem AOP-Vertrag in der Fassung vom 21.12.2022 entfallen. Nunmehr dürfen Krankenhäuser, die die postoperative Behandlung erbringen, die postoperativen Behandlungskomplexe in gleicher Höhe abrechnen wie niedergelassene Operateure, die ebenfalls die postoperative Behandlung erbringen. Der Unterschied in der Höhe der postoperativen Behandlungskomplexe zwischen Operateuren, die die postoperative Behandlung erbringen, und Vertragsärzten, die diese auf Überweisung hinübernehmen, bleibt dagegen bestehen.

Häufig zu Verwirrung führt die Formulierung: »Ohne erneute Überweisung soll die Behandlungsdauer 21 Tage nicht überschreiten«. Diese Frist verweist auf ein Regelverhältnis. Sie kann selbstverständlich – bspw. im Fall einer medizinisch notwendigen Verlängerung der Behandlungsnotwendigkeit – ausgedehnt werden. Der Sinn dieser Regelung aus dem Jahr 1993 bestand darin, die Patienten wieder in den vertragsärztlichen Bereich zurückzuleiten. Vor dem Hintergrund einer direkten

Zugangsmöglichkeit des Patienten zur ambulanten Operation schon damals nur schwer verständlich, widerspräche es auch heute der Forderung der Sozialleistungsträger nach einer stärkeren Verzahnung des ambulanten und des stationären Sektors, wenn derartige nachbehandelnde Leistungen nicht vom Krankenhaus erbracht werden könnten.

Erbringt das ambulant operierende Krankenhaus diese Leistungen selbst, ist die Gebührenziffer für die Nachbehandlung durch den Operateur aus Anhang 2 zum EBM zu entnehmen; beauftragt das Krankenhaus hingegen einen niedergelassenen Vertragsarzt oder ermächtigten Krankenhausarzt, ist die Gebührenziffer für die Nachbehandlung auf Überweisung anzusprechen.

An die Erstellung dieses Überweisungsscheines (Muster 6) werden in der Regel folgende Anforderungen gestellt:

- Vollständiges Ausfüllen des Adrema-Feldes mit sämtlichen Patientendaten (das Feld Vertragsarztnummer bleibt jedoch frei, da das Krankenhaus keine solche Nummer besitzt),
- Datum der Operation nach Abschnitt 31.2,
- OPS-Kode der durchgeführten Leistung nach § 115b SGB V,
- Kennzeichnung des Überweisungsscheines mit der Pseudo-Ziffer 88115.

Der postoperative Arzt-Patienten-Kontakt

Gemäß Präambel zu Abschnitt 31.1 lfd. Nr. 5 beinhalten die Leistungen des Abschnitts 31.2. auch einen postoperativen Arzt-Patienten-Kontakt ab dem ersten Tag nach der Operation. Für die Abrechnung der postoperativen Behandlungskomplexe des Abschnitts 31.4 des EBM bedeutet das, dass Operateure diese erst beim zweiten postoperativen Arzt-Patienten-Kontakt abrechnen können.

8.5.7 Die Abrechnung von Arznei-, Verband- und Hilfsmitteln

Die Abrechnung von Arznei-, Verband- und Hilfsmitteln für das ambulante Operieren nach § 115b SGB V erfolgt aus Vereinfachungsgründen in Form einer Pauschalierung. Während der Vertragsarzt einerseits eine direkte Rezeptierung bei Zuordnung des Arzneimittels auf den Patienten wählen kann, andererseits Arzneimittel und Sprechstundenbedarf, sofern diese für mehrere Patienten genutzt werden können, aus eigens hierfür gebildeten »Vorratsbereichen« entnehmen kann, sieht die Regelung für die Krankenhäuser grundsätzlich eine Pauschalierung der Erstattung des Sprechstundenbedarfs und der Arzneimittel vor. Das Krankenhaus hat dem Patienten diese Mittel zur Verfügung zu stellen. In früheren Fassungen des AOP-Vertrages, die bis 2006 gültig waren, war eine Frist von drei Tagen vorgegeben, die sich aus der Notwendigkeit einer Versorgung des Patienten über ein Wochenende ergab. Weiterhin gültig ist die Regelung in § 14 Abs. 7 des Gesetzes über das Apothekenwesens. Darin ist Folgendes für Krankenhausapotheken geregelt:

> »Bei der Entlassung von Patienten nach stationärer oder ambulanter Behandlung im Krankenhaus oder bei Beendigung der Übergangspflege im Krankenhaus nach § 39e des Fünften Buches Sozialgesetzbuch darf an diese die zur Überbrückung benötigte Menge an Arzneimitteln nur abgegeben werden, wenn im unmittelbaren Anschluss an die Behandlung ein Wochenende oder ein Feiertag folgt.«

Die Abgeltung der entstehenden Kosten erfolgt über den pauschalen Zuschlag auf die Honorarsumme (vgl. hierzu auch Präambel zu Abschnitt 31.1 lfd. Nr. 8) in Höhe von 7%. Die Ausstellung eines Rezepts nicht möglich (vgl. § 9 Abs. 1 AOP-Vertrag).

Die Abrechnung von Arzneimitteln

Für teure Arzneimittel gibt es eine Erstattungsregelung. Übersteigt der Betrag für Arzneimittel im Einzelfall einen Betrag von 40 €, kann dieser rechnungserhöhend angesetzt werden.

Die Ermittlung des rechnerischen Bruttopreises erfolgt auf Basis der Großen Deutschen Spezialitätentaxe mit einem Abschlag von 25% und dem Zuschlag der gesetzlichen Mehrwertsteuer (vgl. § 11 Abs. 7 AOP-Vertrag).

Der Preis ergibt sich aus den tatsächlich für den Behandlungsfall verbrauchten Einheiten des jeweiligen Arzneimittels und dem Preis einer Einzeldosis der größten in der Lauertaxe angegebenen Packungseinheit. Das gilt unabhängig davon, welche Packungseinheit vom Krankenhaus im konkreten Fall verbraucht wird.

Anhand eines Beispiels soll dieser Mechanismus veranschaulicht werden:

Kosten größte angegebene Packungseinheit	2.000,00 €
Zuzüglich Umsatzsteuer (z. Zt. 19 %)	380,00 €
Brutto-Preis	**2.380,00 €**
Einheiten in dieser Packung 100 Stück, somit Kosten je Einheit	23,80 €
Anzahl verbrauchte Einheiten für den Patienten 5	
Somit Summe Kosten für diesen Patienten (23,80 € × 5 Einheiten)	119,00 €

Der Betrag in Höhe von 119,- € überschreitet die Grenze gem. § 11 Abs. 7 in Höhe von 40 €.

Somit erfolgt eine Erstattung des Betrages unter Abzug von 25% (= 29,75 €) in Höhe von 89,25 €.

Für einzelne Arzneimittel gilt nach § 11 Abs. 8 eine abweichende Regelung (vgl. § 11 Abs. 8 AOP-Vertrag). Hierunter fallen Photosensibilisatoren (z. B. Verteporfin) bei der photodynamischen Therapie und Hormonpräparate bei Maßnahmen zur künstlichen Befruchtung. Der Abschlagsbetrag beläuft sich auf 20%.

Die Abrechnung von Hilfsmitteln

Eine Verordnung von Hilfsmitteln im Rahmen des ambulanten Operierens nach § 115b SGB V ist nicht vorgesehen, wenngleich die Hilfsmittel selbst dem Patienten bei Bedarf vom Krankenhaus mitzugeben sind (vgl. § 11 Abs. 1 AOP-Vertrag).

Die Abrechnung von Heilmitteln

Eine Verordnung von Heilmitteln im Rahmen des ambulanten Operierens nach § 115b SGB V ist nicht geregelt! § 11 Abs. 1 des Vertrages benennt Arznei-, Verbands- und Hilfsmittel, die dem Patienten in der Regel für die Dauer von drei Tagen mitzugeben sind.

Allerdings existiert eine Richtlinie des G-BA über die Verordnung von Heilmitteln in der vertragsärztlichen Versorgung.

§ 3 der Richtlinie regelt die Verordnung von Heilmitteln:

> »Die Abgabe von Heilmitteln zu Lasten der gesetzlichen Krankenkassen setzt eine Verordnung durch eine Vertragsärztin oder einen Vertragsarzt voraus (...) Die Therapeutin oder der Therapeut ist grundsätzlich an die Verordnung gebunden, es sei denn im Rahmen dieser Richtlinie ist etwas anderes bestimmt.«

Auch wenn der Vertrag nach § 115b SGB V von einer grundsätzlichen Einheitlichkeit der Rahmenbedingungen für Krankenhäuser und Vertragsärzte ausgeht, kann ein solcher Grundsatz nicht über einer Richtlinie des G-BA stehen. Es ist daher davon auszugehen, dass auch die Abgabe von Heilmitteln im Zusammenhang mit ambulanten Operationen und sonstigen stationsersetzenden Eingriffen nach § 115b SGB V einer vertragsärztlichen Verordnung bedarf und nicht durch das Krankenhaus selbst veranlasst werden kann.

8.5.8 Der Punktwert zur Ermittlung des Rechnungsbetrags

Zur Ermittlung des sich aus den Punktwertrelationen ergebenden Rechnungsbetrages ist es erforderlich, die Bewertung dieser Punktwertrelationen mit Hilfe eines Punktwertes vorzunehmen.

§ 9 Abs. 1 legte hierzu fest:

> »Die im Katalog nach § 3 aufgeführten ambulant durchführbaren Operationen, sonstigen stationsersetzenden Eingriffe und stationsersetzenden Behandlungen sowie die nach den §§ 4, 5 und 6 erbrachten Leistungen des Krankenhauses und der Vertragsärzte werden mit den Preisen für den Regelfall der für den Standort des Krankenhauses geltenden regionalen Euro-Gebührenordnung nach § 87a Absatz 2 SGB V bzw. den diesen zu Grunde liegenden Punktwerten und den Punktzahlen des EBM vergütet.«

Dies bedeutet, dass eine Festsetzung des Punktwertes auf der Landesebene erfolgt. Allerdings waren seit der Einführung des EBM2000plus am 01.04.2005 die Punktwerte bundeseinheitlich immer gleich.

Einhaltung der 4-Wochen-Frist gem. § 20 Abs. 5 AOP-Vertrag

Das Abrechnungsverfahren zwischen Krankenhaus und Sozialleistungsträgern sieht vor, dass das Krankenhaus nach Abschluss des Falles einer ambulanten Operation der zuständigen Krankenkasse innerhalb von 4 Wochen eine Rechnung übermittelt (vgl. § 20 Abs. 5 AOP-Vertrag). Die Umsetzung erfolgt in der Regel ohne Hindernisse.

Eine vereinzelt diskutierte »Verjährung des Vergütungsanspruchs nach 4 Wochen« ist unbegründet, da die Verjährungsbestimmungen des Bürgerlichen Gesetzbuchs (hier: §§ 194 ff.) Vorrang haben.

8.5.9 Die Datenübermittlung nach § 301 SGB V

Auch für das ambulante Operieren nach § 115b SGB V gilt seit vielen Jahren die Vereinbarung zur Datenübermittlung nach § 301 SGB V.

Die zu übermittelnden Daten sind im Rechnungssatz Ambulante Operation (AMBO) enthalten. Dieser Rechnungssatz enthält sehr viele Angaben, die entweder übermittelt werden müssen (Kennzeichnung »M«) oder übermittelt werden können (Kennzeichnung »K«). Untergliedert ist der Rechnungssatz in Segmente. Dazu gehören u.a. das Segment Rechnung (REC), das Segment Behandlungsdiagnose (BDG), das Segment Prozedur (PRZ) oder das Segment Entgelt Ambulante Operation (ENA)

Nach § 9 Abs. 6 AOP-Vertrag ist es dem Krankenhaus erlaubt, allein die anästhesiologischen Leistungen im Zusammenhang mit belegärztlichen ambulanten Operationen zu berechnen. In diesem Fall ist die belegärztliche Leistung auf der Rechnung des Krankenhauses als gesonderter Posten auszuweisen (vgl. § 20 Abs. 3 AOP-Vertrag).

Anders sieht es aus, wenn im Rahmen einer vertraglichen Zusammenarbeit des Krankenhauses mit niedergelassenen Vertragsärzten diese ambulante Operationen gemäß § 115b SGB V im Krankenhaus erbringen. In einem solchen Falle sind entsprechend § 20 Abs. 2 AOP-Vertrag die Leistungen des Vertragsarztes vom Krankenhaus in Rechnung zu stellen. Die lebenslange Arztnummer des Vertragsarztes ist auf der Rechnung des Krankenhauses auszuweisen. Eine gesonderte Vergütung des Vertragsarztes erfolgt in diesem Fall weder durch die Krankenkasse noch durch die Kassenärztliche Vereinigung.

8.6 Der Zeitraum nach der Leistungserbringung

8.6.1 Die Verordnung von Krankentransport

In § 16 AOP-Vertrag ist geregelt, dass der Krankenhausarzt einen Krankentransport anordnen darf. Er muss dabei die Richtlinie über die Verordnung von Krankenfahrten, Krankentransportleistungen und Rettungsfahrten (Krankentransport-Richtlinie) des Gemeinsamen Bundesausschusses beachten.

Gemäß dieser Richtlinie sind Rettungsfahrten, Krankentransporte und Krankenfahrten zu unterscheiden.

Für eine elektive ambulante Operation entfallen Rettungsfahrten aufgrund der nicht gebotenen Dringlichkeit. Krankentransporte dürfen verordnet werden, wenn die Patienten während der Fahrt einer fachlichen Betreuung oder der besonderen Einrichtungen des Krankentransportwagens bedürfen oder deren Erforderlichkeit aufgrund ihres Zustandes zu erwarten ist (§ 6 Abs. 1 Krankentransport-Richtlinie). Ist das der Fall, dann bedarf eine Verordnung bei einer ambulanten Operation keiner vorherigen Genehmigung seitens der Krankenkasse.

Krankenfahrten zu einer ambulanten Operation gemäß § 115b SGB V sowie bei in diesem Zusammenhang erfolgender Vor- oder Nachbehandlung dürfen verordnet werden, wenn dadurch eine aus medizinischen Gründen an sich gebotene vollstationäre oder teilstationäre Krankenhausbehandlung vermieden wird oder diese nicht ausführbar ist (§ 7 Abs. 2c Krankentransport-Richtlinie). Es ist fraglich, ob in solchen Fällen aus haftungsrechtlichen Gründen eine Krankenfahrt überhaupt angetreten werden kann. Bei Krankenfahrten handelt es sich nämlich um Fahrten mit öffentlichen Verkehrsmitteln, privaten Kraftfahrzeugen, Mietwagen oder Taxen.

Mit anderen Worten: Es sind nur wenige Ausnahmefälle denkbar, die zu einer Verordnung von Krankentransport führen können.

8.6.2 Die Bescheinigung der Arbeitsunfähigkeit und die Verordnung von häuslicher Krankenpflege

Ist der Patient bedingt durch die im Krankenhaus ambulant durchgeführte Operation arbeitsunfähig, kann Arbeitsunfähigkeit vom Krankenhausarzt i. d. R. bis zu 7 Tagen bescheinigt werden (vgl. § 15 Abs. 1 AOP-Vertrag).

Die Verordnung häuslicher Krankenpflege durch den Krankenhausarzt ist bis zu einer Dauer von sieben Tagen möglich, sofern sie in Zusammenhang mit der Sicherstellung des Behandlungserfolges im häuslichen Umfeld des Patienten erfolgt. Es handelt sich hier um die Sicherungspflege (vgl. § 15 Abs. 2 AOP-Vertrag).

Verwendung der Vordrucke des vertragsärztlichen Bereichs

§ 18 Abs. 1 des AOP-Vertrages formuliert eine ausdrückliche Erlaubnis zur Verwendung der Vordrucke:

»Hierunter sind die Verordnung von Krankentransporten, die Erstellung einer Arbeitsunfähigkeitsbescheinigung oder die Ausfüllung von Überweisungen für prä- und postoperative Behandlungen zu subsumieren.«

8.6.3 Die stationäre Aufnahme nach der ambulanten Operation

Durch den AOP-Vertrag für das Jahr 2024 erfolgt eine Neuregelung des § 9 Abs. 5 AOP-Vertrag. Grund hierfür sind die Regelungen im EBM zu den verlängerten Nachbeobachtungszeiten. Es geht darum, Doppelvergütungsmöglichkeiten auszuschließen.

Eine Abrechnung ausschließlich einer DRG ist nur möglich, wenn die folgenden drei Bedingungen alle zutreffen:

1. Es erfolgt eine ambulante Operation am Vortag der stationären Aufnahme.
2. Die tatsächliche postoperative Nachbeobachtungszeit erstreckt sich auf den Tag nach der ambulanten Operation.
3. Zwischen dem Ende der tatsächlichen postoperativen Nachbeobachtungszeit und der stationären Aufnahme liegen weniger als 12 Stunden.

Erfolgt die stationäre Aufnahme später als 12 Stunden nach dem Ende der tatsächlichen postoperativen Nachbeobachtungszeit, dann können die ambulante Operation und die DRG abgerechnet werden.

8.6.4 Die Unterrichtung des Vertragsarztes

Nach Durchführung der Leistung gemäß § 115b SGB V ist dem Patienten eine für den weiterbehandelnden Vertragsarzt bestimmte Kurzinformation mitzugeben, aus der die Diagnose, die Therapieangaben, die angezeigten Rehabilitationsmaßnahmen sowie die Beurteilung der Arbeitsfähigkeit hervorgehen. Diese Information ist obligater Bestandteil der Leistung und somit nicht gesondert abrechenbar (§ 7 AOP-Vertrag).

Dies steht auch im Einklang mit den Regelungen zu den ambulanten Operationen des Kapitels 31 des EBM. Gemäß Präambel zu Kapitel 31 lfd. Nr. 5 umfassen die Operationsziffern

- sämtliche durch den Operateur erbrachten ärztlichen Leistungen,
- Untersuchungen am Operationstag,
- Verbände,
- ärztliche Abschlussuntersuchung(en),
- einen postoperativen Arzt-Patienten-Kontakt ab dem ersten Tag nach der Operation,
- Dokumentation(en) und Beratungen

- einschließlich des Abschlussberichtes an den weiterbehandelnden Vertragsarzt und Hausarzt.

Hierzu weist die Anmerkung zu GOP 01600 aus:

»*Die Leistung nach der Nr. 01600 ist in den abrechnungsfähigen Leistungen der Abschnitte 8.5, 31.2, 32.2, 32.3 und der Kapitel 11, 12, 17, 19, 24, 25 und 34 enthalten.*«

Somit ist einer zusätzlichen Vergütung dieser Leistung bis auf Weiteres der Weg versperrt. Gleiches gilt im Übrigen auch für den individuellen Arztbrief gemäß der GOP 01601, nicht aber für die GOP 01602.

Durch § 7 AOP-Vertrag gilt der Ausschluss der Abrechnung eines Arztbriefes nicht nur für ambulante Operationen aus Kapitel 31 des EBM, also den Eingriffen, die in Abschnitt 1 des AOP-Kataloges stehen, sondern auch für die anderen beiden Abschnitte des AOP-Kataloges.

8.7 Einzelfragen der Leistungserbringung und Leistungsabrechnung

8.7.1 Abrechnung einer nicht vollständig erbrachten ambulanten Operation

Eine nicht vollständig erbrachte ambulante Operation kann aus zwei unterschiedlichen Sachverhalten resultieren:

1. Das Krankenhaus hat präoperative Leistungen (z.B. anästhesiologisches Vorgespräch, Laboruntersuchungen) erbracht und einen Operationstermin für eine ambulante Operation terminiert. Der Patient erscheint allerdings nicht zum vereinbarten Termin oder ist auf Grund anderer nicht vom Krankenhaus zu verantwortenden Gründen nicht operationsfähig.
2. Der Eingriff wird durchgeführt, muss aber vor Erbringung der (kompletten) Hauptleistung abgebrochen werden.

Im ersten Fall war bis zu einem Urteil des Sozialgerichts Darmstadt von 2009 unklar, was das Krankenhaus überhaupt abrechnen konnte.

Die Entscheidung des Sozialgerichtes Darmstadt fiel zu Gunsten der Krankenhausseite aus (vgl. SG Darmstadt, Urteil vom 25.06.2009, Az. S 10 KR 29/09). Im vorliegenden Fall beabsichtigte ein Krankenhaus, einen Patienten ambulant zu operieren, und veranlasste neben der notwendigen präanästhesiologischen Untersuchung u.a. auch Laborleistungen.

Nach einer kurzfristigen Absage des OP-Termins durch den Patienten stellte das klagende Krankenhaus der zuständigen Krankenkasse isoliert die präoperative Leistung in Rechnung.

Die später beklagte Krankenkasse verweigerte die Zahlung des Rechnungsbetrags mit dem Argument, dass vorstationäre Leistungen nur vergütet werden könnten, wenn tatsächlich auch ein stationsersetzender Eingriff stattgefunden hätte.

Diese Einschätzung teilte das Sozialgericht Darmstadt nicht und sprach der Klägerin einen Vergütungsanspruch zu.

Das Gericht folgte der Argumentation der Klägerin, indem es weder aus § 115b SGB V direkt noch aus dem AOP-Vertrag erkannte, dass eine Abrechnung präoperativer Leistungen erst möglich sei, wenn die ambulante Operation bzw. der stationsersetzende Eingriff durchgeführt worden ist. Wäre dies zu erkennen, bestände die Gefahr, dass Krankenhäuser unsichere Patienten unter Umständen gegen deren innere Überzeugung zur Durchführung des ambulanten Eingriffs überreden und damit die Patientenautonomie in unzulässiger Weise einschränken würden.

Aus Sicht des Gerichts war insbesondere in Fällen, in denen die Entscheidung gegen die Durchführung des operativen Eingriffes allein durch den Patienten getroffen werde, von einem Vergütungsanspruch des Krankenhauses in Bezug auf die entstandenen Kosten gegenüber den Krankenkassen auszugehen. Gerade die Formulierung des § 20 Abs. 2 AOP-Vertrag i. V. m. mit der Gleichbehandlungsformulierung des § 115b SGB V führe dazu, dass tatsächlich erbrachte Leistungen, selbst wenn sie (nur) zur Vorbereitung eines Eingriffs nach § 115b erfolgt seien, jedenfalls dann von der Krankenkasse dem Krankenhaus zu erstatten seien, wenn diese medizinisch notwendig seien und nach § 20 Abs. 1 AOP-Vertrag im Rahmen einer Rechnung gefordert würden. Im vorliegenden Fall war sowohl die Frage der medizinischen Indikation der Leistung als auch die Höhe der von Klägerseite geforderten Vergütung nicht bestritten worden.

Im zweiten Fall geht es um die Allgemeine Bestimmung 2.1 des EBM. Danach sind Gebührenordnungsposition nur berechnungsfähig, wenn der Leistungsinhalt vollständig erbracht worden ist. Es stellte sich hier die Frage, ob die anderen Leistungen (z. B. Anästhesie oder intraoperative Leistungen) abrechnungsfähig sind.

Im AOP-Vertrag in der Fassung von vom 21.12.2022 wurde § 9 Abs. 4 in den AOP-Vertrag aufgenommen:

> »Werden geplante Eingriffe nicht durchgeführt oder während der Durchführung vorzeitig abgebrochen, werden nur diejenigen Leistungen vergütet, deren Leistungsinhalt vollständig erbracht worden sind.«

Damit ist die Frage, die vorher nur sozialrechtlich entschieden war, jetzt auch vertraglich geregelt.

Der Rechnungssatz Ambulante Operation (AMBO) der Vereinbarung zur Datenübermittlung nach § 301 SGB V sieht die Angabe eines Prozedurenschlüssels »ohne OP« vor. Hierzu ergeht der folgende Hinweis:

> »Wurden präoperative Leistungen erbracht, ohne dass es zur Durchführung der ambulanten Operation kam, ist dies in einem PRZ-Segment im ersten Datenelement durch die Angabe »ohne-OP« anzuzeigen.«

8.7.2 Trennung der Leistungen für Implantation und Explantation gemäß AOP-Katalog

Bei operativen osteosynthetischen Leistungen oder bei der Versorgung mit einem Herzschrittmacher ergibt sich die Frage, ob beispielsweise die osteosynthetische Versorgung und die nachfolgende Explantation des Osteosynthese-Materials oder die Implantation und der spätere Wechsel eines Herzschrittmacheraggregats eine oder zwei Leistungen und somit eine oder zwei Abrechnungen ergeben.

> Diese Frage ist sehr eindeutig und unter Zuhilfenahme des AOP-Katalogs nach § 115b SGB V anhand eines Beispiels zu beantworten:

Erbracht werden die Leistungen
5-781.a4 Osteotomie und Korrekturosteotomie: Osteotomie ohne Achsenkorrektur: Radius proximal
und
5-787.34 Entfernung von Osteosynthesematerial: Platte: Radius proximal
Während bei der ersten Leistung Material eingebracht wird, um die Heilung des Radius zu unterstützen, wird dieses bei der zweiten Leistung wieder entfernt.

Der AOP-Katalog sieht für diesen Fall zwei Leistungen vor, die aus der Natur der Sache nie zeitgleich (gemeint ist: in einer OP) erbracht werden können. Hieraus folgt, dass jede der Leistungen eine eigene AOP-Abrechnung rechtfertigt. Dies gilt auch, falls die Leistungen innerhalb eines Quartals erbracht werden, da die AOP mit Vollendung der (ersten) Leistung bereits als abgeschlossen gilt!

8.7.3 Operative Eingriffe nach Größe und Fläche

In der Allgemeinen Bestimmung 4.3.7 Nr. 1 des EBM werden die Größe, Fläche und das Volumen definiert, die für operative Eingriffe maßgeblich sind:

> »Die Verwendung der Begriffe klein/groß, kleinflächig/großflächig, lokal/radikal und ausgedehnt bei operativen Eingriffen entspricht den Definitionen nach dem vom Bundesinstitut für Arzneimittel und Medizinprodukte (BfArM) herausgegebenen Schlüssel für Operationen und sonstige Prozeduren gemäß § 295 Abs. 1 Satz 4 SGB V:
> Länge: kleiner/größer 3 cm,
> Fläche: kleiner/größer 4 cm^2,
> lokal: bis 4 cm^2 oder bis zu 1 cm^3,
> radikal und ausgedehnt: größer 4 cm^2 oder größer 1 cm^3.
> Nicht anzuwenden ist der Begriff »klein« bei Eingriffen am Kopf und an den Händen.«

Für den Ansatz der OPS-Kodes im Abschnitt 1 des AOP-Kataloges ist diese Definition relevant.

So wird beispielsweise der OPS-Kode 5-902.0a wie folgt beschrieben: »Freie Hauttransplantation, Empfängerstelle: Spalthaut, **kleinflächig:** Brustwand und Rücken«. In diesem Fall kann die GOP 31101 angesetzt werden.

Ist die behandelte Fläche aber größer als 4 cm^2, dann trifft der OPS-Kode 5-902.4a »Freie Hauttransplantation, Empfängerstelle: Spalthaut, **großflächig:** Brustwand und Rücken« zu. Entsprechend darf dann die höher vergütete GOP 31102 abgerechnet werden. Um Abrechnungsstreitigkeiten zu vermeiden, sollte die Größe über eine metrische und fotografische Dokumentation belegbar sein.

Da die Begrifflichkeit »klein« bei Eingriffen am Kopf und an den Händen nicht anwendbar ist, können für die beiden nachfolgenden OPS-Kodes die gleiche GOP (31102) angesetzt werden:

- 5-902.04 »Freie Hauttransplantation, Empfängerstelle: Spalthaut, **kleinflächig:** Sonstige Teile **Kopf**«
- 5-902.44 »Freie Hauttransplantation, Empfängerstelle: Spalthaut, **großflächig:** Sonstige Teile **Kopf**«

Bei der Abrechnung ambulanter Operationen sollte diese Allgemeine Bestimmung unbedingt beachtet werden.

8.7.4 Umschlüsselung einer stationären Leistung in eine ambulante Leistung nach § 115b SGB V

In der Praxis stellt sich die Frage, ob der Forderung einer Krankenkasse nach Umschlüsselung einer im Ursprung stationären Leistung in eine ambulante Leistung nach § 115b SGB V nachgegeben werden sollte.

Prinzipiell soll an dieser Stelle nicht eine u. U. medizinisch notwendige Umschlüsselung in Frage gestellt werden.

In allen Fällen muss diese Ex-post-Korrektur einer Ex-ante-Entscheidung letztendlich durch das erbringende Krankenhaus vertreten werden. Nach Prüfung der Sachlage und dem Abwägen des Prozessrisikos sprechen gute Gründe für oder gegen eine solche Entscheidung.

Allerdings sollte die Entscheidung unter Berücksichtigung des BSG erfolgen. Neben dem bereits angesprochenen Urteil des BSG vom 04.03.2004 liegt ein weiteres Urteil von 2008 vor:

Das BSG führte im September 2008 aus, dass nicht grundsätzlich von einer Nicht-Vergütung der ambulanten Operation auszugehen sei, sofern zuvor festgestellt wurde, dass die stationäre Behandlung nicht notwendig sei (vgl. BSG, Urteil vom 18.09.2008, Az. B 3 KR 22/07 R).

Das BSG schließt im vorliegenden Fall trotz der nicht notwendigen stationären Behandlung den Vergütungsanspruch des Krankenhauses nicht aus. Da sämtliche Leistungsinhalte und Voraussetzungen für die (dann ambulante) Leistung erbracht waren, stelle sich die ambulante Behandlung als »Minus zur (nicht abrechenbaren) stationären Behandlung dar.«

Im Gegensatz zur stationären Leistung, die auch der Form nach stationär sein müsse, werde die ambulante OP-Leistung nach Maßgabe des EBM erbracht. Dieser stelle als Bewertungsmaßstab im vertragsärztlichen Bereich bei der Abrechenbarkeit nicht auf die Form der Leistungserbringung, sondern auf die ausgewiesene Untersuchungs- und Behandlungsleistung ab, die zweifelsohne erbracht wurde.

Das Gericht trennt an dieser Stelle eindeutig die Prüfung der grundsätzlichen Berechtigung zur Erbringung einer Leistung von deren Abrechenbarkeit.

8.7.5 Kooperative Erbringung von Leistungen nach § 115b durch nicht am Krankenhaus angestellte Ärzte

Aufgrund unterschiedlicher Motivationen kooperieren einzelne Krankenhäuser mit niedergelassenen Vertragsärzten. Diese insbesondere durch das Vertragsarztrechtsänderungsgesetz nachhaltig geförderte Form der Zusammenarbeit gestaltet sich in der Regel in der Weise, dass diese Vertragsärzte als freiberuflich Tätige neben ihrer Vertragsarzttätigkeit ambulante Operationen im Namen und auf Rechnung des Krankenhauses gem. § 115b SGB V erbringen und hierfür vom Krankenhaus eine Honorierung erhalten. Voraussetzung ist gemäß § 9 Abs. 6 AOP-Vertrag eine vertragliche Zusammenarbeit des Krankenhauses mit dem niedergelassenen Vertragsarzt.

Das Krankenhaus rechnet die vollständige Leistung seinerseits gegenüber dem zuständigen Sozialleistungsträger ab.

Auch wenn »vertragliche Zusammenarbeiten« auf Basis mündlicher – also formloser – Vereinbarungen denkbar wären, so ist durch die Formulierung »vertragliche Zusammenarbeit« fest davon auszugehen, dass es eines Kooperationsvertrages bedarf.

Eine derartige Zusammenarbeit hat jedoch klare Grenzen.

So legten insbesondere die Sozialleistungsträger im Rahmen der Verhandlungen großen Wert darauf, dass der Leistungsort im Krankenhaus liegt. Eine gut nachvollziehbare Forderung, da sich § 115b SGB V ausdrücklich dem ambulanten Operieren des Krankenhauses widmet.

Ebenfalls nachvollziehbar ist, dass durch eine solche Zusammenarbeit – dem Wortlaut des Vertrages nach § 115b Abs. 1 SGB V folgend – der Versorgungsauftrag des Krankenhauses nicht erweitert werden darf (vgl. § 1 Abs. 1 AOP-Vertrag).

Von Interesse (insbesondere für den kooperierenden Vertragsarzt) ist in diesem Zusammenhang der bereits bei der Einführung des Vertragsarztrechtsänderungsgesetzes thematisierte Umfang seiner »Nebentätigkeit« im Verhältnis zu seiner originären vertragsärztlichen Tätigkeit.

Aufbauend auf Urteilen des BSG aus den Jahren 2002 und 2010 (vgl. BSG, Urteile vom 30.01.2002, Az. B6 KA 20/01, und vom 13.10.2010, Az. B6 KA 40/09) hatte § 20 Abs. 1 der Ärztezulassungsverordnung zum 01.01.2012 in der Weise eine Änderung erfahren, dass Vertragsärzte nicht mehr maximal 13 (bei voller Zulassung) bzw. 26 (bei hälftiger Zulassung) Wochenstunden Nebentätigkeit ausüben dürfen. Allerdings gilt noch immer der Grundsatz der Nichtbehinderung der vertragsärztlichen Tätigkeit durch die Nebentätigkeit.

§ 17 Abs. 1a BMV-Ä bzw. § 13 Abs. 7a EKV geben hier eine Mindestsprechstundenzahl in Höhe von 20 (volle Zulassung) bzw. 10 (hälftige Zulassung) vor.

Abgeleitet aus den Möglichkeiten der Kooperation zwischen Krankenhaus und Vertragsarzt erfuhren auch die Bestimmungen zum Abrechnungsverfahren eine Präzisierung:

Nach § 20 Abs. 2 AOP-Vertrag sind die Leistungen sowohl bei alleiniger Erbringung durch das Krankenhaus als auch bei kooperativer Erbringung durch einen

Vertragsarzt nach § 9 Abs. 6 **vom Krankenhaus in Rechnung zu stellen** (vgl. § 20 Abs. 2 AOP-Vertrag).

Der Vertragsarzt erhält seine Vergütung in diesem Fall direkt vom Krankenhaus und nicht von der zuständigen Kassenärztlichen Vereinigung oder dem zuständigen Sozialleistungsträger.

Diese Vergütung kann zudem frei vereinbart werden und muss nicht auf Basis der GOÄ erfolgen.

8.8 Abrechnungsbeispiele für das ambulante Operieren nach § 115b SGB V

Die folgenden Abrechnungsbeispiele zum ambulanten Operieren im Krankenhaus stellen lediglich eine Auswahl möglicher Operationen dar.

Aufbauend auf den Abrechnungsbeispielen zum ambulanten Operieren des EBM wird aus Gründen der Übersichtlichkeit lediglich auf ergänzende Aspekte und Besonderheiten hingewiesen.

8.8.1 Die Vorbemerkungen und Grundannahmen

- Gemäß dem Grundgedanken des ambulanten Operierens nach § 115b SGB V erfolgt eine weitestgehende Übernahme der Regelungen des vertragsärztlichen Bereichs aus dem EBM.
- Es wird davon ausgegangen, dass sich das Krankenhaus form- und fristgerecht zum ambulanten Operieren angemeldet hat.
- Die Grundpauschalen werden je Facharzt zugeordnet. Existieren für bestimmte Abschnitte des EBM neben allgemeinen auch schwerpunktbezogene Grundpauschalen, sind die nach Schwerpunkt differenzierenden Grundpauschalen in Ansatz zu bringen.
- Im Rahmen der EBM-Novelle zum 01.01.2008 gingen die bisherigen Konsultationskomplexe in die Grundpauschalen ein (▶ Kap. 6). Zur Verdeutlichung der Arzt-Patienten-Kontakte werden daher aus Darstellungsgründen an den bisherigen Positionen der Konsultationskomplexe Behandlungstage ohne Gebührenordnungspositionen ausgewiesen.
- Die Durchführung der prä-, intra- und postoperativen Leistungen erfolgt durch den bzw. die Ärzte des Krankenhauses im Rahmen der institutionellen Ermächtigung.
- Der Zuschlag zur Förderung der Ambulantisierung (vgl. Abschnitt 31.2.20 EBM) wird am OP-Tag angesetzt.
- Der Patient geht der Behandlung ohne Überweisung eines niedergelassenen Vertragsarztes direkt zu.

- Die Arzneimittelgaben erfolgen durch den Arzt bzw. die Ärzte des Krankenhauses im Rahmen der institutionellen Ermächtigung.
- Die Erbringung der Laborleistungen erfolgt durch den Arzt bzw. die Ärzte des Krankenhauses im Rahmen der institutionellen Ermächtigung.

8.8.2 Die Erbringung von diagnostischen Leistungen durch Dritte

Für das Krankenhaus bestehen drei Möglichkeiten der Erbringung diagnostischer Leistungen. Hiervon sind insbesondere die Laborleistungen des Kapitels 32 betroffen:

- Das Krankenhaus erbringt diese Leistungen in eigenem Namen und für eigene Rechnung. Die Leistungspositionen erscheinen auf der Abrechnung des Krankenhauses.
- Das Krankenhaus veranlasst die Leistungserbringung durch Dritte und vergütet diesem Dritten die Leistungen im Innenverhältnis. Die Leistungspositionen erscheinen ebenfalls auf der Abrechnung des Krankenhauses.
- Das Krankenhaus veranlasst die Leistungserbringung durch Dritte, der selbst den Willen und die Möglichkeit zur Einzelleistungsabrechnung (i. d. R. mit der zuständigen Kassenärztlichen Vereinigung) wählt. In diesem Fall erhält das Krankenhaus lediglich den Befund. Die Leistungspositionen erscheinen nicht auf der Abrechnung des Krankenhauses.

8.8.3 Abrechnungsbeispiele

Implantation eines Herzschrittmachers und Defibrillators

Leistung:	Implantation eines Herzschrittmachers und Defibrillators: Schrittmacher, Einkammersystem
OPS:	5-377.1
Diagnose:	Kardiale Arrhythmie, nicht näher bezeichnet
ICD-10:	I49.9

Behandlungstag	EBM-Ziffer	Leistung	Punktwertrelation/Erlös
1	05211	Grundpauschale 6.–59. Lebensjahr	90
	07211	Grundpauschale 6.–59. Lebensjahr	231
	05310	Präanästhesiologische Untersuchung	132
2	xxxx	Laborziffern mit festen Beträgen	€
	32125	Präoperative Labordiagnostik	€
3	31212	Schrittmacher der Kategorie L2	1.845
	31503	Postoperative Überwachung 3	488
	31822	Anästhesie oder Narkose 2	1.346

4	34280	Durchleuchtung(en)	95
	31609	Postoperative Behandlung Chirurgie I/2b	178
		Summe Punktwertrelationen	4.405
		× Punktwert 0,10 € ergibt Honorarsumme Punktwertrelationen	440,50 €
		+ Honorarsumme Laboruntersuchungen	1,45 €
		= Zwischensumme 1	440,90 €
		+ pauschaler Sachkostenzuschlag 7 % (§ 11 Abs. 3)	30,86 €
		+ Einzelaufwand für Materialien, der den Betrag von 6,25 € übersteigt (§ 11 Abs. 5) *Einzelaufwand Sachkosten = 2500,00 €*	2.493,75 €
		+ Einzelaufwand für Arzneimittel, deren Preis mehr als 40,00 € beträgt (§ 11 Abs. 7) *Einzelaufwand Arzneimittel = 0,00 €*	0,00 €
		= Zwischensumme 2	2.965,51 €
	40110	Porto	0,86 €
		= Rechnungsbetrag	**2.966,37 €**

EBM-Ziffer	Erläuterung
34280	Obligater Leistungsinhalt für Durchleuchtung(en) ist deren Durchführung unter Anwendung von BV/TV. Die Leistung kann nur berechnet werden, sofern keine weiteren Einzelleistungen abgerechnet werden, die bereits Durchleuchtungs- und/oder Schichtaufnahmen als Teilleistungen beinhalten.
4110	Bei der »Kostenpauschale für die Versendung bzw. den Transport eines Briefes und/oder von schriftlichen Unterlagen« gibt es einen arztgruppenspezifischen Höchstwert. Ist der Höchstwert im Quartal überschritten, dann erfolgt keine Vergütung des Portos mehr.
Einzelaufwand für Materialien (§ 11 Abs. 5)	Im vorliegenden Fall können die Kosten für das Herzschrittmacher-Aggregat (abzüglich des Eigenanteils) in Ansatz gebracht werden.

Therapeutische Kürettage

Leistung:	**Therapeutische Kürettage [Abrasio uteri]: Ohne lokale Medikamentenapplikation**
OPS:	**5-690.0**
Diagnose:	**Ärztlich eingeleiteter Abort**

8.8 Abrechnungsbeispiele für das ambulante Operieren nach § 115b SGB V

ICD-10:		O04.5	
Behand-lungstag	EBM-Ziffer	Leistung	Punktwertre-lation/Erlös
1	08211	Grundpauschale 6.–59. Lebensjahr	147
	05211	Grundpauschale 6.–59. Lebensjahr	90
	05310	Präanästhesiologische Untersuchung	132
2	xxxx	Laborziffern mit festen Beträgen	€
	32125	Präoperative Labordiagnostik	€
3	31301	Gynäkologischer Eingriff der Kategorie S1	840
	31502	Postoperative Überwachung 2	243
	31821	Anästhesie oder Kurznarkose 1	997
4	31696	Postoperative Behandlung Gynäkologie IX/1b	104
		Summe Punktwertrelationen	2.553
		× Punktwert 0,10 € ergibt Honorarsumme Punktwertrelationen	255,30 €
		+ Honorarsumme Laboruntersuchungen	1,10 €
		= Zwischensumme 1	256,60 €
		+ pauschaler Sachkostenzuschlag 7 % (§ 11 Abs. 3)	17,95 €
		+ Einzelaufwand für Materialien, der den Betrag von 6,25 € übersteigt (§ 11 Abs. 5) *Einzelaufwand Sachkosten = 0,00 €*	0,00 €
		+ Einzelaufwand für Arzneimittel, deren Preis mehr als 40,00 € beträgt (§ 11 Abs. 7) *Einzelaufwand Arzneimittel = 0,00 €*	0,00 €
		= Zwischensumme 2	274,55 €
	40110	Porto	0,86 €
		= Rechnungsbetrag	**275,41 €**

EBM-Ziffer	Erläuterung
08211 und 05211	Gemäß dem Grundsatz der einheitlichen Vergütung für Vertragsärzte und ambulant operierende Krankenhäuser (§ 115b Abs. 1 SGB V) kann das Krankenhaus je beteiligtem Facharzt die Grundpauschale berechnen.
05310	Diese Gebührenordnungsposition dient den vorbereitenden Tätigkeiten des Anästhesisten. Als Leistung des Kapitels 05 ist sie nur dieser Facharztgruppe zugänglich. Die präanästhesiologische Untersuchung bei einer ambulanten oder belegärztlichen Operation des Abschnitts 31.2 ist einmal im Behandlungsfall abrechenbar. Obligate Leistungsinhalte sind:

EBM-Ziffer	Erläuterung
	• Überprüfung der Narkosefähigkeit des Patienten • Aufklärungsgespräch mit Dokumentation Fakultative Leistungsinhalte sind: • Auswertung ggf. vorhandener Befunde • in mehreren Sitzungen Gemäß der Präambel 31.2.1 Nr. 8 EBM ist die Gebührenordnungsposition am OP-Tag nicht abrechnungsfähig.
32125	Die Leistungen des Kapitels 32 (Labor) stellen präoperative Leistungen dar und sind gemäß § 4 AOP-Vertrag vom Krankenhaus abrechenbar.
31696	Es sind zwei postoperative Arzt-Patienten-Kontakte für die Abrechenbarkeit der postoperativen Behandlung erforderlich. Vgl. hierzu auch die Ausführungen in Teil 2 dieses Bandes (▶ Kap. 6).
Behandlungstag ohne GOP	Die weiteren Arzt-Patienten-Kontakte sind bereits in den Versicherten- bzw. Grundpauschalen enthalten.
40110	Nach Abschnitt 31.2.1 Nr. 5 EBM enthalten die Operationsziffern auch den Abschlussbericht an den weiterbehandelnden Arzt und den Hausarzt. Der Ansatz der GOP 01600 oder 01601 ist somit nicht möglich. Auch aus einem zweiten Grund wäre er nicht ansetzbar: Nach § 8 AOP-Vertrag beinhalten sämtliche Leistungen des ambulanten Operierens die Unterrichtung des Vertragsarztes. Die hierbei entstehenden Kosten für Porto sind jedoch ansetzbar. Bei der »Kostenpauschale für die Versendung bzw. den Transport eines Briefes und/oder von schriftlichen Unterlagen« gibt es einen arztgruppenspezifischen Höchstwert. Ist der Höchstwert im Quartal überschritten, erfolgt keine Vergütung des Portos mehr.

Ganglion Handgelenk

Leistung:	Operation Ganglion Handgelenk
OPS:	**5-840.40**
Diagnose:	**Ganglion**
ICD-10:	**M67.43**

Behandlungstag	EBM-Ziffer	Leistung	Punktwertrelation/Erlös
1	07211	Grundpauschale 6.–59. Lebensjahr	231
	05211	Grundpauschale 6.–59. Lebensjahr	90
	05310	Präanästhesiologische Untersuchung	132
	xxxx	Laborziffern mit festen Beträgen	€
	32125	Präoperative Labordiagnostik	€
2	31122	Eingriff an Extremitäten der Kategorie C2	1.480
	31503	Postoperative Überwachung 3	488
	31822	Anästhesie oder Narkose 2	1.346

8.8 Abrechnungsbeispiele für das ambulante Operieren nach § 115b SGB V

3	31615	Postoperative Behandlung Chirurgie II/1b	109
		Summe Punktwertrelationen	3.876
		× Punktwert 0,10 € ergibt Honorarsumme Punktwertrelationen	387,60 €
		+ Honorarsumme Laboruntersuchungen	1,00 €
		= Zwischensumme 1	388,60 €
		+ pauschaler Sachkostenzuschlag 7 % (§ 11 Abs. 3)	27,20 €
		+ Einzelaufwand für Materialien, der den Betrag von 6,25 € übersteigt (§ 11 Abs. 5) *Einzelaufwand Sachkosten = 0,00 €*	0,00 €
		+ Einzelaufwand für Arzneimittel, deren Preis mehr als 40,00 € beträgt (§ 11 Abs. 7) *Einzelaufwand Arzneimittel = 0,00 €*	0,00 €
		= Zwischensumme 2	415,80 €
	40110	Porto	0,86 €
		= Rechnungsbetrag	**416,66 €**

Extrakapsuläre Extraktion der Linse

Leistung:		Extrakapsuläre Extraktion der Linse [ECCE]: Über sklero-kornealen Zugang: Mit Einführung einer kapselfixierten Hinterkammerlinse	
OPS:		**5-144.25**	
Diagnose:		**Cataracta senilis incipiens**	
ICD-10:		**H25.0**	
Behandlungstag	**EBM-Ziffer**	**Leistung**	**Punktwertrelation/Erlös**
1	05212	Grundpauschale ab 60. Lebensjahr	105
	06212	Grundpauschale ab 60. Lebensjahr	136
	05310	Präanästhesiologische Untersuchung	132
2	31332	Intraocularer Eingriff der Kategorie V2	2.121
	31503	Postoperative Überwachung 3	488
	31822	Anästhesie oder Narkose 2	1.346
3	31719	Postoperative Behandlung	301
		Summe Punktwertrelationen	4.629
		× Punktwert 0,10 € ergibt Honorarsumme Punktwertrelationen	462,90 €
		+ Honorarsumme Laboruntersuchungen	0,00 €

		= Zwischensumme 1	462,90 €
		+ pauschaler Sachkostenzuschlag 7 % (§ 11 Abs. 3)	32,40 €
		+ Einzelaufwand für Materialien, der den Betrag von 6,25 € übersteigt (§ 11 Abs. 5) *Einzelaufwand Sachkosten = € 150,00*	143,75 €
		+ Einzelaufwand für Arzneimittel, deren Preis mehr als 40,00 € beträgt (§ 11 Abs. 7) *Einzelaufwand Arzneimittel = 0,00 €*	0,00 €
		= Zwischensumme 2	639,05 €
	40110	Porto	0,86 €
		= Rechnungsbetrag	**639,91 €**

EBM-Ziffer	Erläuterung
Einzelaufwand für Materialien (§ 11 Abs. 5)	Von der Grundidee sollte hierüber die Vergütung des Implantates (z. B. Schrittmacher-Aggregate und Linsen bei Kataraktoperationen) erfolgen. Bedingt durch die zwischenzeitlich gestiegenen Möglichkeiten des ambulanten Operierens erfolgte auch eine Erweiterung des Begriffs der Implantate. Das ambulant operierende Krankenhaus muss nun einen »Eigenanteil« in Höhe von 6,25 € selbst tragen. In Rechnung zu stellen ist der tatsächlich realisierte Preis, der um gegebenenfalls vom Hersteller bzw. vom Lieferanten gewährte Rückvergütungen wie Preisnachlässe, Rabatte und andere geldwerte Vorteile mit Ausnahme von Barzahlungsrabatten bis zu 3 % zu mindern ist. Intraoculare Eingriffe mit Implantation einer Sonderlinse sind nur mit Zustimmung der zuständigen Krankenkasse berechnungsfähig. Die Präambel zu Anhang 2 des EBM (hier: 2.1 Nr. 17) bestimmt hierzu: Intraoculare Eingriffe, deren Kategorie mit einem »A« gekennzeichnet ist, sind nur dann berechnungsfähig, wenn eine medizinische Begründung zur Implantation einer Sonderform der Intraocularlinse und eine Genehmigung der zuständigen Krankenkasse vorliegt. Diese Zustimmung hat vor dem Eingriff im Sinne der juristischen Einwilligung zu erfolgen. Die hiervon betroffenen Leistungen sind in Anhang 2 zum EBM mit dem Buchstaben »A« gekennzeichnet. Im vorstehenden Rechenbeispiel handelt es sich jedoch nicht um eine genehmigungspflichtige Leistung. Gemäß der Präambel zu Anhang 2 des EBM (hier: 2.1 Nr. 18) kann auch ohne medizinische Indikation eine Sonderlinse implantiert werden. Dazu braucht es keine Genehmigung seitens der Krankenkasse. Mehrkosten trägt dann der Patient. Dies bezieht sich sowohl auf die Sachkosten als auch auf die ärztlichen Leistungen.

Implantation eines Herzschrittmachers und Defibrillators

Leistung:	Implantation eines Herzschrittmachers und Defibrillators: Schrittmacher, Einkammersystem
OPS:	5-377.1
Diagnose:	Kardiale Arrhythmie, nicht näher bezeichnet
ICD-10:	I49.9

Behandlungstag	EBM-Ziffer	Leistung	Punktwertrelation/Erlös
1	05211	Grundpauschale 6.–59. Lebensjahr	90
	07211	Grundpauschale 6.–59. Lebensjahr	231
	05310	Präanästhesiologische Untersuchung	132
2	xxxx	Laborziffern mit festen Beträgen	€
	32125	Präoperative Labordiagnostik	€
3	31212	Schrittmacher der Kategorie L2	1.845
	31503	Postoperative Überwachung 3	488
	31822	Anästhesie oder Narkose 2	1.346
	34280	Durchleuchtung(en)	95
4	31609	Postoperative Behandlung Chirurgie I/2b	178
		Summe Punktwertrelationen	4.405
		× Punktwert 0,10 € ergibt Honorarsumme Punktwertrelationen	440,50 €
		+ Honorarsumme Laboruntersuchungen	0,40 €
		= Zwischensumme 1	440,90 €
		+ pauschaler Sachkostenzuschlag 7 % (§ 11 Abs. 3)	30,84 €
		+ Einzelaufwand für Materialien, der den Betrag von 6,25 € übersteigt (§ 11 Abs. 5) *Einzelaufwand Sachkosten = € 2.500,00*	2.493,75 €
		+ Einzelaufwand für Arzneimittel, deren Preis mehr als 40,00 € beträgt (§ 11 Abs. 7) *Einzelaufwand Arzneimittel = 0,00 €*	0,00 €
		= Zwischensumme 2	2.965,49 €
	40110	Porto	0,86 €
		= Rechnungsbetrag	2.966,35 €

EBM-Ziffer	Erläuterung
34280	Obligater Leistungsinhalt für Durchleuchtung(en) ist deren Durchführung unter Anwendung von BV/TV. Die Leistung kann nur berechnet werden, sofern keine weiteren Einzelleistungen

EBM-Ziffer	Erläuterung
	abgerechnet werden, die bereits Durchleuchtungs- und/oder Schichtaufnahmen als Teilleistungen beinhalten.
Einzelaufwand für Materialien (§ 11 Abs. 3)	Im vorliegenden Fall können die Kosten für das Herzschrittmacheraggregat (abzüglich des Eigenanteils) in Ansatz gebracht werden.

Bemerkung

Gemäß Präambel zu Abschnitt 31.2.1 Nr. 5 EBM besteht keine Möglichkeit, die Leistung 13552 in Ansatz zu bringen, da sämtliche Leistungen am Operationstag in der Gebührenordnungsposition für die Operation enthalten sind. Eine Ausnahme über die Nennung in der Präambel zu Abschnitt 31.2.1 Nr. 8 EBM erfolgt nicht, sodass kein Ansatz möglich ist.

Unterbindung, Exzision und Stripping von Varizen

Leistung:		Unterbindung, Exzision und Stripping von Varizen: Transkutane Unterbindung der Vv. perforantes (als selbständiger Eingriff)	
OPS:		5-385.4	
Diagnose:		Varizen der unteren Extremitäten mit Ulzeration	
ICD-10:		I83.0	
Behandlungstag	EBM-Ziffer	Leistung	Punktwertrelation/Erlös
1	05211	Grundpauschale 6.–59. Lebensjahr	90
	07211	Grundpauschale 6.–59. Lebensjahr	231
	05310	Präanästhesiologische Untersuchung	132
	33061	CW-Doppler-Sonographie extremitätenversorgender Gefäße	90
	33061	CW-Doppler-Sonographie extremitätenversorgender Gefäße	90
	xxxx	Laborleistungen	€
	32125	Präoperative Labordiagnostik	€
2	31201	Eingriff am Gefäßsystem der Kategorie K1	1.135
	31503	Postoperative Überwachung 3	488
	31821	Anästhesie oder Narkose 1	997
3	31631	Postoperative Behandlung Chirurgie IV/1b	117
		Summe Punktwertrelationen	3.370
		x Punktwert 0,10 € ergibt Honorarsumme Punktwertrelationen	337,00 €
		+ Honorarsumme Laboruntersuchungen	0,40 €

		= Zwischensumme 1	337,40
		+ pauschaler Sachkostenzuschlag 7 % (§ 11 Abs. 3)	23,62 €
		+ Einzelaufwand für Materialien, der den Betrag von 6,25 € übersteigt (§ 11 Abs. 5) *Einzelaufwand Sachkosten = 0,00 €*	0,00 €
		+ Einzelaufwand für Arzneimittel, deren Preis mehr als 40,00 € beträgt (§ 11 Abs. 7) *Einzelaufwand Arzneimittel = 0,00 €*	0,00 €
		= Zwischensumme 2	361,02 €
	40110	Porto	0,86 €
		= **Rechnungsbetrag**	**361,88 €**

EBM-Ziffer	Erläuterung
33061	Es ist davon auszugehen, dass aus diagnostischen Gründen auch bei einem lediglich einseitigen Eingriff beide Beine einer dopplersonografischen Untersuchung unterzogen werden.

Operative Zahnentfernung (durch Osteotomie)

Leistung:	**Operative Zahnentfernung (durch Osteotomie): Vollständig retinierter oder verlagerter (impaktierter) Zahn: Mehrere Zähne eines Quadranten**
OPS:	**5-231.21**
Diagnose:	**Zahn 48 impaktiert**
ICD-10:	**K01.1**

Behandlungstag	EBM-Ziffer	Leistung	Punktwertrelation/Erlös
1	05211	Grundpauschale 6.–59. Lebensjahr	90
	15211	Grundpauschale 6.–59. Lebensjahr	129
	05310	Präanästhesiologische Untersuchung	132
	34211	Panoramaschichtaufnahme(n) des Ober- und/ oder Unterkiefers	71
2	31221	Eingriff der MKG-Chirurgie der Kategorie M1	816
	31502	Postoperative Überwachung 2	243
	31821	Anästhesie oder Narkose 1	997
3		Kein Kontakt	

8 Das ambulante Operieren nach § 115b SGB V

4	31644	Postoperative Behandlung Mund-Kiefer-Gesichtschirurgie V/1b	85
		Summe Punktwertrelationen	2.563
		× Punktwert 0,10 € ergibt Honorarsumme Punktwertrelationen	256,30 €
		+ Honorarsumme Laboruntersuchungen	0,00 €
		= Zwischensumme 1	256,30 €
		+ pauschaler Sachkostenzuschlag 7 % (§ 11 Abs. 3)	17,94 €
		+ Einzelaufwand für Materialien, der den Betrag von 6,25 € übersteigt (§ 11 Abs. 5) *Einzelaufwand Sachkosten = 0,00 €*	0,00 €
		+ Einzelaufwand für Arzneimittel, deren Preis mehr als 40,00 € beträgt (§ 11 Abs. 7) *Einzelaufwand Arzneimittel = 0,00 €*	0,00 €
		= Zwischensumme 2	274,24 €
	40110	Porto	0,86 €
		= **Rechnungsbetrag**	**275,10 €**

EBM-Ziffer	Erläuterung
34211	Auch bei der Abbildung mehrerer Quadranten des Kiefers ist die Panoramaschichtaufnahme (auch: Orthopantogramm) nur einfach in Ansatz zu bringen.

Destruktion von erkranktem Gewebe an Retina und Choroidea

Leistung:	Destruktion von erkranktem Gewebe an Retina und Choroidea: Durch lokale Laserkoagulation
OPS:	**5-155.3**
Diagnose:	**Cataracta senilis incipiens**
ICD-10:	**H25.0**

Behandlungstag	EBM-Ziffer	Leistung	Punktwertrelation/Erlös
1	05211	Grundpauschale 6.–59. Lebensjahr	90
	06211	Grundpauschale 6.–59. Lebensjahr	117
	05310	Präanästhesiologische Untersuchung	132
	06333	Binokulare Untersuchung des Augenhintergrundes	53

8.8 Abrechnungsbeispiele für das ambulante Operieren nach § 115b SGB V

2	31342	Laserchirurgischer Eingriff der Kategorie W2	1.162
	31501	Postoperative Überwachung 1	141
	31822	Anästhesie oder Narkose 2	1.346
3		Kein Kontakt	
4	31727	Postoperative Behandlung Augenheilkunde XII/2b	73
		Summe Punktwertrelationen	3.114
		× Punktwert 0,10 € ergibt Honorarsumme Punktwertrelationen	311,40 €
		+ Honorarsumme Laboruntersuchungen	0,00 €
		= Zwischensumme 1	311,40 €
		+ pauschaler Sachkostenzuschlag 7 % (§ 11 Abs. 3)	21,80 €
		+ Einzelaufwand für Materialien, der den Betrag von 6,25 € übersteigt (§ 11 Abs. 5) *Einzelaufwand Sachkosten = 0,00 €*	0,00 €
		+ Einzelaufwand für Arzneimittel, deren Preis mehr als 40,00 € beträgt (§ 11 Abs. 7) *Einzelaufwand Arzneimittel = 0,00 €*	0,00 €
		= Zwischensumme 2	33,20 €
	40110	Porto	0,86 €
		= Rechnungsbetrag	334,06 €

EBM-Ziffer	Erläuterung
06333	Als prädiagnostische Leistung ist diese Untersuchung ebenso abrechenbar wie die eigentliche Operationsleistung.

Reposition einer Nasenfraktur: Geschlossen (Erwachsener)

Leistung:	Reposition einer Nasenfraktur: Geschlossen (Erwachsener)
OPS:	**5-216.0**
Diagnose:	**Nasenbeinfraktur**
ICD-10:	**S02.2**

Behandlungstag	EBM-Ziffer	Leistung	Punktwertrelation/Erlös
1	09211	Grundpauschale 6.–59. Lebensjahr	205

	09361	Kleiner operativer Eingriff im Hals-Nasen-Ohren-Mund-Bereich II und/oder primäre Wundversorgung im Hals-Nasen-Ohren-Mund-Bereich	133
		Summe Punktwertrelationen	338
		× Punktwert 0,10 € ergibt Honorarsumme Punktwertrelationen	33,80 €
		+ Honorarsumme Laboruntersuchungen	0,00 €
		= Zwischensumme 1	33,80 €
		+ pauschaler Sachkostenzuschlag 7 % (§ 11 Abs. 3)	2,37 €
		+ Einzelaufwand für Materialien, der den Betrag von 6,25 € übersteigt (§ 11 Abs. 5) *Einzelaufwand Sachkosten = 0,00 €*	0,00 €
		+ Einzelaufwand für Arzneimittel, deren Preis mehr als 40,00 € beträgt (§ 11 Abs. 7) *Einzelaufwand Arzneimittel = 0,00 €*	0,00 €
		= Zwischensumme 2	36,17 €
	40110	Porto	0,86 €
		= Rechnungsbetrag	**37,03 €**

Besonderheit

- Bei dieser Operationsleistung handelt es sich nicht um eine Operationsleistung des Anhangs 2 zum EBM, jedoch um eine ambulante Operation nach § 115b SGB V (vgl. dort Katalog 2). Hieraus ergibt sich eine Nicht-Abrechenbarkeit der Leistungen des Abschnitts 31.4 (postoperative Behandlungskomplexe).
- Die Leistungen der kleinen (HNO-)Chirurgie beinhalten grundsätzlich auch eine Lokal- oder eine Leitungsanästhesie. Dies bedeutet jedoch nicht, dass im Falle der Erfordernis einer Vollnarkose eine solche nicht abgerechnet werden kann. Ein derartiger Abrechnungsausschluss bezieht sich lediglich auf die Erbringung der Anästhesieleistung durch den Operateur selbst. Sofern ein Operateur und ein Anästhesist gemeinsam die Leistung erbringen, kann 05330 in Ansatz gebracht werden.

Reposition einer Nasenfraktur: Geschlossen (Kind)

Leistung:	**Reposition einer Nasenfraktur: Geschlossen (Kind)**
OPS:	**5-216.0**
Diagnose:	**Nasenbeinfraktur**
ICD-10:	**S02.2**

8.8 Abrechnungsbeispiele für das ambulante Operieren nach § 115b SGB V

Behandlungstag	EBM-Ziffer	Leistung	Punktwertrelation/Erlös
1	09210	Grundpauschale bis 5. Lebensjahr	250
	05210	Grundpauschale bis 5. Lebensjahr	100
	31231	Eingriff der HNO-Chirurgie der Kategorie N1 (vgl. 31.2.1 Nr. 7 EBM)	930
	31502	Postoperative Überwachung 2	243
	31821	Anästhesie oder Kurznarkose 1	997
		Summe Punktwertrelationen	2.520
		× Punktwert 0,10 € ergibt Honorarsumme Punktwertrelationen	252,00 €
		+ Honorarsumme Laboruntersuchungen	0,00 €
		= **Zwischensumme 1**	252,00 €
		+ pauschaler Sachkostenzuschlag 7 % (§ 11 Abs. 3)	17,64 €
		+ Einzelaufwand für Materialien, der den Betrag von 6,25 € übersteigt (§ 11 Abs. 5) *Einzelaufwand Sachkosten = 0,00 €*	0,00 €
		+ Einzelaufwand für Arzneimittel, deren Preis mehr als 40,00 € beträgt (§ 11 Abs. 7) *Einzelaufwand Arzneimittel = 0,00 €*	0,00 €
		= **Zwischensumme 2**	269,64 €
	40110	Porto	0,86 €
		= **Rechnungsbetrag**	**270,50 €**

EBM-Ziffer	Erläuterung
31231	Das Abrechnungsbeispiel beschreibt den identischen Leistungsinhalt, wie er schon im vorherigen Abrechnungsbeispiel dargestellt wurde. Einziger Unterschied: Behandelt wird ein Kind! Nach Abschnitt 31.2.1 Nr. 7 werden Eingriffe der Kleinchirurgie (Leistungen nach den Nrn. 02300 bis 02302, 06350 bis 06352, 09360 bis 09362, 15321 bis 15324, 26350 bis 26352) in Narkose bei Neugeborenen, Säuglingen, Kleinkindern und Kindern gebietsspezifisch in der Kategorie 1 berechnet.
Fehlende präanästhesiologische Untersuchung	Gemäß der Präambel zu Abschnitt 31.2.1 Nr. 8 EBM kann am OP-Tag die präanästhesiologische Untersuchung 05310 nicht angesetzt werden.
Fehlender postoperativer Untersuchungskomplex am 3. Behandlungstag	Nach Abschnitt 31.2.1 Nr. 7 wird der Eingriff in der Kategorie 1 abgerechnet. Gemäß der Leistungslegende der ursprünglichen Abrechnungsziffer (09361) ist in diesen Fällen die postoperative Behandlung nach den Leistungen des Abschnitts 31.4.3 nicht berechnungsfähig.

Arthroskopische Gelenkrevision

Leistung:	Arthroskopische Gelenkrevision: Gelenkspülung mit Drainage, aseptisch: Humeroglenoidalgelenk
OPS301:	5-810.00
Diagnose:	Meniskusschädigung durch alten Riss oder alte Verletzung
ICD-10:	M23.20

Behandlungstag	EBM-Ziffer	Leistung	Punktwertrelation/Erlös
1	18212	Grundpauschale ab 60. Lebensjahr	222
	05212	Grundpauschale ab 60. Lebensjahr	105
	05310	Präanästhesiologische Untersuchung	132
	xxxx	Laborziffern mit festen Beträgen	€
	32125	Präoperative Labordiagnostik	€
2	31142	Endoskopischer Gelenkeingriff Kategorie E2 (kein Zuschlag in Höhe von 7 %)	2.193
	31453	Zuschlag III Förderung der Ambulantisierung	360
	31503	Postoperative Überwachung 3	488
	31822	Anästhesie oder Narkose 2	1.346
3		Kein Kontakt	
4	31615	Postoperative Behandlung Chirurgie II/1b	109
		Summe Punktwertrelationen	**4.955**
		× Punktwert 0,10 € ergibt Honorarsumme Punktwertrelationen	495,50
		+ Honorarsumme Laboruntersuchungen	0,20 €
		= Zwischensumme 1	**495,70 €**
		+ pauschaler Sachkostenzuschlag 7 % (§ 11 Abs. 3) ohne die GOP 31142 und 31453	16,83 €
		+ Einzelaufwand für Materialien, der den Betrag von 6,25 € übersteigt (§ 11 Abs. 5) *Einzelaufwand Sachkosten = 0,00 €*	0,00 €
		+ Einzelaufwand für Arzneimittel, deren Preis mehr als 40,00 € beträgt (§ 11 Abs. 7) *Einzelaufwand Arzneimittel = 0,00 €*	0,00 €
		= Zwischensumme 2	**512,33 €**
	40750	Kostenpauschale für Sachkosten bei endoskopischen Gelenkeingriffen	122,00 €
	40110	Porto	0,86 €
		= Rechnungsbetrag	**635,19 €**

8.8 Abrechnungsbeispiele für das ambulante Operieren nach § 115b SGB V

EBM-Ziffer	Erläuterung
31142	Bei Ansatz einer Kostenpauschale nach Kapitel 40 des EBM ist die »entsprechende ärztliche Leistung« von der Berechnung des pauschalen Zuschlages in Höhe von 7 % auszunehmen. Der pauschale Sachkostenzuschlag ergibt sich somit nicht mehr aus der Multiplikation der Summe aller Bewertungsrelationen und dem Punktwert.
31453	Für die Erbringung des Eingriffs OPS 5-810.00 sieht der EBM seit 2023 einen Zuschlag zur Förderung der Ambulantisierung vor. Die dem OPS zugehörigen EBM-GOP sind in Abschnitt 31.2.20 EBM zu finden. Der Hauptleistung folgend wurde auch für den Zuschlag auf den Ansatz des pauschalen Zuschlages in Höhe von 7 % verzichtet.
40750	Diese Ziffer dient der Vergütung der Sachkosten in Zusammenhang mit der Durchführung von endoskopischen Gelenkeingriffen (Arthroskopien) nach den Nrn. 31141 und 31142. Ihr Ansatz hat auch Auswirkungen auf den pauschalen Zuschlag in Höhe von 7 % auf die gesamte Honorarsumme (siehe oben). Allerdings darf die Ziffer selbst nicht dem Zuschlag unterworfen werden.

Adenotomie und Parazentese (Kind)

Leistung:	Adenotomie und Parazentese (Kind)
OPS:	Adenotomie 5-285.0; Parazentese 5-200.4
Diagnose:	Chronische Mandelentzündung; chronische Mittelohrentzündung
ICD-10:	J35.0; H66.9
Anmerkung:	Zweifacher Simultaneingriff, durch einen Operateur

Behandlungstag	EBM-Ziffer	Leistung	Punktwertrelation/Erlös
1	09210	Grundpauschale bis 5. Lebensjahr	250
	05210	Grundpauschale bis 5. Lebensjahr	100
	05310	Präanästhesiologische Untersuchung	132
	31231	Eingriff der HNO-Chirurgie der Kategorie N1	930
	~~31231~~	~~Eingriff der HNO-Chirurgie der Kategorie N1~~	0
	31238	Zuschlag zu den Leistungen nach den Nrn. 31231 bis 31237	644
	~~31238~~	~~Zuschlag zu den Leistungen nach den Nrn. 31231 bis 31237~~	0
	31821	Anästhesie oder Narkose 1	997
	31828	Zuschlag zu den Anästhesieleistungen nach den Nrn. 31821 bis 31827	349

8 Das ambulante Operieren nach § 115b SGB V

	31502	Postoperative Überwachung 2	243
	~~31502~~	~~Postoperative Überwachung 2~~	0
2	31657	Postoperative Behandlung Hals-Nasen-Ohren VI/1b	86
		Summe Punktwertrelationen	3.731
		× Punktwert 0,10 € ergibt Honorarsumme Punktwertrelationen	373,10 €
		+ Honorarsumme Laboruntersuchungen	0,00 €
		= Zwischensumme 1	373,10 €
		+ pauschaler Sachkostenzuschlag 7 % (§ 11 Abs. 3)	26,12 €
		+ Einzelaufwand für Materialien, der den Betrag von 6,25 € übersteigt (§ 11 Abs. 5) *Einzelaufwand Sachkosten = 0,00 €*	0,00 €
		+ Einzelaufwand für Arzneimittel, deren Preis mehr als 40,00 € beträgt (§ 11 Abs. 7) *Einzelaufwand Arzneimittel = 0,00 €*	0,00 €
		= Zwischensumme 2	399,22 €
	40110	Porto	0,86 €
		= Rechnungsbetrag	**400,08 €**

Besonderheit

Zur Erläuterung des vorliegenden Abrechnungsbeispiels wird auf die Kommentierung der Simultaneingriffe in Teil 2 dieses Bandes (▶ Kap. 6) und die dort abgedruckten Abrechnungsbeispiele verwiesen.

Port-Explantation/Implantation

Leistung:	Port-Explantation rechts; Port-Implantation links
OPS:	5-399.5R; 5-399.7L
Diagnose:	Vorhandensein eines operativ implantierten vaskulären Katheterverweilsystems
ICD-10:	T82.8; C15.2
Anmerkung:	Zweifacher Simultaneingriff durch einen Operateur

Behandlungstag	EBM-Ziffer	Leistung	Punktwertrelation/Erlös
1	07211	Grundpauschale 6.–59. Lebensjahr	231
	05211	Grundpauschale 6.–59. Lebensjahr	90
	05310	Präanästhesiologische Untersuchung	132

8.8 Abrechnungsbeispiele für das ambulante Operieren nach § 115b SGB V

2		31212	Eingriff der Kategorie L2	1.845
		31453	Zuschlag III Förderung der Ambulantisierung	360
		~~31218~~	~~Zuschlag zu den Gebührenordnungsposition 31211 bis 31217~~	0
		~~31211~~	~~Eingriff der Kategorie L2~~	0
		31455	Zuschlag II Förderung der Ambulantisierung	263
		31218	Zuschlag zu den Gebührenordnungsposition 31211 bis 31217	730
		31822	Anästhesie oder Narkose 2	1.346
		31828	Zuschlag zu den Anästhesieleistungen nach den Nrn. 31821 bis 31827	349
		31503	Postoperative Überwachung 3	488
		~~31503~~	~~Postoperative Überwachung 3~~	0
4			Kein Kontakt	
5		31609	Postoperative Behandlung Chirurgie I/2b	178
		~~31602~~	~~Postoperative Behandlung I/2b, 225 Punkte~~	0
			Summe Punktwertrelationen	**6.012**
			x Punktwert 0,10 € ergibt Honorarsumme Punktwertrelationen	601,20 €
			+ Honorarsumme Laboruntersuchungen	0,00 €
			= Zwischensumme 1	**601,20 €**
			+ pauschaler Sachkostenzuschlag 7 % (§ 11 Abs. 3)	42,08 €
			+ Einzelaufwand für Materialien, der den Betrag von 6,25 € übersteigt (§ 11 Abs. 5) *Einzelaufwand Sachkosten = € 150,00*	143,75 €
			+ Einzelaufwand für Arzneimittel, deren Preis mehr als 40,00 € beträgt (§ 11 Abs. 7) *Einzelaufwand Arzneimittel = 0,00 €*	0,00 €
			= Zwischensumme 2	**787,03 €**
		40110	Porto	0,86 €
			= Rechnungsbetrag	**787,89 €**

Besonderheit

Die Besonderheit dieses Abrechnungsbeispiels besteht darin, dass einem Patienten in einer Sitzung sowohl ein Port explantiert wird (rechte Seite), als auch ein Port wieder implantiert wird (linke Seite). Da beide Leistungen mit unterschiedlichen Prozedurenschlüsseln kodiert werden, handelt es sich um unterschiedliche Leistungen. Nach den Regelungen über die Simultaneingriffe wird der Haupteingriff mit der am höchsten bewerteten Gebührenordnungsposition vergütet, der simultane Eingriff mit dem am höchsten bewerteten Simultanzuschlag (xxxx8).

Der Diagnoseschlüssel T82.8 verschlüsselt die Komplikation mit dem bestehenden Port, die eine Explantation erforderlich macht.

Der Diagnoseschlüssel C15.2 verschlüsselt das Vorhandensein des Tumors und steht somit für die Notwendigkeit einer Port-Implantation.

Die Kosten des Portsystems werden als Materialien nach § 11 Abs. 5 des AOP-Vertrages mit einem Eigenanteil des Krankenhauses in Höhe von 6,25 € in Ansatz gebracht.

Für beide Eingriffe fällt der Zuschlag für die Ambulantisierung an. Beide Zuschläge werden angesetzt, auch dann, wenn einer der beiden Eingriffe über die Regelungen für den Simultaneingriff nicht abgerechnet werden kann.

Phimose

Leistung:	Phimose; Leistenhernie
OPS:	5-530.1; 5-640.2
Diagnose:	Hernia inguinalis, einseitig oder ohne Seitenangabe, ohne Einklemmung und ohne Gangrän Vorhautverklebung, Frenulum breve
ICD-10:	K40.9-; N47

Behandlungstag	EBM-Ziffer	Leistung	Punktwertrelation/Erlös
1	07211	Grundpauschale 6.–59. Lebensjahr	231
	05211	Grundpauschale 6.–59. Lebensjahr	90
	05310	Präanästhesiologische Untersuchung	132
2	31154	Viszeralchirurgischer Eingriff der Kategorie F4	2.979
	31158	Zuschlag zu den Gebührenordnungspositionen 31151 bis 31157	696
	31455	Zuschlag V Förderung der Ambulantisierung	961
	~~31101~~	~~Dermatochirurgischer Eingriff der Kategorie A1~~	0
	~~31108~~	~~Zuschlag zu den Gebührenordnungspositionen 31101 bis 31107~~	0
	31824	Anästhesie oder Narkose 4	2.045
	31828	Zuschlag zu den Anästhesieleistungen nach den Nrn. 31821 bis 31827	349
	31503	Postoperative Überwachung 5	488
	~~31502~~	~~Postoperative Überwachung 3~~	0
4		Kein Kontakt	
5	31611	Postoperative Behandlung Chirurgie I/3b	240

	31602	~~Postoperative Behandlung Chirurgie I/3b~~	0
		Summe Punktwertrelationen	8.211
		× Punktwert 0,10 € ergibt Honorarsumme Punktwertrelationen	821,10 €
		+ Honorarsumme Laboruntersuchungen	0,00 €
		= Zwischensumme 1	821,10 €
		+ pauschaler Sachkostenzuschlag 7 % (§ 11 Abs. 3)	57,48 €
		+ Einzelaufwand für Materialien, der den Betrag von 6,25 € übersteigt (§ 11 Abs. 5) *Einzelaufwand Sachkosten = 0,00 €*	0,00 €
		+ Einzelaufwand für Arzneimittel, deren Preis mehr als 40,00 € beträgt (§ 11 Abs. 7) *Einzelaufwand Arzneimittel = 0,00 €*	0,00 €
		= Zwischensumme 2	878,88 €
	40110	Porto	0,86 €
		= Rechnungsbetrag	**879,44 €**

Biopsie an Lymphknoten

Leistung:	Biopsie an Lymphknoten
OPS:	1-426.3
Diagnose	(Perkutane) Biopsie an Lymphknoten, Milz und Thymus mit Steuerung durch bildgebende Verfahren: Lymphknoten, mediastinal

Gemäß AOP-Katalog 2024 gibt es für die Erbringung dieser Leistung folgende drei Abrechnungsvarianten, die je nach angewendetem bildgebenden Verfahren angesetzt werden können:

Behandlungstag	EBM-Ziffer	Leistung	Punktwertrelation/Erlös
1	07211	Grundpauschale 6.–59. Lebensjahr	231
	02341	Punktion II	137
	33040	Sonographie der Thoraxorgane	110
	33091	Zuschlag für optische Führungshilfe	87
		Summe Punktwertrelationen	565
		× Punktwert 0,10 € ergibt Honorarsumme Punktwertrelationen	56,50 €

Behand-lungstag	EBM-Ziffer	Leistung	Punktwertre-lation/Erlös
1	24211	Konsiliarpauschale 6.–59. Lebensjahr	61
	34505	CT-gesteuerte Intervention(en)	968
		Summe Punktwertrelationen	1.029
		× Punktwert 0,10 € ergibt Honorarsumme Punktwertrelationen	102,90 €

Behand-lungstag	EBM-Ziffer	Leistung	Punktwertre-lation/Erlös
1	24211	Konsiliarpauschale 6.–59. Lebensjahr	61
	02341	Punktion II	137
	34430	MRT-Untersuchung des Thorax	1.053
		Summe Punktwertrelationen	1.251
		× Punktwert 0,10 € ergibt Honorarsumme Punktwertrelationen	125,10 €

EBM-Ziffer	Erläuterung
	Bei OPS-Ziffern, die eine Steuerung durch bildgebende Verfahren vorsehen, wird im OPS-Text nicht nach der Art des bildgebenden Verfahrens differenziert. In Abschnitt 2 des AOP-Kataloges 2024 wird dieses Problem dadurch gelöst, dass 3 unterschiedliche Abrechnungsvarianten in Abhängigkeit vom gewählten bildgebenden Verfahren vorgegeben sind.
34505	Die CT-gesteuerte Intervention stellt ein Verfahren der interventionellen Radiologie dar. Diese Leistungen können nur von Radiologen durchgeführt werden. Aus diesem Grund wurde hier die Konsiliarpauschale eines Radiologen anstelle einer Grundpauschale eines Chirurgen angegeben.
34430	Die MRT-Untersuchung des Thorax stellt ein Verfahren der Radiologie dar. Diese Leistungen können nur von Radiologen durchgeführt werden. Aus diesem Grund wurde hier die Konsiliarpauschale eines Radiologen anstelle einer Grundpauschale eines Chirurgen angegeben.

9 Abrechnung der Heil- und Hilfsmittel

9.1 Vorbemerkung

Die Abrechnung der Heil- und Hilfsmittel bedarf einer intensiveren Betrachtung, denn insbesondere ambulante Krankenhausleistungen sind in der Regel dadurch gekennzeichnet, dass sie Verordnung, Anwendung und Erlös der Heil- und Hilfsmittel beinhalten. So setzt sich beispielsweise Spalte 7 des Nebenkostentarifs der Deutschen Krankenhausgesellschaft Band I (DKG-NT I) aus der Summe der Allgemeinen Kosten, der Besonderen Kosten, der Arztkosten und der Arztschreibkräfte zusammen und enthält somit auch die Heil- und Hilfsmittel.

Für den vertragsärztlichen Bereich sind diese Leistungen nach §§ 32 f. SGB V allerdings nicht in den Gebührenziffern enthalten. Hier erfolgt eine isolierte Verordnung und Abrechnung.

9.2 Heilmittel

9.2.1 Definition

Heilmittel sind persönlich zu erbringende medizinische Leistungen. Sie setzen sich im Einzelnen aus den folgenden Leistungen zusammen (§ 2 Abs. 1 Heilmittel-Richtlinie):

- Maßnahmen der Physiotherapie,
- Maßnahmen der Podologischen Therapie,
- Maßnahmen der Stimm-, Sprech-, Sprach- und Schlucktherapie,
- Maßnahmen der Ergotherapie und
- Ernährungstherapie.

Versicherte haben einen grundsätzlichen Anspruch auf Versorgung mit Heilmitteln (vgl. § 32 Abs. 1 Satz 1 SGB V). Sofern sie das 18. Lebensjahr vollendet haben, besteht eine Pflicht zur Eigenbeteiligung an den entstehenden Kosten in Form einer Zuzahlung (vgl. § 32 Abs. 2 Satz 1 SGB V). Dies gilt auch, wenn Massagen, Bäder und Krankengymnastik als Bestandteil der ärztlichen Behandlung oder bei ambulanter

Behandlung in Krankenhäusern, Rehabilitations- oder anderen Einrichtungen abgegeben werden (vgl. § 32 Abs. 2 Satz 2 SGB V).

Über die einheitliche Versorgung mit Heilmitteln sollen die Spitzenverbände der Krankenkassen gemeinsam und einheitlich und die für die Wahrnehmung der Interessen der Heilmittelerbringer maßgeblichen Spitzenorganisationen auf Bundesebene Rahmenempfehlungen abgeben (vgl. § 125 Abs. 1 Satz 1 SGB V). In diesen Rahmenempfehlungen sind u. a. zu regeln (vgl. § 125 Abs. 2 SGB V):

- die Preise der einzelnen Leistungspositionen sowie einheitliche Regelungen für deren Abrechnung,
- die notwendigen Regelungen für die Verwendung von Verordnungen von Leistungen in elektronischer Form,
- die Verpflichtung der Leistungserbringer zur Fortbildung,
- die erforderlichen Weiterbildungen der Leistungserbringer für besondere Maßnahmen der Physiotherapie,
- der Inhalt der einzelnen Maßnahmen des jeweiligen Heilmittels einschließlich der Regelleistungszeit, die sich aus der Durchführung der einzelnen Maßnahme und der Vor- und Nachbereitung einschließlich der erforderlichen Dokumentation zusammensetzt,
- die Maßnahmen zur Sicherung der Qualität der Behandlung, der Versorgungsabläufe und der Behandlungsergebnisse,
- die Datenübermittlung für Zwecke der Abrechnung und zur Sicherung der Qualität,
- der Inhalt und Umfang der Zusammenarbeit der Leistungserbringer mit dem verordnenden Vertragsarzt,
- die notwendigen Angaben auf der Heilmittelverordnung durch den Leistungserbringer,
- die Maßnahmen der Wirtschaftlichkeit der Leistungserbringung und deren Prüfung,
- die Vergütungsstrukturen für die Arbeitnehmer unter Berücksichtigung der tatsächlich gezahlten Arbeitsentgelte,
- die personellen, räumlichen und sachlichen Voraussetzungen, die eine zweckmäßige und wirtschaftliche Leistungserbringung gewährleisten,
- die Vergütung der vom Bundesinstitut für Arzneimittel und Medizinprodukte bestimmten Leistungen von Heilmittelerbringern, die zur Versorgung mit digitalen Gesundheitsanwendungen erforderlich sind.

9.2.2 Abrechnung der Heilmittel

Für die Abrechnung der Heilmittel existieren keine Abrechnungsbestimmungen nach dem Vorbild der allgemeinen Tarifbestimmungen anderer Tarifwerke. Sie unterscheidet sich nach dem Versichertenstatus des Patienten.

Grundsätzlich kann davon ausgegangen werden, dass die Abrechnung der Heilmittel zwischen dem Therapeuten und der betroffenen Krankenkasse direkt erfolgt.

Der Patient leistet in diesen Fällen lediglich seine gesetzlich vorgeschriebene Zuzahlung.

Hiervon ausgenommen sind beispielsweise die Behandlung »echter« ausländischer Patienten (▶ Kap. 10.2) oder die Behandlung selbstzahlender Patienten nach der GOÄ. Diese Patienten zahlen das Heilmittel direkt an den Therapeuten.

9.2.3 Inhalt und Durchführung der Heilmittelverordnung

Maßgeblich für die Verordnung der Heilmittel ist die Richtlinie des Gemeinsamen Bundesausschusses über die Verordnung von Heilmitteln in der vertragsärztlichen Versorgung (Heilmittel-Richtlinie in der Fassung 19.05.2011 – zuletzt geändert am 19.01.2023). Hiernach gelten folgende Grundprinzipien (vgl. § 3 Heilmittel-Richtlinie):

- Die Abgabe von Heilmitteln zu Lasten der gesetzlichen Krankenkassen setzt eine Verordnung durch eine Vertragsärztin oder einen Vertragsarzt voraus.
- Die Therapeutin oder der Therapeut ist grundsätzlich an die Verordnung gebunden, es sei denn, im Rahmen der Richtlinie ist etwas anderes bestimmt.
- Heilmittel können zu Lasten der Krankenkassen nur verordnet werden, wenn sie notwendig sind, um
  - eine Krankheit zu heilen, ihre Verschlimmerung zu verhüten oder Krankheitsbeschwerden zu lindern,
  - eine Schwächung der Gesundheit, die in absehbarer Zeit voraussichtlich zu einer Krankheit führen würde, zu beseitigen,
  - einer Gefährdung der gesundheitlichen Entwicklung eines Kindes entgegenzuwirken oder
  - Pflegebedürftigkeit zu vermeiden oder zu mindern.
- Die Verordnung von Heilmitteln kann nur erfolgen, wenn sich die behandelnde Vertragsärztin oder der behandelnde Vertragsarzt
  - von dem Zustand der oder des Kranken überzeugt, diesen dokumentiert und sich erforderlichenfalls über die persönlichen Lebensumstände informiert hat oder
  - wenn ihr oder ihm diese aus der laufenden Behandlung bekannt sind.
- Der indikationsbezogene Katalog verordnungsfähiger Heilmittel nach § 92 Abs. 6 SGB V (Heilmittelkatalog) ist Bestandteil der Richtlinie und regelt
  - die Indikationen, bei denen Heilmittel verordnungsfähig sind,
  - die Art der verordnungsfähigen Heilmittel bei diesen Indikationen,
  - die Menge der verordnungsfähigen Heilmittel je Diagnosegruppe und die Besonderheiten bei Wiederholungsverordnungen (Folgeverordnungen).
- Bei der Verordnung von Heilmitteln sind die Gesamtsituation des Heilmittelempfängers und seine Umwelt zu berücksichtigen (Gesamtbetrachtung der funktionellen oder strukturellen Schädigungen und der Beeinträchtigung der Aktivitäten einschließlich der person- und umweltbezogenen Kontextfaktoren).

9.2.4 Katalog der verordnungsfähigen Leistungen

Die verordnungsfähigen Leistungen ergeben sich nach Maßgabe eines Katalogs, der ebenfalls Bestandteil der Richtlinie ist (vgl. § 4 Heilmittel-Richtlinie). In diesem Katalog sind Einzeldiagnosen zu Diagnosengruppen zusammengefasst, denen

- die jeweiligen Leitsymptomatiken (funktionelle/strukturelle Schädigungen),
- die einzeln verordnungsfähigen Heilmittel,
- die Verordnungsmengen und
- die Empfehlungen zur Therapiefrequenz

zugeordnet sind.

Vom Ausweis sogenannter Kontraindikationen wird abgesehen. Diese muss der behandelnde Arzt im jeweiligen Einzelfall berücksichtigen.

Neue Heilmittel oder zugelassene Heilmittel zur Behandlung nicht im Heilmittelkatalog genannter Indikationen dürfen nur verordnet werden, wenn der G-BA zuvor den therapeutischen Nutzen anerkannt und Empfehlungen für die Sicherung der Qualität bei der Leistungserbringung abgegeben hat.

9.2.5 Nicht verordnungsfähige Heilmittel

Zur Vermeidung unwirtschaftlicher und medizinisch nicht notwendiger Verordnungen werden Leistungen festgelegt, die nicht verordnungsfähig sind (vgl. § 5 Heilmittel-Richtlinie). Hierzu zählen

1. Maßnahmen, deren therapeutischer Nutzen nicht nachgewiesen ist,
2. Indikationen, bei denen der Einsatz von Maßnahmen, deren therapeutischer Nutzen nachgewiesen ist, nicht anerkannt ist, und
3. Maßnahmen, die der persönlichen Lebensführung zuzuordnen sind,

Sie sind im Rahmen der gesetzlichen Krankenversicherung (GKV) nicht verordnungsfähig.

9.2.6 Verordnungsausschlüsse

Für den Fall eines Vorliegens geringfügiger Gesundheitsstörungen dürfen Heilmittel nicht anstelle der nach § 34 Abs. 1 SGB V von der Verordnung ausgeschlossenen Arzneimittel ersatzweise verordnet werden (vgl. § 6 Heilmittel-Richtlinie). Dies gilt insbesondere für Maßnahmen der Physikalischen Therapie zur Anwendung bei Erkältungskrankheiten.

In Fortführung des Wirtschaftlichkeitsprinzips nach § 12 SGB V dürfen nicht verordnungsfähige Maßnahmen auch nicht zu Lasten der GKV verordnet und durchgeführt werden.

Darüber hinaus dürfen Heilmittel bei Kindern grundsätzlich nicht verordnet werden, wenn an sich störungsbildspezifische pädagogische, heilpädagogische oder sonderpädagogische Maßnahmen zur Beeinflussung von Schädigungen geboten sind.

Zudem dürfen Heilmittel nicht verordnet werden, soweit diese im Rahmen der Frühförderung als therapeutische Leistungen bereits erbracht werden.

9.2.7 Verordnung innerhalb und außerhalb des Regelfalls

Nach Maßgabe der Richtlinie ist zwischen einer Verordnung im Regelfall und außerhalb des Regelfalls zu unterscheiden (vgl. §§ 7 und 8 Heilmittel-Richtlinie):

- Heilmittel im Regelfall können – je nach Therapie – als vorrangiges, optionales oder ergänzendes Heilmittel bzw. als standardisierte Heilmittelkombination verordnet werden.
- Hierbei kann sich eine Folgeverordnung an eine Erstverordnung anschließen.
- Als Folgeverordnung gilt jede Verordnung zur Behandlung derselben Erkrankung (desselben Regelfalls), die einer Erstverordnung folgt.
- Die maximale Verordnungsmenge bei Erst- und Folgeverordnungen ist vorgegeben und variiert – je nach Therapie – zwischen »bis zu sechs« (Physikalische Therapie) und »bis zu zehn« (Stimm-, Sprech-, Sprachtherapie und Ergotherapie).
- Folgeverordnungen sind von einer erneuten Begutachtung des Patienten durch den behandelnden Arzt abhängig.
- Für den Fall, dass sich die Behandlung mit der jeweils genannten Gesamtverordnungsmenge nicht abschließen lässt, sind weitere Verordnungen (außerhalb des Regelfalls) möglich.

9.2.8 Wirtschaftlichkeit der Heilmittelverordnung

Ergänzend zu der allgemeinen Formulierung des § 12 SGB V ist der Arzt verpflichtet, vor jeder Verordnung von Heilmitteln zu prüfen, ob entsprechend dem Gebot der Wirtschaftlichkeit das angestrebte Behandlungsziel auch

- durch eigenverantwortliche Maßnahmen des Patienten (z. B. nach Erlernen eines Eigenübungsprogramms, durch allgemeine sportliche Betätigung oder Änderung der Lebensführung),
- durch eine Hilfsmittelversorgung oder
- durch Verordnung eines Arzneimittels

qualitativ gleichwertig und kostengünstiger erreicht werden kann (vgl. § 9 Heilmittel-Richtlinie).

Die gleichzeitige Verordnung mehrerer Heilmittel ist nur dann ausreichend, zweckmäßig und wirtschaftlich, wenn durch sie ein therapeutisch erforderlicher Synergismus erreicht wird.

Das Heilmittel ist auf dem vorgesehenen Vordruck (Muster 13) zu verordnen (▶ Abb. 9.1).

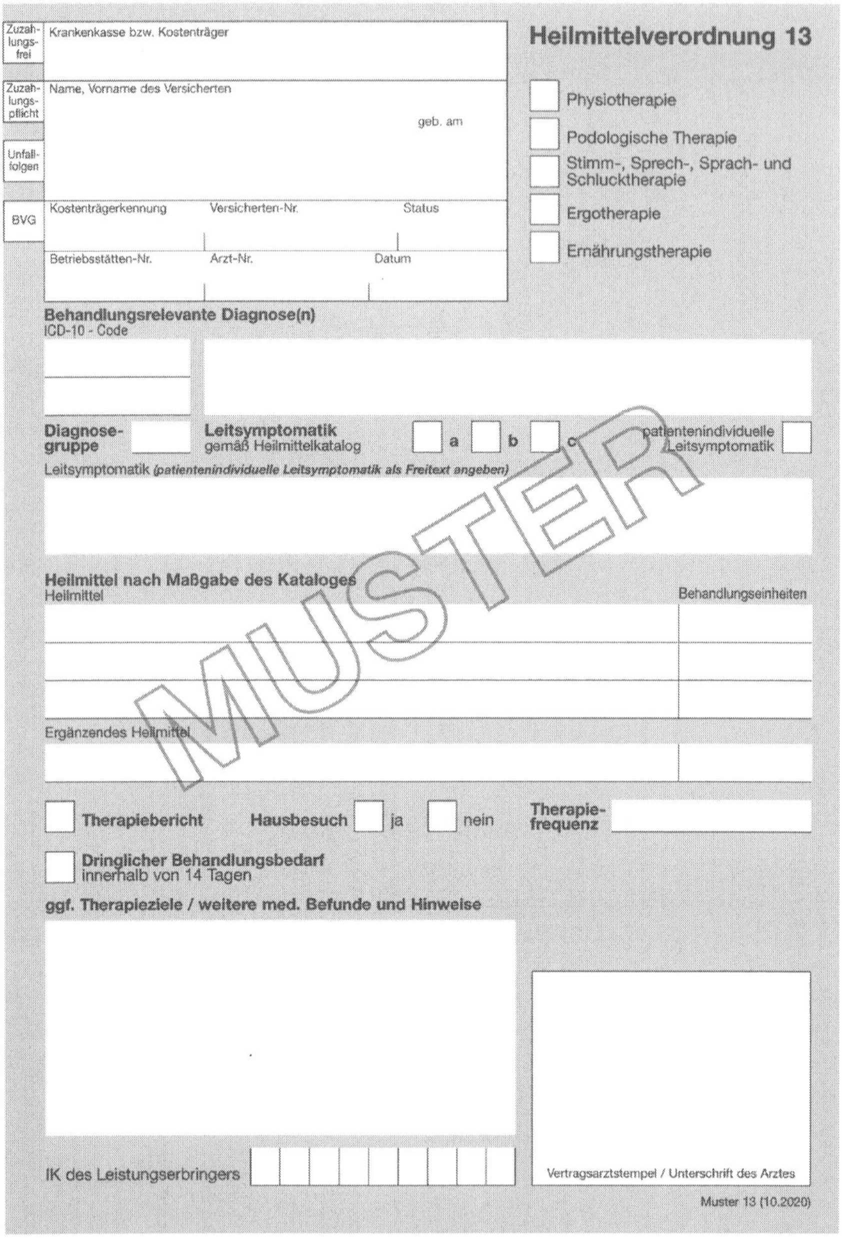

9 Abrechnung der Heil- und Hilfsmittel

Abb. 9.1: Heilmittelverordnung – Muster 13 (KBV 2023)

9.2.9 Zuzahlung zu Heilmitteln

Versicherte, die das 18. Lebensjahr vollendet haben, leisten zu jedem zu Lasten der gesetzlichen Krankenversicherung verordneten Heilmittel als Zuzahlung den sich nach § 61 Satz 1 SGB V ergebenden Betrag zu dem von der Krankenkasse zu übernehmenden Betrag an die abgebende Stelle. Bei Heilmitteln beträgt die Zuzahlung 10 vom Hundert der Kosten sowie 10 € je Verordnung (vgl. § 61 Satz 3 SGB V).

9.3 Hilfsmittel

9.3.1 Definition

Hilfsmittel sind sächliche medizinische Leistungen. Zu ihnen gehören:

- Körperersatzstücke, orthopädische und andere Hilfsmittel,
- Sehhilfen,
- Hörhilfen,
- sächliche Mittel oder technische Produkte, die dazu dienen, Arzneimittel oder andere Therapeutika, die zur inneren Anwendung bestimmt sind, in den Körper zu bringen (z. B. Spritzen, Inhalationsgeräte und ähnliche Applikationshilfen), und
- Änderungen, Instandsetzungen und Ersatzbeschaffungen von Hilfsmittel sowie die Ausbildung in ihrem Gebrauch.

Versicherte haben Anspruch auf eine Versorgung mit Hilfsmitteln, die im Einzelfall erforderlich sind, um den Erfolg der Krankenbehandlung zu sichern, einer drohenden Behinderung vorzubeugen oder eine Behinderung auszugleichen (vgl. § 33 Abs. 1 SGB V).

Dies setzt jedoch voraus, dass die Hilfsmittel nicht als allgemeine Gebrauchsgegenstände des täglichen Lebens anzusehen oder nach § 34 Abs. 4 ausgeschlossen sind (vgl. § 33 Abs. 1 SGB V).

Der Anspruch umfasst auch die notwendige Änderung, Instandsetzung und Ersatzbeschaffung von Hilfsmitteln sowie die Ausbildung in ihrem Gebrauch (vgl. § 33 Abs. 1 SGB V).

Für den Fall, dass eine Krankenkasse Verträge nach § 127 Abs. 2 Satz 1 geschlossen hat, können die Versicherten hierdurch in für sie zumutbarer Weise mit Hilfsmitteln versorgt werden. Die Krankenkasse trägt dann die Kosten in Höhe des Preises, höchstens die tatsächlich entstandenen Kosten. Die Differenz zwischen dem Preis nach § 127 Abs. 3 Satz 2 bis 4 SGB V und dem Abgabepreis des in Anspruch genommenen Leistungserbringers zahlen Versicherte an den Leistungserbringer.

Die Krankenkasse kann den Versicherten die erforderlichen Hilfsmittel auch leihweise überlassen (vgl. § 33 Abs. 5 SGB V).

Aktuell (Stand 2023) gelten für folgende Hilfsmittelgruppen bundesweit einheitliche Festbeträge:

- Einlagen,
- Hörhilfen,
- Sehhilfen,
- ableitende Inkontinenzhilfen und
- Hilfsmittel zur Kompressionstherapie.

Die Versicherten erhalten für die genannten Hilfsmittelgruppen einen bundeseinheitlich gleichen Betrag von ihrer Krankenkasse.

9.3.2 Grundsätze der Hilfsmittelabrechnung

Für die Abrechnung der Hilfsmittel existieren keine Abrechnungsbestimmungen nach dem Vorbild der allgemeinen Tarifbestimmungen anderer Tarifwerke. Sie unterscheidet sich nach dem Versichertenstatus des Patienten. Grundsätzlich kann davon ausgegangen werden, dass die Abrechnung der Hilfsmittel zwischen dem Lieferanten (z. B. einem Sanitätshaus) und der betroffenen Krankenkasse direkt erfolgt. Der Patient leistet in diesen Fällen lediglich seine gesetzlich vorgeschriebene Zuzahlung.

Hiervon ausgenommen sind beispielsweise die Behandlung »echter« ausländischer Patienten (▶ Kap. 10.2) oder die Behandlung selbstzahlender Patienten nach der GOÄ. Diese Patienten zahlen das Heilmittel direkt an den Lieferanten.

9.3.3 Inhalt und Durchführung der Hilfsmittelverordnung

Maßgeblich für die Verordnung der Hilfsmittel ist die Richtlinie des Gemeinsamen Bundesausschusses über die Verordnung von Hilfsmitteln in der vertragsärztlichen Versorgung (Hilfsmittel-Richtlinie vom 21.12.2011/15.03.2012 – zuletzt geändert am 18.03.2021).

Ein Anspruch auf die Versorgung mit einem Hilfsmittel besteht gemäß § 3 Abs. 1 Hilfsmittel-Richtlinie, sofern es erforderlich ist, um

- den Erfolg der Krankenbehandlung zu sichern,
- einer drohenden Behinderung vorzubeugen oder
- eine Behinderung bei der Befriedigung von Grundbedürfnissen des täglichen Lebens auszugleichen,
- eine Schwächung der Gesundheit, die in absehbarer Zeit voraussichtlich zu einer Krankheit führen würde, zu beseitigen,
- einer Gefährdung der gesundheitlichen Entwicklung eines Kindes entgegenzuwirken,
- Krankheiten zu verhüten oder deren Verschlimmerung zu vermeiden,
- Pflegebedürftigkeit zu vermeiden.

Allerdings besteht hierbei die Einschränkung, dass das Hilfsmittel nicht als allgemeiner Gebrauchsgegenstand des täglichen Lebens anzusehen oder durch Rechtsverordnung (nach § 34 Abs. 4 SGB V) ausgeschlossen ist.

Hilfsmittel können zu Lasten der Krankenkassen nur verordnet werden, sofern sie von der Leistungspflicht der gesetzlichen Krankenversicherung umfasst sind. Eine Verordnung ist nicht möglich, sofern es sich um

- Leistungen der gesetzlichen Unfallversicherung oder
- Leistungen nach dem Bundesversorgungsgesetz handelt (vgl. § 3 Abs. 3 und 4 Hilfsmittel-Richtlinie).

9.3.4 Hilfsmittelverzeichnis

Der Spitzenverband Bund der Krankenkassen erstellt ein systematisch strukturiertes Hilfsmittelverzeichnis, in dem von der Leistungspflicht umfasste Hilfsmittel aufgeführt sind. Es ist jedoch nicht abschließend (vgl. § 4 Hilfsmittel-Richtlinie).

Bei der Bewilligung des Hilfsmittels haben die Krankenkassen mitzuwirken. Sie können das Hilfsmittel leihweise überlassen oder die Übernahme der Leistung davon abhängig machen, dass sich der Empfänger das Hilfsmittel anpassen und/oder sich in seinem Gebrauch ausbilden lässt. Darüber hinaus kann die Krankenkasse vor Bewilligung eines Hilfsmittels durch den Medizinischen Dienst der Krankenversicherung prüfen lassen, ob das Hilfsmittel erforderlich ist (vgl. § 5 Hilfsmittel-Richtlinie).

9.3.5 Verordnungsgrundsätze

Für die Verordnung von Hilfsmitteln wurden Grundsätze der Verordnung definiert (vgl. § 6 Hilfsmittel-Richtlinie):

- Die Verordnung von Hilfsmitteln kann nur erfolgen, wenn sich der behandelnde Vertragsarzt von dem Zustand der oder des Versicherten überzeugt und sich erforderlichenfalls über die persönlichen Lebensumstände informiert hat oder wenn ihr oder ihm diese aus der laufenden Behandlung bekannt sind.
- Die Notwendigkeit für die Verordnung von Hilfsmitteln (konkrete Indikation) ergibt sich daher nicht allein aus der Diagnose. Es hat vielmehr eine Verordnung unter Gesamtbetrachtung der funktionellen/strukturellen Schädigungen, der Beeinträchtigungen der Aktivitäten (Fähigkeitsstörungen) und der noch verbliebenen Aktivitäten zu erfolgen. Im Rahmen einer störungsbildabhängigen Diagnostik sind der Bedarf, die Fähigkeit zur Nutzung, die Prognose und das Ziel der Hilfsmittelversorgung auf der Grundlage realistischer, für die Versicherte oder den Versicherten alltagsrelevanter Anforderungen zu ermitteln.
- Dabei sind die individuellen Kontextfaktoren in Bezug auf Person und Umwelt als Voraussetzung für das angestrebte Behandlungsziel zu berücksichtigen.

9.3.6 Wirtschaftlichkeit der Hilfsmittelverordnung

Auch bei der Verordnung von Hilfsmitteln sind die Grundsätze von Notwendigkeit und Wirtschaftlichkeit zu beachten (vgl. § 6 Abs. 4–11 Hilfsmittelrichtlinie):

- Vor der Verordnung von Hilfsmitteln soll der Vertragsarzt unter anderem prüfen, ob entsprechend dem Gebot der Wirtschaftlichkeit das angestrebte Behandlungsziel durch andere Maßnahmen erreicht werden kann.
- Existieren mehrere gleichermaßen geeignete und wirtschaftliche Hilfsmittel, kann der Versicherten zwischen diesen wählen.
- Wünschen der Versicherten soll bei der Verordnung und Auswahl der Hilfsmittel entsprochen werden, soweit sie angemessen sind.
- Wählen Versicherte jedoch Hilfsmittel oder zusätzliche Leistungen, die über das Maß des Notwendigen hinausgehen, haben sie die Mehrkosten und dadurch bedingte höhere Folgekosten selbst zu tragen.
- Eine Wiederverordnung von Hilfsmitteln ist ausgeschlossen, wenn die Gebrauchsfähigkeit des bisher verwendeten Mittels durch Änderung oder Instandsetzung erhalten werden kann.
- Eine Mehrfachausstattung mit Hilfsmitteln kann nur dann verordnet werden, wenn dies aus medizinischen, hygienischen oder sicherheitstechnischen Gründen notwendig oder aufgrund der besonderen Beanspruchung durch den Versicherten zweckmäßig und wirtschaftlich ist. Unter »Mehrfachausstattung« versteht man die Versorgung mit funktionsgleichen Mitteln.
- Eine Verordnung von Maßanfertigungen ist nicht zulässig, wenn die Versorgung mit Fertigartikeln (Konfektion oder Maßkonfektion) denselben Zweck erfüllt.
- Die Verordnung eines Hilfsmittels ist ausgeschlossen, wenn es Bestandteil einer neuen, nicht anerkannten Behandlungsmethode ist.

9.3.7 Verordnung und Abgabe von Hilfsmitteln

Die Verordnungen sind auf den vereinbarten Vordruckmustern vorzunehmen (vgl. §§ 7 f. Hilfsmittel-Richtlinie) (▶ Abb. 6.9).

Ergibt sich bei der Anpassung/Abgabe des Hilfsmittels, dass mit dem verordneten Hilfsmittel voraussichtlich das Versorgungsziel nicht erreicht werden kann oder dass der Versicherte in vorab nicht einschätzbarer Weise auf das Hilfsmittel reagiert, hat der Leistungserbringer darüber unverzüglich den Vertragsarzt, der die Verordnung ausgestellt hat, zu informieren und ggf. die Versorgung zu unterbrechen.

Der Vertragsarzt prüft, ob eine Änderung oder Ergänzung der Hilfsmittelverordnung notwendig ist.

9.3.8 Besonderheit der Hilfsmittelverordnung

In Abweichung zur Verordnung von Arzneimitteln verliert die Verordnung eines Hilfsmittels ihre Gültigkeit, wenn sie nicht innerhalb von 28 Kalendertagen nach

Ausstellung der Verordnung aufgenommen wird (Vgl. § 8 Abs. 2 Hilfsmittel-Richtlinie).

Außerdem ergibt sich eine Prüfpflicht des Vertragsarztes (Soll-Bestimmung), ob das abgegebene Hilfsmittel seiner Verordnung entspricht und den vorgesehenen Zweck erfüllt (Vgl. § 9 Hilfsmittel-Richtlinie).

9.3.9 Zuzahlung zu Hilfsmitteln

Versicherte, die das 18. Lebensjahr vollendet haben, leisten zu jedem zu Lasten der gesetzlichen Krankenversicherung verordneten Hilfsmittel als Zuzahlung den sich nach § 61 Satz 1 ergebenden Betrag zu dem von der Krankenkasse zu übernehmenden Betrag an die abgebende Stelle:

- Die Zuzahlung beträgt grundsätzlich 10 %, mindestens 5 €, höchstens 10 €.
- Bei »Verbrauchs-Hilfsmitteln« (Anm: Das sind z. B. Inkontinenzwindeln) beträgt die Zuzahlung ebenfalls 10 %, höchstens jedoch 10 € für den Monatsbedarf.
- Zuzahlung ist auch zu leisten, sofern für das Hilfsmittel Festbeträge bestehen.

10 Abrechnung von Patienten aus anderen Staaten

10.1 Charakterisierung

Die bisherigen Betrachtungen basierten immer auf der Annahme einer Leistungserbringung für Patienten mit Wohnsitz oder gewöhnlichem Aufenthalt in der Bundesrepublik Deutschland. Im Folgenden wird die Abrechnung von Patienten aus anderen Staaten erläutert. Sie ist in ihren Grundzügen an die Abrechnung der Patienten der gesetzlichen Krankenversicherung angelehnt, besitzt jedoch auch Besonderheiten, die es zu beachten gilt.

10.2 Definition des ausländischen Patienten

Ausländische Patienten sind Personen, die ihren Wohnsitz oder gewöhnlichen Aufenthalt außerhalb der Bundesrepublik Deutschland haben. Sie sind zu differenzieren nach der zugrunde liegenden Rechtsgrundlage ihres Behandlungsanspruchs und innerhalb dieser nach dem Anlass der Patientenbehandlung. Nach der Rechtsgrundlage sind zu unterscheiden:

- Patienten aus den Staaten der Europäischen Union (EU), des europäischen Wirtschaftsraums (EWR) und der Schweiz,
- Patienten aus Staaten mit bilateralem Abkommen über Soziale Sicherheit und
- echte ausländische Patienten, die unter keine der beiden vorgenannten Anspruchsgrundlagen zu subsumieren sind.

Patienten folgender Staaten können einen Anspruch nach dem **EG-Recht** (EU, EWR und Schweiz) besitzen:

- Belgien
- Bulgarien
- Dänemark
- Estland
- Finnland
- Frankreich

- Griechenland
- Großbritannien
- Irland
- Island
- Italien
- Kroatien
- Lettland
- Liechtenstein
- Litauen
- Luxemburg
- Malta
- Niederlande
- Norwegen
- Österreich
- Polen
- Portugal
- Rumänien
- Schweden
- Schweiz
- Slowakei
- Slowenien
- Spanien
- Tschechien
- Ungarn
- Zypern (nur griechischer Teil)

Diese Patienten weisen sich mit Hilfe ihrer Europäischen Krankenversicherungskarte oder einer provisorischen Ersatzbescheinigung aus (▶ Abb. 10.1, ▶ Abb. 10.2).

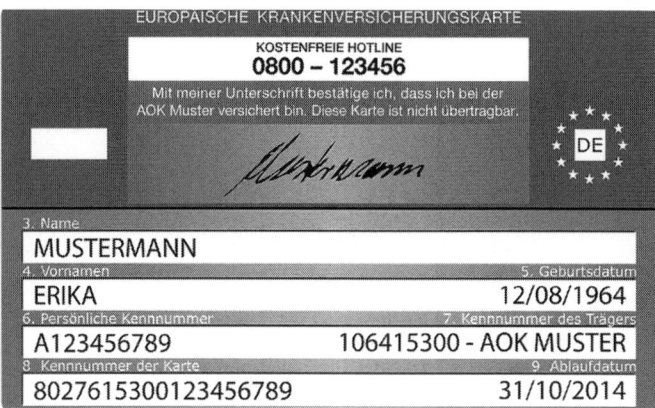

Abb. 10.1: EHIC (GKV-Spitzenverband 2023)

10 Abrechnung von Patienten aus anderen Staaten

Abb. 10.2: Provisorische Ersatzbescheinigung (GKV-Spitzenverband 2023)

Patienten folgender Staaten können einen Anspruch nach dem **Abkommen-Recht** besitzen:

- Bosnien und Herzegowina
- Israel (nur für Leistungen bei Mutterschaft)
- Mazedonien
- Montenegro
- Serbien
- Türkei
- Tunesien

Unter den Begriff »Abkommen-Recht« sind beispielsweise das »Deutsch-israelische Abkommen über Soziale Sicherheit« (nur für Mutterschaft), das »Deutsch-jugoslawische Abkommen über Soziale Sicherheit«, das »Deutsch-kroatische Abkommen über Soziale Sicherheit«, das »Deutsch-mazedonische Regierungsabkommen über Soziale Sicherheit«, das »Deutsch-türkische Abkommen über Soziale Sicherheit«, das »Deutsch-tunesische Abkommen über Soziale Sicherheit« und das »Übereinkommen über die Soziale Sicherheit der Rheinschiffer« subsumiert.

Für ausländische Patienten außerhalb des EG- oder des Abkommen-Rechts existiert **keine Anspruchsgrundlage.** Deren Behandlungsinhalte und Abrechnungsmodalitäten richten sich nach der GOÄ.

Innerhalb dieser Anspruchsgrundlagen ist jeweils nach dem Anlass der Patientenbehandlung zu unterscheiden:

- Erfolgt die Patientenbehandlung während eines vorübergehenden Aufenthaltes in der Bundesrepublik aus einem Grund, der ursächlich nicht mit der Patientenbehandlung selbst in Beziehung steht (z. B. Urlaubsreise) oder
- erfolgt die Patientenbehandlung während eines vorübergehenden Aufenthaltes in der Bundesrepublik zum Zwecke der Behandlung.

10.3 Leistungsumfang der Behandlung

Wie in der gesetzlichen Krankenversicherung hinterlegt, gilt auch für die Behandlung ausländischer Patienten der Grundsatz, dass jeder Patient zunächst das medizinisch Notwendige in Form von Sachleistungen erhält.

Der Umfang der Leistungen unterscheidet sich jedoch danach, ob der Patient aus nicht medizinischen Gründen (z. B. Urlaubsreise) oder aus medizinischen Gründen (Patientenbehandlung) in die Bundesrepublik einreiste.

Der Umfang der Leistungen ist daher in zwei Schritten zu ermitteln:

1. Schritt:	Befindet sich der Patient vorübergehend oder gewöhnlich in der Bundesrepublik?
2. Schritt:	Im Falle eines vorübergehenden Aufenthaltes ist zu unterscheiden, ob der Patient akut erkrankt ist oder ob die Erkrankung schon vor der Einreise bestanden hat.

Bei ausländischen Patienten **außerhalb dieser Regelungen** ist eine solche Differenzierung grundsätzlich nicht erforderlich. Aufgrund der hierbei anzuwendenden Anspruchsgrundlage (GOÄ) bestimmen sich die Leistungsinhalte nach der vertraglichen Vereinbarung zwischen Arzt und Patient.

Im Einzelnen ergeben sich somit folgende Leistungsinhalte:

Patienten nach dem EG-Recht

Der Anspruch bezieht sich auf alle Leistungen, die sich während ihres Aufenthalts in Deutschland als medizinisch notwendig erweisen (unmittelbar erforderliche medizinische Versorgung), aber auch die fortlaufende Versorgung chronisch Kranker (z.B. Dialysepatient), die nicht bis zur Rückkehr in das Heimatland aufgeschoben werden kann. Bei vorübergehenden Aufenthalten von längerer Dauer (z.B. Studierende) können u.U. auch turnusmäßige Vorsorgeuntersuchungen medizinisch notwendig sein.

Sofern die Erkrankung bereits vor der Einreise bestand, kann sie behandelt werden, wenn der Patient nicht allein zum Zweck der Behandlung eingereist ist.

Ausnahmen

Hat der Patient von seiner Versicherung die ausdrückliche Genehmigung erhalten, sich in der Bundesrepublik behandeln lassen zu können (Nachweis in der Regel durch Vorlage des Vordruckes E-112 oder S2), bestimmt sich der Leistungsinhalt grundsätzlich nach diesem Leistungsnachweis. Den Anspruchsnachweis müssen diese Patienten vor Behandlungsbeginn bei einer frei von ihnen wählbaren deutschen Krankenkasse am Aufenthaltsort gegen einen Nationalen Anspruchsnachweis eintauschen. Sie werden versicherungsrechtlich wie Einwohner der Bundesrepublik behandelt und müssen möglicherweise einen Anteil der Behandlungskosten vorab leisten.

Vereinzelt werden Patienten mit einer Bescheinigung über den Anspruch auf Gesundheitsleistungen nach dem Vordruckmuster E-106 vorstellig. Diese Patienten leben nicht in der Bundesrepublik, arbeitet dort jedoch. Häufig sind dies sog. Grenzgänger, Beamte oder deren Angehörige.

Erfolgten bei Erteilung dieses Leistungsnachweises Einschränkungen hinsichtlich des Behandlungsumfanges, sind diese zu beachten.

Patienten nach dem Abkommen-Recht

Der Leistungsumfang beschränkt sich grundsätzlich nur auf Leistungen, die eine ärztliche Behandlung sofort erforderlich machen. Leistungen, die diese Anforderung nicht erfüllen, dürfen nicht erbracht werden.

Der Patient muss sich zunächst an eine von ihm frei wählbare deutsche Krankenkasse wenden, die ihm einen entsprechenden Nationalen Anspruchsnachweis ausstellt, auf dem gegebenenfalls Einschränkungen des Leistungsspektrums vermerkt sind.

Ist ein Patient bereits mit der Erkrankung eingereist, kann die Leistung nur beansprucht werden, wenn der ausländische Träger diese vorher genehmigt hat. Der Leistungsumfang bestimmt sich dann ebenfalls nach diesem Anspruchsnachweis.

Patienten außerhalb dieser Regelungen

Hier erfolgt grundsätzlich keine Beschränkung der Leistungsinhalte. Sie bestimmen sich nach Maßgabe der medizinischen Notwendigkeit, des Patientenwillens bzw. des Leistungsgrades seiner Versicherung im Ausland.

10.4 Nachweis des Behandlungsanspruchs

Aufgrund der jeweils einzelvertraglichen Regelung des ausländischen Patienten außerhalb des EG-Rechts bzw. des Abkommen-Rechts ist der Nachweis des Behandlungsanspruchs allein für Patienten nach diesen beiden letztgenannten Anspruchsgrundlagen relevant.

Selbst wenn in der Praxis »echte ausländische Patienten« oft von der Annahme ausgehen, dass die vor Reiseantritt abgeschlossene Reisekrankenversicherung einen ausreichenden Behandlungsnachweis biete, genügt diese den Anforderungen in der Regel nicht. Der Patient muss in fast allen Fällen zunächst in Vorleistung der Behandlungskosten treten und seinen Anspruch nach der Rückkehr in sein Heimatland gegenüber seinem Versicherungsträger geltend machen. Die Konsequenz hieraus wird unter dem Abschnitt »Abrechnung« erneut aufgegriffen (▶ Kap. 10.5).

Patienten nach dem EG-Recht

Versicherte nach dieser Anspruchsgrundlage können sich während eines vorübergehenden Aufenthalts in der Bundesrepublik direkt in ärztliche Behandlung begeben, sofern sie einen entsprechenden Anspruchsnachweis besitzen und einen Identitätsnachweis (Personalausweis oder Reisepass) vorlegen können.

Vor Durchführung der Behandlung hat der im Ausland Versicherte die »Patientenerklärung Europäische Krankenversicherung« auszufüllen und zu unterschreiben. Hier gibt er eine deutsche Krankenkasse an, zu deren Lasten die Leistungen erbracht werden sollen. Die Erklärung und die Dokumentation des Behandlungsanspruchs sind unverzüglich im Original an die aushelfende deutsche Krankenkasse zu übersenden (▶ Abb. 10.3).

Patienten nach dem Abkommen-Recht

Versicherte nach dieser Anspruchsgrundlage haben sich vor Behandlungsbeginn mit einem vom ausländischen Krankenversicherungsträger ausgestellten Anspruchsnachweis an eine von ihnen gewählte Krankenkasse am Aufenthaltsort zu wenden. Die gewählte Krankenkasse stellt einen Nationalen Anspruchsnachweis aus (▶ Abb. 10.4).

Ist kein Mitgliedsnachweis möglich, sind grundsätzlich auch Patienten nach dem EG-Recht und dem Abkommen-Recht wie Patienten außerhalb dieser Regelungen zu behandeln und abzurechnen.

Dies gilt jedoch nicht, sofern der Patient seine Zugehörigkeit zu einem der beiden genannten Abkommen glaubhaft machen kann und ein entsprechender Anspruchsnachweis noch am Behandlungstag bzw. am Folgetag nachgereicht wird. Der Behandelnde ist in diesen Fällen sogar verpflichtet, dem Patienten das u. U. bereits auf Basis der GOÄ erhobene Honorar zurückzuerstatten!

Patienten außerhalb dieser Regelungen

Obwohl die spätere Abrechnung der Leistung auf Basis der GOÄ erfolgt, muss auch ein Patient außerhalb der o. g. Regelungen die Patientenerklärung Europäische Krankenversicherung ausfüllen.

10.4 Nachweis des Behandlungsanspruchs

Englisch

Patientenerklärung Europäische Krankenversicherung
Patient's Declaration European Health Insurance

der im EU- bzw. EWR-Ausland, in der Schweiz oder im Vereinigten Königreich versicherten Person, die eine **Europäische Krankenversicherungskarte (EHIC)**, eine **Global Health Insurance Card (GHIC)** oder eine **Provisorische Ersatzbescheinigung (PEB)** vorlegt.
on the part of the person insured in another EU or EEA country, in Switzerland or in the United Kingdom submitting a **European Health Insurance Card (EHIC)**, a **Global Health Insurance Card (GHIC)** or a **Provisional Replacement Certificate (PRC)**.

Bitte vollständig und leserlich ausfüllen. **Please complete legibly and in full.**

Ich beabsichtige, mich bis zum ☐☐☐☐☐☐☐☐ in Deutschland aufzuhalten.
I intend to stay in Germany until

☐ Ich bestätige, dass ich nicht zum Zwecke der Behandlung nach Deutschland eingereist bin.
I herewith confirm that I did not enter Germany for the purpose of treatment.

Gewählte aushelfende deutsche Krankenkasse
Selected assisting German health insurance fund

Name, Vorname der Patientin / des Patienten
Surname and forename of the patient

Geburtsdatum
Date of birth
☐☐☐☐☐☐☐☐

Geschlecht / *Sex*

Anschrift im Heimatstaat
Address in home country
Straße, Hausnummer / *Street, house no.*

☐ weiblich / *female*
☐ männlich / *male*

PLZ, Ort / *Postcode, city*

☐ divers / *other*

Land / *Country*

☐ unbestimmt / *unspecified*

☐ Vorübergehende Aufenthaltsadresse in Deutschland   oder   ☐ Durchreise
Temporary address in Germany   *or*   *Passing through*

c/o (Hotel, Familie etc.) / *c/o (hotel, family, etc.)*

Straße, Hausnummer / *Street, house no.*

PLZ, Ort / *Postcode, city*

Tel.-Nr./E-Mail / *Tel. No./e-mail*

☐ Reisepass   ☐ Personalausweis   Nr.
  Passport   *ID card*   *No.*

Datum / *Date*
☐☐☐☐☐☐☐☐

Ich bestätige die Richtigkeit meiner Angaben
I confirm the accuracy of the information provided

Unterschrift der Patientin / des Patienten
Patient's signature

Ab hier von der Praxis auszufüllen.

Name der behandelnden Ärztin / des behandelnden Arztes

Die Identität der Patientin / des Patienten wurde anhand eines offiziellen Ausweisdokuments geprüft.

Hinweis an die Praxis: Das Original dieser Erklärung sowie eine Kopie der EHIC, GHIC bzw. PEB bitte unverzüglich an die gewählte deutsche Krankenkasse senden. Die Stempelung der Kopie des Anspruchsnachweises ist nicht erforderlich.

Datum
☐☐☐☐☐☐☐☐

Arztstempel / ärztliche Unterschrift

PRF.NR.
(1.2024)

Abb. 10.3: Patientenerklärung Europäische Krankenversicherung (GKV-Spitzenverband 2024)

221

Krankenkasse bzw. Kostenträger		
Name, Vorname des Versicherten		geb. am
Kostenträgerkennung	Versicherten-Nr.	Status
Betriebsstätten-Nr.	Arzt-Nr.	Datum

Nationaler Anspruchsnachweis

für die Behandlung von Personen, die nach über- und zwischenstaatlichen Vorschriften Anspruch auf vertragsärztliche Versorgung haben

Anlage 3

Vertragsärztliche Leistungen können im Zeitraum

vom T T M M J J bis T T M M J J in Anspruch genommen werden.

Staat, in dem die Versicherung besteht ____________________

Leistungsumfang in Deutschland

(Zutreffendes ist angekreuzt, Mehrfachnennung möglich.)

Überweisung: Eine unmittelbare Überweisung zu einem mit- bzw. weiterbehandelnden Vertragsarzt ist nicht zulässig. Besteht die Notwendigkeit einer Mit-/Weiterbehandlung durch einen Vertragsarzt, bescheinigen Sie dies bitte auf dem Muster 6 und tragen dort „Überweisung ist vor Inanspruchnahme des mit- bzw. weiterbehandelnden Vertragsarztes der Krankenkasse vorzulegen“ auf. Der Patient bekommt damit bei Bedarf von der Krankenkasse einen weiteren Nationalen Anspruchsnachweis ausgestellt.

Arzneimittelverordnung: Arzneimittel werden auf regulären Rezepten (Muster 16) verordnet. Eine weitere Genehmigung durch die Krankenkasse ist nicht notwendig. Ein Vorrat an Arzneimitteln speziell für die Zeit nach Rückkehr in den Wohnstaat darf nicht verordnet werden.

Heil- und Hilfsmittelverordnungen: Heil- und Hilfsmittelverordnungen werden auf den entsprechenden Mustern verordnet und sind durch den Patienten zur Genehmigung bei der Krankenkasse vorzulegen. Tragen Sie bitte auf den Verordnungen „Leistung vorab durch Krankenkasse genehmigen lassen“ auf.

☐ Anspruch auf **alle** Sachleistungen

☐ Anspruch auf **sofort** notwendige Sachleistungen. Für schon im anderen Staat begonnene Erkrankungen **nur** bei akuter Verschlimmerung der Erkrankung

Zusätzlich Anspruch auf Sachleistungen bei

☐ chronischen Erkrankungen, bei denen eine Behandlung während des Aufenthalts in Deutschland nicht aufgeschoben werden kann

☐ Schwangerschaft und Mutterschaft

Anspruch auf Sachleistungen **nur** für die fortlaufende Behandlung folgender Erkrankung
(Eine Einschränkung hinsichtlich des Vorrats an Arzneimitteln gilt hier nicht.)

☐ ____________________

Anspruch **nur** für die Behandlung bei folgendem Arzt/folgender Ärztin

☐ ____________________

☐ Anspruch auf medizinisch notwendige Sachleistungen unter Berücksichtigung der Aufenthaltsdauer (entspricht bei EU/EWR/CH/UK Europäischer Krankenversicherungskarte (EHIC) / Golbal Health Insurance Card (GHIC) / Provisorischer Ersatzbescheinigung (PEB))

Sonstiges

☐ ____________________

Die erbrachten Leistungen rechnen Sie bitte im Zuge der regulären elektronischen Quartalsabrechnung mit Ihrer Kassenärztlichen Vereinigung (KV) ab.
Fragen zur Abrechnung richten Sie bitte direkt an die KV.

Datum T T M M J J

Kassenstempel / Unterschrift

Anlage 3 (1.2024)

Abb. 10.4: Nationaler Anspruchsnachweis (GKV-Spitzenverband 2023)

10.5 Abrechnung der Leistungen

Die Abrechnung der erbrachten Leistungen resultiert aus der Vorlage eines gültigen Nachweises über die Anspruchsberechtigung zum Erhalt der Behandlungsleistungen. Folglich ist in jedem Fall davon auszugehen, dass bei nicht erfolgtem Anspruchsnachweis eine Abrechnung auf Basis der GOÄ zu erfolgen hat!

Für den Fall eines erfolgten Nachweises sind lediglich zwei Varianten zu unterscheiden:

- Abrechnung der Patientenbehandlung auf der Grundlage des EG- bzw. Abkommen-Rechts und
- Abrechnung der Patientenbehandlung außerhalb der vorgenannten Anspruchsgrundlagen.

Abrechnung der Patientenbehandlung auf der Grundlage des EG- bzw. Abkommen-Rechts

Die Abrechnung erfolgt über die für den Arzt zuständige Kassenärztliche Vereinigung zu Lasten der Krankenkasse, die der im Ausland lebende Patient gewählt hat. Die Regelungen des Verfahrens für Patienten der gesetzlichen Krankenversicherung finden Anwendung. Als Abrechnungstarif kommt der EBM inkl. der vorhandenen Tarifbestimmungen zur Anwendung.

Abrechnung der Patientenbehandlung außerhalb der vorgenannten Anspruchsgrundlagen

Die Abrechnung erfolgt im direkten Verhältnis mit dem Patienten auf Basis der GOÄ. Zur Minderung des finanziellen Risikos sollte in jedem Fall eine den voraussichtlichen Behandlungskosten angemessene Vorauszahlung erhoben werden.

10.6 Verordnung von Arznei-, Heil- und Hilfsmitteln

Bei Patienten nach dem EG-Recht besteht in Bezug auf die Verordnung von Arznei-, Heil- und Hilfsmitteln grundsätzlich kein Unterschied zu der Verordnung von Leistungen für gesetzlich versicherte Inländer. Auch in diesen Fällen ist das Wirtschaftlichkeitsgebot nach § 12 SGB V zu beachten. Neben den üblichen Angaben (Name, Vorname, Geburtsdatum, inländische deutsche Krankenkasse) sind auf der jeweiligen Verordnung u. a. die Versichertenart und die Zugehörigkeit zu einer besonderen Personengruppe zu vermerken.

Auch bei Patienten nach dem Abkommen-Recht können Arznei-, Heil- und Hilfsmittel verordnet werden. In diesen Fällen ist ebenfalls das Wirtschaftlichkeitsgebot nach § 12 SGB V zu beachten. Neben den üblichen Angaben (Name, Vorname, Geburtsdatum, inländische deutsche Krankenkasse) sind auf der jeweiligen Verordnung u. a. die Versichertenart und die Zugehörigkeit zu einer besonderen Personengruppe zu vermerken. Im Unterschied zu Patientenbehandlungen nach dem EG-Recht müssen Heil- und Hilfsmittel vor der Auslieferung von der inländischen Krankenkasse aber genehmigt werden.

Ein »Arzneimittelvorrat« für die Rückkehr des Patienten in den Heimatstaat darf nicht verordnet werden. Dies obliegt dem heimischen Arzt bzw. der Heimatkrankenkasse des ausländischen Patienten.

10.7 Überweisung zur fachärztlichen Behandlung

Bei Patienten nach dem EG-Recht besteht grundsätzlich kein Unterschied bei einer Überweisungserfordernis. Neben den üblichen Angaben (Name, Vorname, Geburtsdatum, inländische deutsche Krankenkasse) sind auf der jeweiligen Verordnung u. a. die Versichertenart und die Zugehörigkeit zu einer besonderen Personengruppe zu vermerken.

Halten sich Patienten nur vorrübergehend in Deutschland auf, ist die voraussichtliche Aufenthaltsdauer anzugeben.

Sind Patienten ausdrücklich für Zwecke der Behandlung in Deutschland eingereist, soll der behandelnde Arzt dem Patienten die Notwendigkeit anderweitiger Behandlung auf dem Rezept bescheinigen. Für den Fall der Rezeptvorlage bei der deutschen Krankenkasse erstellt diese einen weiteren Abrechnungsschein.

Bei Überweisung eines Patienten mit Nationalem Anspruchsnachweis bescheinigt der Arzt die Notwendigkeit anderweitiger ärztlicher Behandlung auf einem Rezept (Muster 16). Dieses Rezept muss der Patient dann zunächst bei der gewählten deutschen Krankenkasse vorlegen, bekommt erneut einen Nationalen Anspruchsnachweis und kann einen weiteren Arzt aufsuchen.

10.8 Verordnung von Krankenhausbehandlung

Bei Patienten nach dem EG-Recht besteht grundsätzlich kein Unterschied bei der Verordnung von Krankenhausbehandlung. Neben den üblichen Angaben (Name, Vorname, Geburtsdatum, inländische deutsche Krankenkasse) sind auf der jeweiligen Verordnung u. a. die Versichertenart und die Zugehörigkeit zu einer besonderen Personengruppe zu vermerken.

10.8 Verordnung von Krankenhausbehandlung

Bei Patienten nach dem Abkommen-Recht besteht in Bezug auf die Verordnung von Krankenhausbehandlung ebenfalls kein Unterschied zu anderen Patienten. Neben den üblichen Angaben (Name, Vorname, Geburtsdatum, inländische deutsche Krankenkasse) sind auf der jeweiligen Verordnung u. a. die Versichertenart und die Zugehörigkeit zu einer besonderen Personengruppe zu vermerken.

Verzeichnisse

Abbildungsverzeichnis

Abb. 1.1:	Verhältnis Patient und Arzt	17
Abb. 1.2:	Verhältnis gesetzlich versicherter Patient und Vertragsarzt	18
Abb. 1.3:	Verhältnis gesetzlich versicherter Patient und ermächtigter Krankenhausarzt	19
Abb. 1.4:	Verhältnis Selbstzahler/Privatpatient und liquidationsberechtigter Krankenhausarzt	19
Abb. 1.5:	Verhältnis gesetzlich versicherter Patient und Krankenhaus	20
Abb. 1.6:	Verhältnis Selbstzahler/Privatpatient und Krankenhaus	21
Abb. 1.7:	Verhältnis bei Institutionenvertrag des Krankenhauses	22
Abb. 1.8:	Rechtsverhältnisse bei Leistungen nach § 115b SGB V	22
Abb. 6.1:	KV-spezifische Abrechnungsziffern (KV Hessen, 2023)	61
Abb. 6.2:	Auszug aus Anhang 1 zum EBM (KBV 2024)	68
Abb. 6.3:	Auszug aus Anhang 2 zum EBM (KBV 2024)	69
Abb. 6.4:	Auszug aus Anhang 3 zum EBM (KBV 2024)	70
Abb. 6.5:	Auszug aus Anhang 4 zum EBM (KBV 2024)	71
Abb. 6.6:	Auszug aus Anhang 6 zum EBM (KBV 2024)	72
Abb. 6.7:	Überweisung – Muster 6 (KBV 2023)	81
Abb. 6.8:	Verordnung von Krankenhausbehandlung – Muster 2 (KBV 2023)	82
Abb. 6.9:	Arzneimittelverordnung – Muster 16 (KBV 2023)	83
Abb. 6.10:	01320 Grundpauschale I für ermächtige Ärzte, Institute und Krankenhäuser (KBV 2024)	87
Abb. 6.11:	01205 Notfallpauschale (Abklärung, Koordination I) (KBV 2024)	94
Abb. 6.12:	01210 Notfallpauschale I (KBV 2024)	95
Abb. 6.13:	Zusammenhang Erstbehandlung und Folgekontakt in der Notfallversorgung	96
Abb. 7.1:	Ermittlung der AOP-Vergütung nach Anhang 2 EBM (Kolb 2016, S. 115)	106
Abb. 7.2:	Beispiel für Zuschlag bei Simultaneingriffen	111
Abb. 7.3:	Ermittlung des Simultanzuschlags	111
Abb. 7.4:	Ermittlung des Überwachungskomplexes	113
Abb. 7.5:	02300 Kleinchirurgischer Eingriff I (KBV 2024)	115
Abb. 7.6:	Prüfschema zur Ermittlung des postoperativen Behandlungskomplexes (Kolb 2016, S. 135)	125
Abb. 8.1:	Abhängigkeit der Abrechnung intraocularer Eingriffe von der Indikation	149

Abb. 8.2:	Quellen der Qualitätssicherung	150
Abb. 8.3:	Allgemeine Tatbestände, die eine stationäre Leistungsdurchführung begründen können	157
Abb. 9.1:	Heilmittelverordnung – Muster 13 (KBV 2023)	208
Abb. 10.1:	EHIC (GKV-Spitzenverband 2023)	215
Abb. 10.2:	Provisorische Ersatzbescheinigung (GKV-Spitzenverband 2023)	216
Abb. 10.3:	Patientenerklärung Europäische Krankenversicherung (GKV-Spitzenverband 2024)	221
Abb. 10.4:	Nationaler Anspruchsnachweis (GKV-Spitzenverband 2023)	222

Tabellenverzeichnis

Tab. 4.1:	Mögliche Abrechnungstarife	53
Tab. 4.2:	Mögliche Abrechnungspartner und Budgets	54
Tab. 6.1:	Schriftliche Mitteilungen des Arztes nach EBM	77
Tab. 6.2:	Kapitel/Abschnitte des EBM mit bereits einkalkulierter Leistung 01600 bzw. 01601	78
Tab. 6.3:	Notfallziffern nach EBM i. e. S.	93
Tab. 6.4:	Mögliche Konstellationen für die Abrechnung der Notfallbehandlung im Erst- und Zweitkontakt	96
Tab. 7.1:	Schematischer Aufbau des Kapitels 31 des EBM	105
Tab. 7.2:	Eingriffskategorien nach dem EBM	108
Tab. 7.3:	Schnitt-Naht-Zeit-Kategorien	109
Tab. 7.4:	Übersicht der Anästhesieleistungen nach Kapitel 5 des EBM	117
Tab. 7.5:	Übersicht der Anästhesieleistungen nach Abschnitt 31.5 des EBM	118
Tab. 8.1:	Augenheilkundliche Eingriffe nach § 115b SGB V (Auszug aus dem AOP-Katalog 2024) mit besonderer Kennzeichnung	146

Literaturverzeichnis

Artikel 1 des Gesetzes vom 20. 12. 1988, BGBl. I S. 2477, 2482 zuletzt geändert durch Artikel 9 des Gesetzes vom 16. 08. 2023 (BGBl. 2023 I Nr. 217)

Bergmann K. O., Wever C. (2015): Patientenaufklärung im Spiegel der Rechtsprechung des Jahres 2014. das Krankenhaus, 5/2015, S. 458–461

Fünftes Buch Sozialgesetzbuch – Gesetzliche Krankenversicherung – (Artikel 1 des Gesetzes vom 20. 12. 1988, BGBl. I S. 2477, 2482) – zuletzt geändert durch Artikel 9 des Gesetzes vom 16. 08. 2023 (BGBl. 2023 I Nr. 217)

Gebührenordnung für Ärzte (GOÄ) in der Fassung der Bekanntmachung vom 09. 02. 1996 (BGBl. I S. 210) zuletzt geändert durch Artikel 3b des Gesetzes vom 19. 07. 2023 (BGBl. 2023 I Nr. 197)

GKV-Spitzenverband – Deutsche Verbindungsstelle Krankenversicherung Ausland (DVKA) (2023): Mit der Europäischen Krankenversichertenkarte (EHIC) in Deutschland. Bonn: GKV-Spitzenverband

Kassenärztliche Bundesvereinigung/GKV-Spitzenverband (2023): Bundesmantelvertrag Ärzte. Berlin: KBV/SpiBu

Kassenärztliche Bundesvereinigung (2024): Einheitlicher Bewertungsmaßstab. Berlin: KBV

Kassenärztliche Bundesvereinigung (2020): Checkliste für die Praxis: So funktioniert die Abrechnung bei Patienten, die im Ausland krankenversichert sind. Berlin: KBV.

Kolb T. (2016): Einführung in die Abrechnung ambulanter Leistungen. Kulmbach: Mediengruppe Oberfranken.

Münzel H., Zeiler N. (2008): Ambulante Leistungen in und an Krankenhäusern, Stuttgart: Kohlhammer.

Pschyrembel W. (2023): Pschyrembel Klinisches Wörterbuch. Berlin: De Gruyter.

Richtlinie des Gemeinsamen Bundesausschusses über die Verordnung von Heilmitteln in der vertragsärztlichen Versorgung (Heilmittel-Richtlinie/HeilM-RL) in der Fassung vom 19.05.2011, veröffentlicht im Bundesanzeiger 2011; Nr. 96 (S. 2247) in Kraft getreten am 01.07.2011 – zuletzt geändert am 19.01.2023

Richtlinie des Gemeinsamen Bundesausschusses über die Verordnung von Hilfsmitteln in der vertragsärztlichen Versorgung (Hilfsmittel-Richtlinie/HilfsM-RL) in der Fassung vom 21.12.2011 veröffentlicht im Bundesanzeiger am 10.04.2012 (BAnz AT 10.04.2012 B2) in Kraft getreten am 01.04.2012 – zuletzt geändert am 18.3.2023

Vertrag zum Ambulanten Operieren und den stationsersetzenden Eingriffen nach § 115b Abs. 1 SGB V in der Fassung vom 01.01.2024

Wezel H., Liebold R. (2023): Der Kommentar zu EBM und GOÄ. Siegburg: Asgard.

Zulassungsverordnung für Vertragsärzte in der im Bundesgesetzblatt Teil III, Gliederungsnummer 8230–25, veröffentlichten bereinigten Fassung – zuletzt geändert durch Artikel 12 des Gesetzes vom 11.07.2021 (BGBl. I S. 2754)

Stichwortverzeichnis

4

4-Wochen-Frist
- § 115b SGB V   174

A

Abkommen-Recht   216
Abrechnungsziffer
- KV-spezifisch   60
Ambulante Leistung
- Abgrenzung   55
Ambulante Operation   102
- Abrechnungsziffern   105
- Leistungsinhalte   103
- nicht vollständig erbrachte   177
- Voraussetzung im Vorfeld   102
Ambulante spezialfachärztliche Versorgung   34
Ambulantes Operieren
- Zugang des Patienten   153

Ambulantes Operieren nach § 115b SGB V   144
Anhänge des EBM   67
- Anhang 1   67
- Anhang 2   68
- Anhang 6   72
Arbeitsunfähigkeit
- Bescheinigung   175
Arzneimittel
- Abrechnung   171
- Ausland   223
Ärztehaus   32
Ärztekammer   14
Arztfall   74
Arztwahl
- freie   31
Aufklärung   120
- Beweis   121
- Umfang   122
Aufklärungsblatt
- schriftliches   122

Aufnahme
- stationäre 176
Auftragsleistung
- Durchführung 155
Ausländische Patienten
- Abrechnung 223
- Überweisung 224
- Verordnung Krankenhausbehandlung 224

B

Bedarfsplanung 29
Behandlungsfall 73
Belegarzt 13
- Leistungen 66
Bereicherungsanspruch 145
Bericht 76
Betriebsstättenfall 74
Betriebsstättennummer 59
Bundesmantelvertrag 23

D

Datenübermittlung 174
Delegation ärztlicher Leistungen 64
Diagnostische Leistungen
- Dritte 183

E

EBM
- Anhang 1 67
- Anhang 2 68
- Anhang 3 68
- Anhang 4 71
EG-Recht 214
Eigenbehalt 162
Eingriffskategorie 107
Einheitlicher Bewertungsmaßstab 58
Einrichtungen der Behindertenhilfe 45
Einzelfallprüfung 152
Elektronische Arbeitsunfähigkeitsbescheinigung 84
Elektronisches Rezept 81
Ermächtigter Arzt 12
Ermächtigung 24, 144, 145
Ermächtigungsambulanz 33
Explantation 179

F

Facharztstandard 148
Falldefinition 73

G

G-AEP-Kriterien 157
Gemeinschaftspraxis 33
Geriatrische Institutsambulanz 41
Gesamtvertrag 23
Grundpauschale 59

H

Häusliche Krankenpflege
- Verordnung 175
Haustarif 54
Heilmittel 203
- Abrechnung 173, 204
- Ausland 223
- Definition 203
- Inhalt und Durchführung 205
- Katalog 206
- nicht verordnungsfähig 206
- Wirtschaftlichkeit 207
- Zuzahlung 209
Hilfsmittel 209
- Abrechnung 171
- Ausland 223
- Definition 209
- Inhalt und Durchführung 210
- Verordnung und Abgabe 212
- Zuzahlung 213
Hilfsmittelabrechnung
- Grundsätze 210
Hilfsmittelverordnung
- Inhalt und Durchführung 210
- Wirtschaftlichkeit 212
Hilfsmittelverzeichnis 211
Hochschulambulanz 37
Honorarzt 13

I

Implantation 179
Institutsambulanz 33
Intraoperative Leistungen
- § 115b SGB V 169

K

Kassenärztliche Vereinigung 13
Katalog § 115b SGB V 160
Katalog verordnungsfähiger Leistungen 206
Kataraktoperation 146
Kleine Chirurgie 113
Konsiliarpauschale 59

229

Konsultationspauschale   153, 155
Kontextfaktoren   157
Kooperative Erbringung
– Leistungen   181
Körperteile
– paarige   113
Kosten
– Allgemeine   49
– Begriff   49
– Besondere   50
Kostenpauschale
– Kapitel 40 EBM   163
Krankenhaus   14
Krankentransport
– Verordnung   175
Krankheitsfall   73

L

Laborleistungen   85
Lebenslange Arztnummer   59
Leistung
– anästhesiologisch   116
– arztgruppenspezifisch   65
– arztgruppenübergreifend   65
– arztgruppenübergreifend speziell   66
– ärztlich   17, 48
– berechnungsfähig   74
– Institution   19
– Krankenhaussachleistung   48
Liquidationsberechtigter Arzt   12

M

Medizinisches Behandlungszentrum   46
Medizinisches Versorgungszentrum   35

N

Nachweis Behandlungsanspruch   219
Nebenbetriebsstättennummer   60
Notfall
– Abrechnung EBM   92
– Abrechnungsziffern EBM   93
– Begriff   91
Notfallkonsultationspauschale   95
Notfallpauschale   94

O

Operationskatalog   106
Operative Prozeduren
– Zuordnung   68
Operativer Eingriff

– Größe und Fläche   179
Organe
– paarige   113

P

Patienten
– Abkommenrecht   216
– Ausland   214
– EG   214
Patienteninformation   119
Pauschaler Zuschlag
– Leistungen Kapitels 32 EBM   164
Persönliche Leistungspflicht   63
Poliklinik   32
Portimplantation   166
Postoperative Leistungen
– § 115b SGB V   170
Postoperativer Behandlungskomplex   123
Präoperative Leistungen
– § 115b SGB V   165
Praxisgemeinschaft   33
Privatambulanz   33
Psychiatrische Institutsambulanz   38
Punktwert
– § 115b SGB V   173

Q

Qualitätssicherung   149
Qualitätssicherungsvereinbarung   149
Qualitätssicherungsvereinbarungen   151

S

Sachkosten   162, 164
Schriftliche Mitteilung   76
Schweregraddifferenzierung   159
Sicherstellung   26
Simultaneingriff   109
Sozialpädiatrisches Zentrum   40
Sprechstundenbedarf   50
Stationäre Pflegeeinrichtungen   46

U

Umschlüsselung   180

V

Verbände   116
Verbandmittel
– Abrechnung   171

Vergütung
- Grundprinzip 53
Vergütung nach § 115b SGB V
- Ermittlung 161
Versichertenpauschale 59
Versorgung
- Fachärztlich 26
- Hausärztlich 26
- Vertragsärztlich 27
Vertragsarzt 11
- erforderlicher Zeitaufwand 68
- Unterrichtung 176
Vertragsärztliche Versorgung 26
Verzeichnis der nicht gesondert berechnungsfähigen Leistungen 67
Verzeichnis nicht oder nicht mehr berechnungsfähiger Leistungen 71

Vollstationäre Behandlung 56
Vordruck 80
- vertragsärztlicher Bereich 175

W

Wortkombinationen 79
Wundgröße 115

Z

Zulassung 24, 145
- institutionell 25
- persönlich 25